김옥란 연극평론집

레
드
와

블
랙

지은이

김옥란(金沃蘭, Kim Ock-Ran)

1968년 군산 출생. 연극평론가, 드라마투르그. 한양대학교 국어국문학과를 졸업하고, 동 대학 국어국문학과에서 문학석사·박사학위를 받았다. 2007년부터 2008년까지 월간『객석』에 '우리시대의 극작가' 시리즈를 연재하며 평론활동을 시작했다. 2010년 공연과이론을위한모임 평론분과장, 2015년『한국희곡』편집주간을 역임했다. 2013년부터 한국연극평론가협회의『연극평론』편집위원으로 활동하고 있다. 대학로의 여러 민간극단과 국립극단·명동예술극장·남산예술센터·두산아트센터 등 국공립·민간 제작극장 작업에 드라마투르그로 참여하고 있다. 2014년 4월 서울연극협회 주최 제1회 서울연극인대상 스태프상(작품〈채권자들〉)을 수상하여 한국연극에서 드라마투르그로는 최초의 수상기록을 남겼다. 2017년 4월 한국극예술학회 주최 노정학술상을 수상했다.(『한국연극과 드라마투르기』) 저서로는『한국현대희곡과 여성성/남성성』,『한국여성극작가론』,『한국연극론, 분열과 생성의 목소리』,『우리시대의 극작가』,『행복한 관객, 불행한 비평가』,『백도의 무대, 영도의 글쓰기』,『한국연극과 드라마투르기』 등이 있다. 주요 논문으로는「국민연극의 욕망과 정치학」,「1950년대 연극과 신협의 위치」,「한국현대연극비평의 기원으로서의 오화섭과 여석기」,「5·18서사로서의〈햄릿〉과 기국서의 연극사적 위치」,「오영진과 반공·아시아·미국」,「1990년대 연극의 실험, 공동창작과 드라마투르기」 등이 있으며, 한국현대연극사 기술을 위한 기초 작업을 진행 중이다.

레드와 블랙 김옥란 연극평론집

초판인쇄 2017년 8월 10일 **초판발행** 2017년 8월 15일
지은이 김옥란 **펴낸이** 박성모 **펴낸곳** 소명출판 **출판등록** 제13-522호
주소 서울시 서초구 서초중앙로6길 15, 1층
전화 02-585-7840 **팩스** 02-585-7848
전자우편 somyungbooks@daum.net **홈페이지** www.somyong.co.kr

값 23,000원 ⓒ 김옥란, 2017
ISBN 979-11-5905-177-7 03680

3

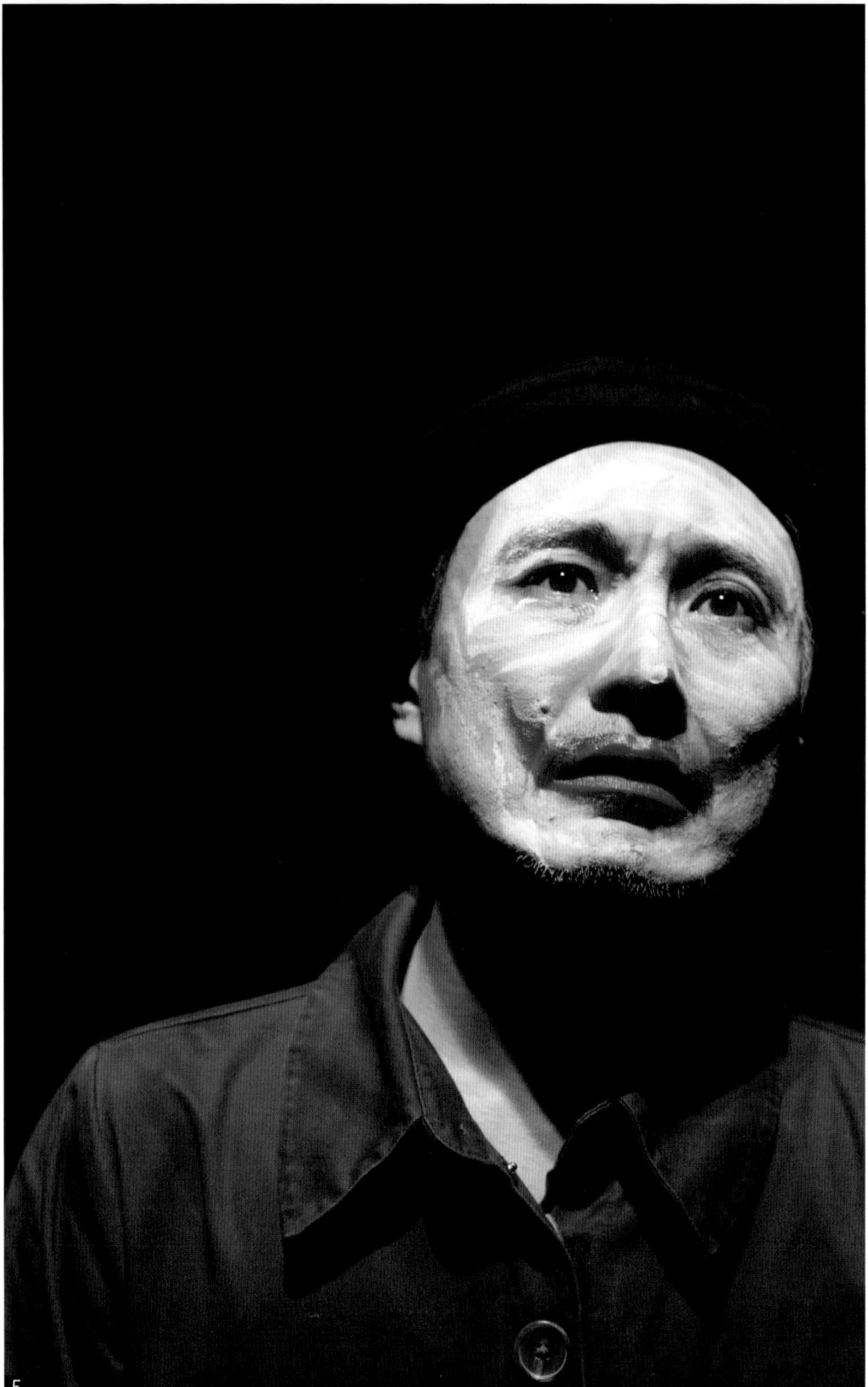

6

3

사진제공 _ 그린피그

1

2

〈돌아온 박첨지〉

사진제공 _ 이은경

1

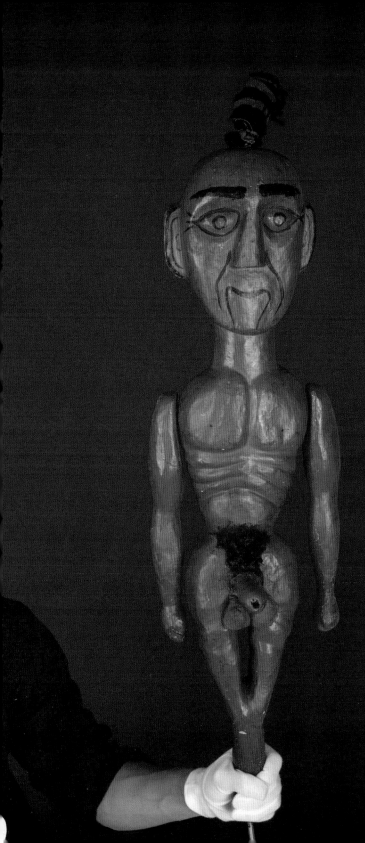

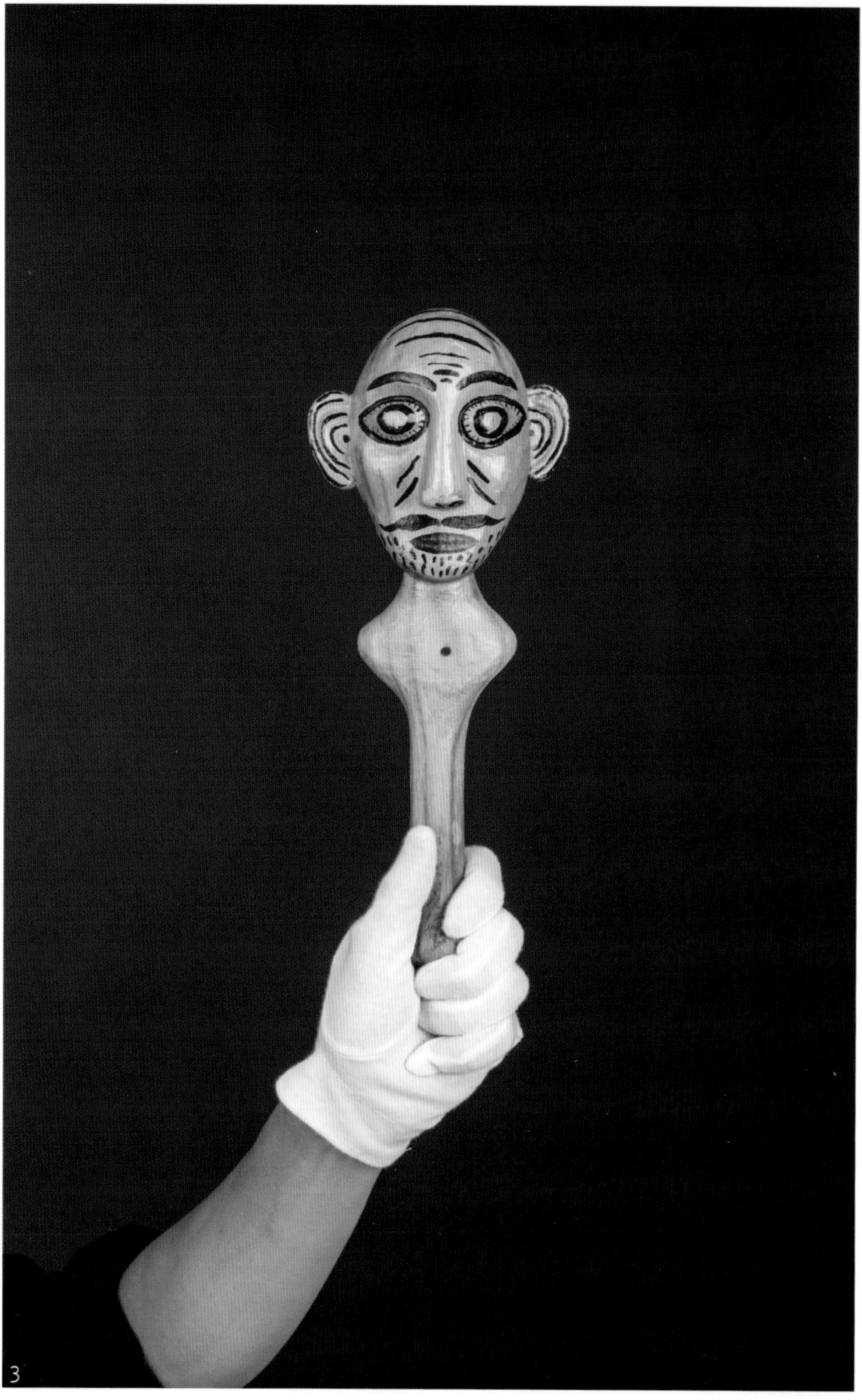

3

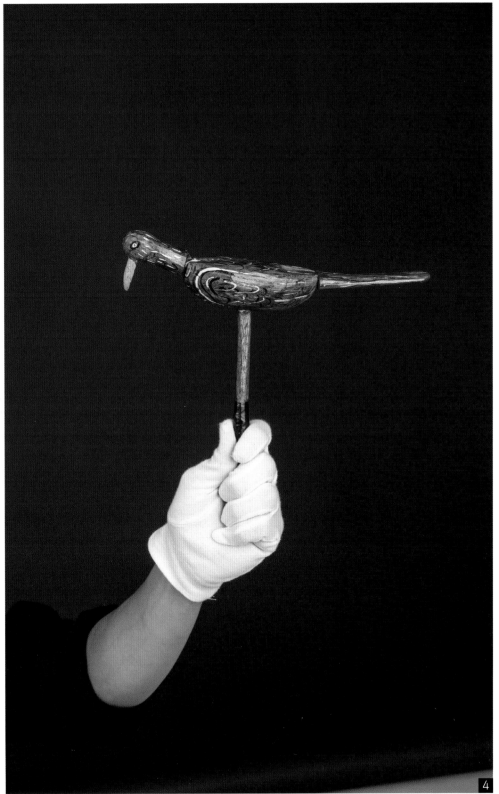

1

〈죽음의집 2〉

〈채권자들〉

사진제공 _ 컬티즌

1

책머리에 _ 광장의 밤, 이피게니아들이 돌아오는 신화의 시간 속에서

　　세 번째 평론집을 낸다. 이 평론집은 2013년부터 2015년까지 연극 공연들을 대상으로 하고 있다. 세월호 이전과 이후의 연극들이다. 2013년에는 〈개구리〉와 〈알리바이 연대기〉가 있었다. 이른바 블랙리스트를 만들게 했던 연극 〈개구리〉 이후에는 국가의 법과 민주주의에 대해 질문하는 〈오레스테스 삼부작〉과 〈데모크라시〉가 올라갔다. 그리고 2014년 4월 16일. 이 날 한 날의 기억은 모든 사람들의 공동의 기억이 되었다. 이후의 시간들은 '세월호 이후의 시간'이라는 이름이 붙여졌다. 2014년 4월 16일 올라간 공연이 있다. 임세륜 연출의 〈2014년 여름〉이 그것이다. 나는 이 공연을 참사 일주일째 되는 날 보았다. 라디오와 텔레비전에서 댄스음악이 멈춘 지 오래였다. 거리는 텅 비었다. 대학로 변두리 비좁은 소극장 지하에는 노란 포스트잇이 가득 붙여져 있었다.

　　애초에 이 책의 원고가 출판사에 넘어간 것은 지난 해 말이다. 그러나 그 사이에 많은 일들이 있었다. 2016년 10월 29일 이후 매주 주말 광화문 광장에는 촛불집회가 열렸다. 블랙리스트 특검수사가 시작되었고 전·현직 문체부 장관이 구속되었다. 헌법재판소의 대통령 탄핵심판이 시작되었다. 그리고 지금 현재 특검 종료 시일까지 마지막 일주일을 앞두고 있다. 이 평론집에 실리는 2013년부터 2015년까지의 공연

들은 박근혜 정부의 블랙리스트 검열의 시간을 통과해온 작품들이다. 그동안 극장의 불은 꺼지지 않았다.

2013년 〈개구리〉 이후, 그리고 2014년 세월호를 거치면서 작가들이 다시 살아났다. 이윤택은 〈오레스테스 삼부작〉과 〈백석우화〉를 쓰고 우리 시대를 신화와 우화로 다시 읽을 수 있게 해주었다. 박근형은 〈개구리〉, 〈만주전선〉, 〈백조의 호수〉, 〈모든 군인은 불쌍하다〉, 〈죽이 되든 밥이 되든〉 등 그야말로 "죽이 되든 밥이 되든" 계속 썼다. 2015 서울연극제는 아르코예술극장·대학로예술극장 대관 탈락과 극장 폐쇄를 겪었다. 그러나 '권리장전 2016 검열각하' 릴레이 공연팀은 극장의 공공성에 본격적으로 질문을 던지기 시작했다. 블랙리스트 검열에 의해 무더기 지원배제와 지원포기로 인해 거리로 나선 연극인들은 광화문 광장에 천막극장을 세웠다. '광장극장 블랙텐트' 공연팀은 2017년 1월 16일 "박근혜 정부가 퇴진할 때까지 공연은 계속됩니다" 무기한 공연을 선언하며 릴레이 공연을 이어가고 있다.

광화문 광장에서 겨울 한철을 보냈다. 어두운 밤 촛불 하나에 의지해 삼청동과 헌법재판소를 행진했다. "어둠은 빛을 이길 수 없다." 무거운 심판의 말은 점점 현실이 되었다. '레드'는 '블랙'이 되었고, 사람들은 노란 리본이라는 상복을 입었다. 노란 리본의 상복을 입은 사람들은 안다. 광장에 나온 우리의 임금님은 거짓말이라는 옷을 입은 벌거벗은 임금님이라는 것을.

침몰하는 세월호에서 살려낸 한 아이가 있다고 한다. 『세월호, 그날의 기록』(진실의힘, 2016)을 펴낸 진실의 힘 세월호 기록팀은 방대한 분량의 기록물과 진실의 미로 속에서 무력감과 싸우면서도 10년 후 그

아이가 이 책을 읽을 수 있기는 바라는 마음으로 책을 만들었다고 쓰고 있다. 광화문 광장 촛불집회에는 이 책에서 말했던 "바보 같은 진실은 바보같이 말하고, 슬픈 진실은 슬프게 말하는" 애도의 연대가 있었다. 그곳에는 이미 레드도 블랙도 없었다.

한 권의 책을 엮기 위해 다시 뒤돌아본 지난 3년간의 글들을 들여다 보며 스스로도 놀랐다. 지난 시간 동안의 고립감과 무력감 속에서도 멈추지 않았던 고민의 흔적을 다시 발견할 수 있었기 때문이다. 무엇보다도 '죽이 되든 밥이 되든' 공연을 멈추지 않았던 연극인들의 노력들에 절로 고개가 숙여졌다. 무대에 올라가는 물 한 방울까지도 검열의 대상이 되었던 시간들이었다. 그런데도 이윤택은 우물물 한 바가지 뒤집어 쓰고 책상에 앉아 글을 쓰는 〈혜경궁 홍씨〉를 그려냈고, 〈오레스테스 삼부작〉에서는 도끼를 들고 피 한 바가지 뒤집어쓴 '피의 여왕' 클리탐네스트라 대신 법과 정의의 여신 아테네가 도시를 구하는 이야기를 보여주었다. "독설과 선동에 무너지지 않을 도시는 없다." 아테네 여신의 판결이다. 피의 복수와 독재를 끝냈을 때에야 바다에서 희생된 딸 이피게니아가 가족에게 돌아올 수 있었다. 이 작품은 세월호 이전의 작품이지만 지금 시점에서 다시 뒤돌아보니 지금 우리 상황에 대한 놀라운 예언을 담고 있다. 가슴이 서늘하다.

레드와 블랙을 넘어서, 노란 리본의 상복은 우리를 하나로 연결시켜 주었다. 맥베드는 마녀로부터 버넘의 숲이 움직이지 않는 한 멸망하지 않는다는 예언을 듣는다. 한편 정의의 여신 아테네는 어머니의 자궁 대신 아버지 제우스의 허벅지에서 태어난 여신이다. 모두 믿을 수 없는 신화의 이야기들이다. 〈개구리〉 이후 시국선언들이 줄을 이었지만 달라지는 것은 없었다. 초기의 검찰수사와 탄핵심판 과정에서도 마찬가지가 아니었던가. 아감벤이 『예외상태』(새물결, 2009)에서 말했던, 법률 기계들은 많지만 법이 멈춘 텅 빈 '공백'의 시간 앞에 우리 모두 할 말을 잃었다.

그러나 버넘의 숲이 움직이기 시작했다. 어두운 밤, 촛불 하나의 힘이다. 우리 스스로도 놀라고 있다. 박근형의 화법을 빌어 말해보자. "너무 놀라지 마라"이다. 지난 촛불집회 4개월의 시간들은 버넘의 숲이 움직이는 신화의 시간이었다. 신화와 정치는 원래 하나였다. 다른 말로 해보자. 예술과 정치는 원래 하나였다. 광장에 이피게니아가 돌아오는 신화의 시간 속에서 이 책의 첫 페이지를 다시 쓴다.

그렇게 이 책의 제목은 '레드와 블랙'이 되었다. 이 글들이 한 권의 책으로 묶일 수 있도록 다시 정리하고 편집했다. 이전의 평론집들에서 기록의 충실성에 보다 중점을 두었다면 개인적으로도 큰 변화를 가지게 된 책이다. 지난 3년간의 글들을 다시 들여다보니 이 글들은 이미 하나의 일관된 주제를 끈질기게 이야기하고 있었다. 새삼 기록의 중요성에 대해서 절감하게 되었다. 이 책에 실린 글들은 지금 현재를 함께 살아가고 있는 다양한 목소리와 제도와 시도들을 담으려고 노력했다. 다양한 영역에서 연극인들이 한 목소리를 내고 마지막까지 포기하지 않았던 숨은 노력들이 다시 한 번 정리되고 논의될 수 있는 기회가 되기를 바란다. 이미 지면에 발표된 글들과 함께 그동안 공개되지 않았던 글들도 이 책의 전체 취지에 도움이 되는 글들은 함께 수록하였다. 사후적인 토론과 논의 과정을 거친 글들도 수정 보완하여 최종적으로 이 책에 수록하였다. 글이 처음 발표된 지면은 책 말미에 따로 정리하였다. 이미 쓰여졌으나 석연치 않은 이유로 공개가 거부된 몇몇 글들은 아직도 책상 서랍에 남겨져 있다. 이 글들도 다음 책에서는 세상의 빛을 볼 수 있게 되기를 바란다.

얼음이 녹는 우수가 지나고, 개구리가 우는 경칩을 앞두고 있다. 지난 겨울 우리가 경험한 두 개의 광장의 갈라진 틈, 우리는 이제 여기서 다시 시작해야 한다. 세월호 이전과 이후의 '문턱'에서 우리는 "콧등이 간지러운 당나귀가 되고"(배삼식 작가론 본문에서) "시끄러운 개구리가 되고" 생각이 깊어질 것이다. 마지막으로, 새롭게 인연을 맺게 된 소명출판과 편집부에 깊은 감사의 마음을 전한다.

2017년 7월
봄을 기다리는 도시의 광장에서
김옥란 씀

차례

2부 한국연극의 새로운 문턱, 미학적 정치극의 부활

3부 고전과 새로운 글쓰기의 자극

4부 한국연극을 바라보는 또다른 시선, 드라마투르그 작업노트

1부

세월호 이전과 이후의 한국연극, 정치성과 공공성

· · · · ·

1장
우리 시대의 작가와 연출가, 생체 기억의 생존자들

2장
국공립 제작극장 시대와 대학로 연극의 공공성

1장
우리 시대의 작가와 연출가,
생체 기억의 생존자들

거세된 아버지의 자식들

정복근 작가론[1]

정복근(鄭福根, 1946~)은 1976년 『동아일보』 신춘문예에 〈여우〉로 등단한 이후 현재까지 왕성한 창작활동을 지속하고 있는 작가이다. 그녀는 현재까지 30여 편이 넘는 작품을 남겼으며, 40년 가까이 창작활동을 이어오고 있다. 신춘문예 등단 이후 10년간 초창기의 신인작가 시절을 거쳐, 정복근의 이름이 대중적으로 알려지기 시작한 작품은 각색작인 1986년 〈위기의 여자〉(보부아르 원작 소설, 임영웅 연출, 극단 산울림, 박정자 출연)부터이다. 〈위기의 여자〉는 중년의 여성 관객들의 폭발적인 호응에 힘입어 기성 연극계에 '여성연극'이라는 새로운 판도를 마련하는 데에 기폭제가 된 작품이다.

1 　이 글에서 정복근에 대한 연극사적 평가와 여성 작가로서의 관점에 대해서는 저자의 책 『한국여성극작가론』, 『우리 시대의 극작가』에서의 단초를 발전시킨 것이다. 여기에 덧붙여 이 글에서는 『한국희곡』 2014년 여름호 특집, '작가를 찾아서'의 기획취지에 따라 〈독배〉의 새로운 분석을 추가하였다.

1980년대 중반 〈위기의 여자〉를 기점으로 한 이른바 '산울림표 여성연극', 예컨대 박정자 · 손숙 · 윤석화 등 스타 여배우 중심의 스타시스템을 기반으로 한 대중적 여성연극의 인기가 과연 진정한 여성연극으로서 의의를 가지는 것인가는 물론 논란의 여지가 있다. 그러나 이를 계기로 당시까지 문단 혹은 연극계에서 소수의 여성 작가들을 폄하하여 지칭하던 '여류'라는 명칭이 사라지고 대신 가치중립적인 용어인 '여성'이라는 명칭이 대체하게 된 점에서 한국연극사는 물론 한국문화사 전체에서 봤을 때도 '여성연극'은 일종의 문화사적 사건이라 할 수 있다. 정복근은 한국연극사에서 '여성 작가'로 본격적으로 인정받았던 최초의 여성 작가이자, 실제로 활발한 공연 활동을 통해 연극계의 '중심 안에서' 당대 사회에 대해서 진지하게 성찰하고 치열하게 반응해온 여성 극작가이다.

1980년대와 여성 작가의 문제적 관점

정복근의 작품 활동은 크게 세 시기로 구분해볼 수 있다. 첫 번째는 1976년 등단 이후 10년간 신인작가 시기이다. 두 번째는 1986년 〈위기의 여자〉 이후 대략 10년간 작가로서 본격적인 성장을 이루는 시기이다. 세 번째는 1995년 〈덕혜옹주〉 이후 현재까지 역사 속의 낯설고 이질적인 기억들을 끈질기게 소환하고 있는 일련의 역사극 시기로, 여전히 현역 극작가로서의 모습을 보여주고 있다.

세 시기를 일관되게 관통하는 주제는 여성과 역사이다. 정복근의 작품은 1950년 한국전쟁, 4·19혁명, 군사독재 시기에 이르는 한국현대사를 배경으로, 작가 자신의 위치인 중산층 지식인 여성의 관점에서 기존의 남성 작가들이 보여주지 못하는 이질적이고 다양한 경험을 그려내고 있다. 정복근은 학생운동·노동운동·여성문제 등 1980년대 주제에 집요하게 천착하고 있으며, 1980년대를 민주화 운동의 거센 열기에 휩싸였던 청년의 시각이 아닌 중년의 시각에서, 계급적으로는 중산층 지식인의 시각에서 그리고 있다.

그리고 이는 후기작들에서도 일관되게 발견되고 있다. 〈덕혜옹주〉, 〈나, 김수임〉(1997) 등 역사 속에서 지워진 여성 인물 혹은 역사 속 미아(迷兒)의 이야기, 〈덫에 걸린 집〉(1988)과 〈짐〉(2007)에서 끈질기게 기억하고 있는 일본군 징용병이나 정신대 이야기, 최근의 〈나는 너다〉(2010)의 안중근과 그의 친일파 아들 안준생의 이야기 등에서 정복근의 여성주의적 관점은 동시대의 사회적 맥락에서 역사적 맥락으로 확장되고 있다.

〈독배〉·〈실비명〉·〈이런 노래〉, 중산층 지식인 여성 주인공의 증언

　　정복근은 1980년대 작가이다. 따라서 정복근의 작품을 1980년대 중반에서 1990년대 중반까지 두 번째 시기에 좀 더 집중해서 살펴볼 필요가 있다. 이 시기에 정복근은 작가 자신의 시대인 1980년대 사회 현실에 대해서 여성과 계급, 역사적 관점에서 접근한다. 1980년대의 학생운동·노동운동을 대학생이나 노동운동가의 시점에서뿐만 아니라 그/그녀들의 어머니 혹은 중년의 중산층 지식인 여성의 관점에서 이질적으로 그려내고 있다. 〈독배〉(김아라 연출, 극단 현대극장, 1988, 이호재·손숙·이호성 출연), 〈실비명〉(윤호진 연출, 극단 실험극장, 1989, 윤소정·이정희·송영창 출연), 〈이런 노래〉(심재찬 연출, 극단 전망, 1994, 박승태·강신일 출연)가 이 시기의 대표작이다.

　　정복근이 본격적으로 평론의 주목을 받기 시작한 것도 이 시기이다. 1989년 〈실비명〉으로 제13회 서울연극제 대상, 1994년 〈이런 노래〉로 제18회 서울연극제 희곡상을 수상했다. 그리고 1987년 극단 미추의 창단공연 〈지킴이〉(손진책 연출), 1990년 극단 전망의 창단공연 〈표류하는 너를 위하여〉(심재찬 연출), 1993년 극단 무천의 창단공연 〈숨은 물〉(김아라 연출), 1999년 극단 물리의 창단공연 〈나운규〉(한태숙 연출) 등 젊은 연출가들의 창단공연에 참여하는 등 동시대 젊은 연극인들과의 교류에도 적극적이었다.

　　이 시기에 정복근은 1980년대 현실에 대해 남성 작가들이 보여주지 못했던 현실의 이면을 중산층 지식인 여성이라는 역설적인 위치에서 예리하게 포착하고 있다. 정복근은 혁명의 실패를 바라보았던 4·19 세대 작가의 시선에서, 1980년대 학생운동과 노동운동의 정당성 못지 않게 고문·실종·의문사·성고문 등 당시에 금기시되어온 민감한 문제를 다루거나 대학 내의 '프락치'와 기업 내 '구사대'의 일그러진 욕망을 동시에 병치시킴으로써 4·19세대에 이어 1980년대 세대가 얼마나 분열되고 혼란스러운 모습으로 현실 속에서 패배하고 좌절해 가는지의 모습을 처절하고 고통스럽게 그려내고 있다.

정복근의 여성 인물들은 월남민이거나(〈표류하는 너를 위하여〉) 납북된 가장이 있는(〈덫에 걸린 집〉), 혹은 간첩 사건 같은 정치적 사건에 연루되어 고통 받는 가정 속에서 성장했으며(〈이런 노래〉), 안정된 중산층의 삶을 살면서도 4·19혁명 세대의 의식을 화인(火印)처럼 간직하고 있는가 하면(〈독배〉), 정조 이데올로기 위에 세워진 행복한 가정의 신화에 길들여져 있지도 않다(〈덫에 걸린 집〉). 정복근은 〈덫에 걸린 집〉과 〈짐〉에서 끈질기게 되묻고 있듯이 여성의 정조 이데올로기를 일제 말기 정신대 이야기와 겹쳐놓음으로써 여성의 성(性)의 문제를 사적(私的) 담론의 차원이 아닌 공적(公的) 담론의 차원으로 끌어올리고 있다.

그녀들은 가정 안에서든 가정 밖에서든 철저히 고립되어 있으며, 고립된 자의 절실함으로 언어, 곧 말하기 자체에 강하게 집착하고 있다. 정복근 작품의 중요한 특징 중의 하나로 서정적이고 관념적인 독백체 대사의 언어 중심의 극이라는 사실을 꼽을 수 있는데, 이러한 독백체의 대사들은 고립된 자의 자폐적 언어로 1980년대 현실과 기억의 다른 이면을 들여다보게 한다.

〈독배〉, 혁명의 실패에 대한 마라와 사드의 논쟁

〈독배〉는, 정복근의 전 작품에 흐르고 있는 근원적인 기억, 혹은 원형을 찾아볼 수 있는 문제적인 작품이다. 〈독배〉의 두 친구 기정과 관수는 6·25 피난 중에 가족을 잃고 고아가 되어 같은 고아원에서 자란 사이다. 기정과 관수는 각각 상반된 가치관을 가지고 성장했지만 마치 쌍둥이 형제처럼 서로를 비추는 존재들이다.

> **기정** : 값싼 허영심 때문이지. 열 살 때 청계천 다리 밑에서 처음 만났을 때 우린 거지였다. 고아원에 들어가서도 굶기를 밥 먹듯 했어. 우리 그때 맹세했잖냐? 다시는 배곯고 춥고 가난하게 살지 않겠다고 …… 어떻게 해서든지 대학 졸업장을 얻어 취직해서 잘 살자고 …… 그런데 너는……
>
> **관수** : (변명하며) 아무튼 네가 파렴치할 만큼 이해득실만 따지니까……
>
> **기정** : 그게 어때서? 피난길에 어머니와 동생이 논두렁에서 폭격을 맞았을 때 사흘이 지나도록 아무도 그 송장들을 치워주지 않더니 어머니 손가락의 금반지를 뽑아준다니까 몰려와서 묻어주더라. 시시각각으로 색깔이 변하고 부풀어 오르는 어머니를 보면서 나는 결심했었다. 평생 다시는 이런 꼴을 보지 않겠다고…….
>
> **관수** : 6·25 때 그런 일 당한 게 너 하나냐? 네 비속함이 거기에서 시작되었다는 걸 알아야지. 우리 어머니가 피난길에 애지중지하던 싱거 미싱 재봉틀 대가리를 갖고 가겠다고 그걸 안고 피난배에 올르다가

물에 빠져 돌아갔을 때 나는 슬퍼서가 아니라 분해서 울었다. 돈이
나 재산이 뭐라고 그까짓 싱거 미싱 대가리 때문에 사람이 죽냐?

—〈독배〉, 46면[2]

그리고 관수와 기정은 대학생이 되었다. 기정은 경찰서장 집에서 가
정교사를 하며 관수의 등록금을 대었지만, 기정에게 되돌아온 것은 관
수의 배신이었다. 대학생 관수는 기정을 프락치로 의심하며 기정의 손
을 직접 묶고 물고문을 한다.

기정 : 네 친구놈들과 내 손발을 묶고 콧구멍에 물을 부었지. 자백해라.
　　　 자백해. 밀고자는 너다 하면서 ……

관수 : (움찔하며) 그만해라. 그 얘긴 제발 그만둬 줘.

기정 : 나도 그렇게 애원했었다. 그만해라. 제발 그만둬 줘.

관수 : (고민하며) 번번히 데모 날짜에 대한 정보가 새나갔거든. 너는 데
　　　 모를 경멸했고 경찰서장 집에서 가정교사를 하고 있었잖냐?

기정 : (폭발한다) 그게 다 누구 때문이었는데?

관수 : 그래. 내 등록금 때문이었던 건 알아. 그렇지만 ……

기정 : 하숙집에서도 쫓겨나고 등록금도 마련하지 못한 주제에 정의니 불
　　　 의니 ……

—〈독배〉, 45면

2　정복근, 〈독배〉, 『한국희곡』, 2014 여름. 이하 작품 인용은 이 책에 따른다.

기정은 현실주의자이고, 관수는 이상주의자이고, 서로에게 지울 수 없는 상처를 준 존재들이다. 그러나 이들은 그나마 같은 성장시절을 공유한 유대감을 지니고 있다. 그러나 영식의 등장 이후 그 유대감마저 산산조각난다. 세 사람의 만남은 4·19에 대한 서로 다른 기억이 팽팽하게 충돌하는 계기가 된다. 관수에게 4·19는 혁명이었지만, 기정에게 4·19는 "고작해야 정권 하나를 뒤집고 그보다 나을 것도 없는 정권을 하나 다시 세웠을 뿐"(44면)인 것이다. 관수는 4·19 당시 유탄에 맞아 불구가 되었지만 끝까지 혁명의 정당성에 대한 믿음을 버리지 않고 있고, 기정은 그런 관수를 불구자일 뿐이라고 조롱한다. 영식은 4·19 당시 관수의 데모대에게 잡혀서 처형된 파출소 소장의 딸이다.

영식 : (다급하게) 엄마 경찰서에 불이 났어. 데모대가 불을 질렀어. 저것 봐. 사람들이 도망가는 순경을 잡아서 불 속으로 집어던졌어. 엄마 (비명) 아버지야, 우리 아버지야. 엄마.

관수 : 우리는 그날 다음 세상을 향한 문을 열었었다. 우리가 마음만 먹으면 언제라도 무엇이라도 이룰 수 있다는 힘과 가능성을 느꼈어. 이것이 소중하지 않냐?

기정 : 좀 사람 같은 말을 할 수는 없냐? 쓸데없는 짓 하다가 병신이 되고 나니 후회막심하다고 솔직하게 말할 순 없어?

관수 : 그 순간 우리는 모두가 전지전능한 신과 다름없었다. 왜소하고 남루한 제 자신마저 벗어버리고 자유로울 수 있었어. 그런 걸 생각하면 현실적으로 불구가 됐다는 것 따위는 아무것도 아니다.

기정 : (책상을 걷어차며 화낸다) '제발 어릿광대짓 좀 그만해 둬.

영식 : (과거 속에서) 데모쟁이들이 미쳐서 아버지를 죽였어. 누가 저 데모쟁이들을 잡아가줘요. 잡아다가 혼내줘요. 엄마. 아 (비명) 어떻게 해. 아버지. 아버지. 아버지.

—〈독배〉, 44~45면

영식 : 밤에 눈을 뜨고 나와 보면 어둠 속에서 거리가 온통 무너져 있지. 빌딩들은 불타서 무너지고 길바닥은 파이고 서울 장안이 온통 허허벌판이 되어 버렸는데 사람은 하나도 없어. 아무도 안 보여요. 무서워서 떨면서 나는 캄캄한 어둠 속을 허둥허둥 걸어가요. 무너진 파편들이 발에 밟히면 아 이건 서울역의 둥근 지붕이다. 남대문 기왓장이다. 광화문 네거리 만세문의 비석 조각이다. 종로다……하면서 가다보면 어느새 동해 바다에까지 와 있지. 시커먼 파도는 이빨을 사려 물고 길길이 뛰고 바람도 으르렁거리며 부는데 사방엔 아무도 아무것도 보이지 않아. 나는 무서워서 가만히 오그리고 앉아서 생각해요. 지푸라기 하나만 있어도 좋겠다. 눈먼 강아지 한 마리만 있어도 좋겠다. 반쪽이라도 좋으니 누군가 옆에 있어만 준다면……

—〈독배〉, 66면

영식은 "경기도 일원에서 손꼽히는 뼈대있는 선비 집안"(52면) 출신으로 식민지 시기 동경유학까지 다녀온 아버지에 대한 자부심이 대단하다. 그러나 영식 어머니의 입으로 밝혀지는 아버지는 "데모쟁이 잡아다 개 패듯 하던 파출소 소장"(47면)이었을 뿐이다. 등장인물 4명이 모두 서로에게 거울처럼 되비춰지는 관계에서 서로의 속을 속속들이 들여다보면서 상처를 내고 생채기를 덧내는 독설을 일삼는다. 모두 독배를 들이키고 고통스럽게 내뱉는 언어들로 상대를 물어뜯고 헤쳐 놓는다. 위의 영식의 악몽처럼 4·19는 누군가에게는 혁명으로, 또 누군가에게는 트라우마로 남아있다.

> 관수 : 일상이 다시 추하고 나태한 것으로 돌아갔다고 해도 상관없어. 그 순간은 우리를 정화시켰지. 우리 혈관에 저 생생한 기쁨과 가능성의 독을 부어서 예방주사를 맞는 것과 같은 효과를 내게 했거든. 그래서 결국 우리 중의 그 누구도 다시는 끝까지 철저하게 썩지 못할 거요.
>
> 영식 : 한번만 더 말씀해주세요. 데모대에 밀려서 불타죽은 말단 순경의 죽음이 의미를 갖을 수 있도록······
>
> —〈독배〉, 58면

> 성재 : 저한테서 오관수 씨를 보고 있지 않습니까? 처음부터 알고 있었습니다.
>
> 기정 : 자네가 회사 안의, 내 핏속의 독이라는 걸 분명히 알 뿐이야. 폐품도 쓸모가 있고 독도 쓸 데가 있지. 그런 점에서 우리는 공생관계일세. 자네는 내 덕에 밥을 먹고 나는 자네 덕에 번창할 테니······
>
> —〈독배〉, 69면

이처럼 4·19에 대한 이질적인 기억은 흡사 혁명의 실패에 대한 마라와 사드의 논쟁처럼 느껴진다. 페터 바이스가 〈마라 / 사드〉에서 정신병자들의 역할 놀이로 프랑스 혁명 이후에 나폴레옹만이 남았을 뿐이라고 조롱하듯이, 〈독배〉는 4·19혁명 이후 남겨진 불구의 삶을 자폐증적 언어로 반복하고 있다. 4·19혁명은 이들이 들이킨 독배로 각자의 삶을 고통스럽게 일그러뜨리고 있다. 4·19는 5·16을 낳았고, 4·19혁명의 아이들은 불구가 되거나 미치거나 죽는 결말을 맞는다. 4·19 10년 후 불구가 된 관수는 자살을 하고, 20년 후 영식 또한 의사가 만류하는 임신으로 거의 자살과 같은 죽음을 맞는다. 마지막은 기정홀로 남겨지는 결말이다. 기정은 관수를 대신해 부실한 회사를 인수하고 인색한 악덕 기업주이자 자본가가 된다. 혁명 실패의 책임은 고스란히 개인의 상처로만 남았고, 정복근은 비틀릴 대로 비틀린 1980년대 개인들의 초상을 고통스러운 언어로 되살려놓고 있다.

거세된 아버지의 자식들, 1980년대를 건너오다

그리고 이는 이후 〈실비명〉과 〈이런 노래〉에서도 반복해서 변주되고 있다. 〈실비명〉에서 의문사한 노동운동가 정우와 친구 광식과 여대생 현이는 〈독배〉의 기정·관수·영식의 관계와 겹쳐지고, 〈이런 노래〉에서 남편을 간첩으로 몰아서 죽이고 운동권 대학생 아들마저 분신자살로 내몬 중산층 엄마 영옥의 이야기는 마치 〈독배〉의 영식의 후일담처럼 느껴진다.

또 한 가지, 정복근 작품에서 반복되는 모티브 중의 하나는 거세된 아버지에 대한 기억이다. 〈독배〉에서 기정과 관수는 6·25 전쟁고아이고, 영식의 아버지는 4·19 데모대에 붙잡혀 불타 죽었다. 그런가 하면 〈실비명〉은 의문사한 아들을 기다리는 노모 순영과 대학생 현이의 중산층 엄마 은옥을 중심으로 이야기가 전개되고 있으며 아버지의 존재가 아예 지워진 채 등장한다. 노동자 정우의 노모 순영은 곧잘 고향 마을의 '목 잘린 동학 귀신들'의 이야기를 들려준다. 그 외에 〈덫에 걸린 집〉에서 영재 어머니는 왜정 말기 상해 임시정부 요인을 은신시키고 도망시키는 데 공이 컸던 '우국소녀'였으나 정신대에 끌려갔다 돌아온 후 문중과 마을 사람들의 감시에 의해 유폐된 채 죽음을 맞는다. 영재 아버지만이 그런 어머니를 감싸주었지만 6·25 때 납북되어 죽은 것으로 나온다.

〈짐〉에서도 국회의원에 출마한 윤식의 할아버지는 정신대에 끌려간 여동생 정화를 구해오고자 마지막까지 애쓰지만 끝내 여동생을 다시 만나지 못하고 죽었다. 그런가 하면 최근작 〈나는 너다〉에서는 영웅 아버지 안중근의 못난 아들 안준생을 '호부견자(虎父犬子)', 즉 "호랑이 같은 아비에 개 같은 아들"이라고 부른다. 안준생은, 안중근이 저격한 이토 히로부미의 손자에게 부친의 위업을 사죄하고 그 대가로 돈을 받아 친일파로 낙인찍힌 이후 민족의 역사에서 철저하게 지워진 존재이다. 그러나 작가 정복근은 〈덕혜옹주〉와 〈나, 김수임〉과 〈짐〉 등의 작품을 통해서 역사 속에서 소외되고 지워진 자들에 대해 깊은 연민의 시선을 보여준 것처럼, 〈나는 너다〉에서도 상처받은 영혼 안준생을 가슴 깊이

껴안는다. 아비 죽고 왜놈 헌병 천지인 상해에 아무 대책 없이 버려진 안준생이 죽음 이후 백년을 떠돌다 다시 아비를 만나 "나는 너다. 바로 너다. 너를 위해서" 그랬노라는 위로를 얻게 한다.

이상 정복근의 인물들은, 잘난 아버지이든 못난 아버지이든 거세되거나 지워진 아버지의 존재로부터 평생 세상이 뒤집히는 불안 속에서 사는 자식들이자, 〈실비명〉의 중산층 엄마 은옥이 마지막에 "대를 물려가면서 우린 너무 혹독하게 겪는다"라고 말하듯이 역사 속의 아비 없는 자식들이 어떤 굴곡을 거쳐왔는지의 이야기를 들려주고 있다. 정복근의 거세된 아버지의 자식들은 그렇게 1980년대를 건너왔다.

여름이 다가오고, 1987년 6월이 다시 돌아오고 있다. 정복근의 4·19 세대와 그 자식들의 이야기는 1987년 6월 이전 세대의 이야기지만, 세월호 이후 역사는 그 물결을 다시 거슬러 올라가고 있다. 정복근의 1980년대 작품들을 읽으면서 이 지독한 이야기들로부터 우리가 얼마나 멀리 떨어져 있는 것인지 새삼 다시 의문이 든다. 1987년 6월 항쟁의 실패 이후로부터 우리는 또 어떤 역사를 반복했었던 것인가 질문하게 된다.

시대와 개인의 '슬픈 인연'

김광림 작가론

　오랜만에 김광림의 신작이 올라간다. 제목이 〈슬픈 인연〉[1]이다. 〈슬픈 인연〉은 1985년에 발표된 나미의 노래 제목이기도 하다. 실제로 공연에는 주인공을 맡은 배우 강신일이 색소폰 연주로 〈슬픈 인연〉을 들려준다. 그뿐만이 아니다. 최용민, 남기애, 방은진 등 배우들이 직접 연주하는 비올라, 첼로, 피아노, 하모니카 합주곡으로 유재하의 〈사랑하기 때문에〉(1987)도 들려준다. 그런가 하면 극중 남녀 주인공의 36년만의 재회의 순간에 고전 스피커 알텍 A5로 들려지는 구스타프 말러의 교향곡 5번 4악장도 함께 한다. "마지막 카우보이들의 비애"를 담은 서부영화 〈몬티 월쉬〉(1970)의 리 마빈과 잔느 모로도 추억하고 영화 주제곡 〈더 굿 타임즈 아 커밍〉도 구슬프게 불려진다. 〈슬픈 인연〉에는

1　김광림 작·연출, 국립극단, 명동예술극장, 2015.3.20~4.5.

"처음 느낀 그대 눈빛은 혼자만의 오해"로 남고, "멀어져가는 저 뒷모습을 바라보면서"의 지나간 시절들에 대한 회한과 속 쓰린 기억들이 가득하다. 문화사적으로는 1970년대 학번 세대의 문화적 단층과 지질학적 특성을 고스란히 보여준다.

극단 연우무대와 김광림, 시대와 개인의 슬픈 인연

"〈슬픈 인연〉은 사회와 시대로부터 개인이 받은 상처를 치유하는 과정을 그린 이야기이다." 작가 김광림의 말이다. 주인공 백윤석은 쉰아홉 살의 나이든 남자이고, 파킨슨병을 앓고 있는 병든 아내를 간호하고 있다. 그런가 하면 군부독재 시절 민주화운동을 하다 일본으로 도피한 이후 돌아오고 있지 못한 고령의 아버지가 한국으로 돌아오고 싶어하지만 그 사실을 외면한 채 아버지의 임종을 맞는다. 백윤석은 20대인 서울대 법대 재학시절, 아버지의 일본 도피로 중앙정보부에 끌려가 고문을 당하고 아버지가 간첩이라는 거짓 진술서에 서명을 했다. 이후 무저항과 무기력, 무관심의 무의미한 시간들로 인생을 다 보낸 후이다.

그러던 중 백윤석은 우연히 대학 3학년 때 첫사랑이었던 박혜숙을 다시 만나게 되고, 늦사랑을 다시 시작한다. 이른바 불륜의 사랑이다. 이들의 늦사랑은, 극중에서 백윤석의 색소폰 연주와 박혜숙의 첼로 연주로 위로되고 있지만, 백윤석의 무감각과 불감증은 여전하다. 박혜숙은 "세상 잘못 만나 망가진 잘난 남자" 곁에서 다시 이별을 준비한다.

　김광림은, 영화 〈살인의 추억〉의 원작인 연극 〈날 보러 와요〉의 작가이자 연출가다. 〈날 보러 와요〉는 1996년에 초연된 작품으로, 극단 연우무대의 1990년대를 대표하는 작품이다. 한국현대연극사에서 극단 연우무대의 연극사적 의의는 크다. 연우무대는 서울대 문리대 연극반 출신 연극인들이 만든 극단이다. 1978년 김광림 작, 정한룡 연출 작품인 〈아침에는 늘 혼자예요〉로 창단공연을 올렸고, 현재까지도 활동 중인 극단이다.[2]

　각 시대별 연우무대의 대표작들은 다음과 같다. 1980년대 신촌 시절의 〈한씨연대기〉(황석영 소설 원작, 김석만 연출, 1985), 〈칠수와 만수〉(대만 황춘명 소설 원작, 오종우 극작, 이상우 연출, 1986), 그리고 혜화동 시절이 시작되는 1987년 이후 작품인 〈새들도 세상을 뜨는구나〉(황지우 시 원작, 주인석 극작, 김석만 연출, 1988) 등이고, 1990년대에는 〈살아있는 이중생 각하〉(오영진 작, 윤광진 연출, 1993), 〈날 보러 와요〉(김광림 작·연출, 1996), 그리고 2000년대에 〈이〉(김태웅 작·연출, 2000) 등의 작품들이 있다.

　김광림의 〈날 보러 와요〉는 공동창작을 기반으로 훈련된 연우무대 특유의 극작술과 1980년대 창작극 운동의 중심지였던 연우무대의 극단적 역량이 집약된 작품이다. 〈칠수와 만수〉가 신촌 시절의 연우무대를 대표하면서 동시대 문화운동 세대의 네트워크를 통해 영화 〈칠수와 만수〉(박광수 감독, 1988)로 만들어져 화제가 되었듯이, 〈날 보러 와요〉 또한 영화 〈살인의 추억〉(봉준호 감독, 2003)으로 만들어져 대중적으로 크게 성공했다. 극단 연우무대의 〈칠수와 만수〉, 〈날 보러 와요〉, 그리

2　연우무대 편, 『연우 30년—창작극 개발의 여정』, 한울, 2008.

고 김태웅의 〈이〉를 원작으로 하는 영화 〈왕의 남자〉(이준익 감독, 2005) 등에 이르기까지 연우무대 작품들이 지속적으로 대중적으로도 큰 호응을 얻고 있는 데에는 동시대의 현실에 민감하게 반응하고 사회적인 발언에 과감했던 시대적 역할에 충실했기 때문이다.

이번 〈슬픈 인연〉에 출연하는 배우 강신일 또한 〈칠수와 만수〉(1986), 〈변방에 우짖는 새〉(현기영 소설 원작, 김석만 연출, 1987), 〈4월 9일〉(이상우 작·연출, 1988) 등 1980년대 극단 연우무대를 대표하는 간판 배우이다. 극단 연우무대는 작가와 연출가, 그리고 배우들의 배출 통로로서 극단으로서의 역할에도 충실했다.

요컨대 〈슬픈 인연〉에서 말하고 있는 "사회와 시대로부터 개인이 받은 상처"는 1980·90년대 극단 연우무대가 관통해왔던 주제들, 분단과 역사 청산의 문제, 계급갈등, 자본의 횡포, 국가폭력과 고문, 검열, 개인의 희생 등의 주제들을 환기시킨다. 〈슬픈 인연〉에서는 시대와 개인의 '슬픈 인연'을 역사의 그늘 속에 남겨진 개인들이 서로를 위안하며 나머지 삶을 건너는 담담하고 서늘한 풍경을 보여주고 있다.

시대를 수사하고, 사랑을 불심검문하다

김광림은 대학 1971학번이다. 김광림은, 1970년대 대학 연극반 활동을 거쳐, 1978년 〈아침에는 늘 혼자예요〉로 극단 연우무대 창단공연을 올렸고, 이후 연우무대의 작가·연출가로 작품 활동을 지속해왔다. 1986년 미국 유학에서 돌아온 이후 본격적인 작품 활동을 시작했는데, 〈달라진 저승〉(1987), 〈사랑을 찾아서〉(1990), 〈홍동지는 살아있다〉(1993), 〈저 별이 위험하다〉(1994), 〈집〉(1994), 〈날 보러 와요〉(1996) 등이 극단 연우무대 작품들이다. 2005년 전통극 꼭두각시극의 연극적 양식을 현대적으로 실험하는 일련의 작업을 진행하기 위해 극단 우투리를 창단했고, 〈우리나라 우투리〉(2002), 〈이리와 무뚜〉(2006), 〈홍동지 놀이〉(2007) 등의 작품을 쓰고 연출했다. 김광림의 글쓰기는 대학극과 연극 현장에서 직접 글을 쓰고 공연을 올리는 현장 작업자로서의 성격이 강하다. 그만큼 김광림의 작품은, 시대와 연극현장에서의 목소리, 현실에 대한 발언, 특히 검열과 탄압의 대상이었던 1970·80년대 연극에 대한 증언과 연극에 대한 메타적 질문을 통해 시대에 대한 질문을 던지는 작품이 많다.[3]

〈달라진 저승〉에서는 지하 연습실과 공연장을 창문 하나 뚫리지 않은 '저승'으로 묘사하고 있다. 말 그대로 창문 하나 없는 지하 소극장에서 이루어지는 우리 시대의 연극에 대한 풍자이다. 그러면서도 이 작품은 "이제 저승에서도 혁명에 관한 연극을 할 수 있게 되었다"라고 말하며, 일종의 극중극 장치인 저승에서의 연극으로 중국 청나라 시기 농민 혁명인 '태평천국 홍수전의 이야기'를 올린다. 그러나 문제적인 장면과 대사에서는 곧바로 저승사자의 몽둥이가 휘둘러지고 배우들은 결박당하기 일쑤이다. 〈달라진 저승〉은 지하 소극장의 저승 같은 어두운 현실에서도 혁명을 꿈꾸는 연극인들에 대한 이야기를 담고 있다.

---

3   김옥란·김주연, 『우리시대의 극작가』, 객석아카이브, 2010.

그리고 이는 〈사랑을 찾아서〉와 〈날 보러 와요〉에도 그대로 이어지고 있는 김광림의 중심 주제이다. 〈슬픈 인연〉은 이 작품들의 계보에 속하는 작품이다. 〈사랑을 찾아서〉에서 6·25 당시 인민군 장교 출신으로 전쟁포로로 잡힌 김억만의 10억 보험금 사건을 조사 중인 보험회사 조사부 직원들, 〈날 보러 와요〉에서 화성연쇄살인사건을 수사 중인 특별수사본부 경찰서 수사관들은 단지 사건 수사만이 아니라 한국전쟁 이후 이념의 논리 속에 희생된 개인들, 군사정권의 구둣발로 상징되는 공권력에 희생된 개인들의 이야기를 담고 있다.

〈슬픈 인연〉은 그러한 시대에 청년기를 다 보내버린 세대에게 보내는 일종의 잔잔한 애상곡이다. 〈날 보러 와요〉의 시 쓰는 형사 김형사와 〈슬픈 인연〉의 색소폰 부는 전파상 주인 백윤석은 같은 계보의 인물들이다. 시대를 수사하고 사랑에 불심검문 당했던 청춘들은 이제 나이 들었다. 1980년대의 정의감과 의협심 강했던 투사형 인물들은 이제는 흘러간 세월의 고물들이 가득한 비디오 가게와 전파사를 폐업처분하고, 시대에 집행유예 당했던 청춘의 사랑을 되돌려 받지만 사랑은 다시 이루어지지 않는다. 그럼에도 "흠뻑 젖은 두 마음을 우리 어떻게 잊을까" 잠시 빗소리와 함께 들리는 노래 속에 멈춰본다.

생체 기억의 생존자들,
비국민 혹은 호모 사케르

배삼식 작가론

배삼식의 첫 번째 희곡집

배삼식의 첫 번째 희곡집이 나왔다.[1] 희곡집의 제목은 '배삼식' 작가 이름 세 글자이다. 1999년 공연 데뷔 이후 17년만이다. 수록작은 8편이다. 〈최승희〉(2003), 〈벽 속의 요정〉(2005), 〈열하일기만보〉(2007), 〈거트루드〉(2008), 〈하얀 앵두〉(2009), 〈3월의 눈〉(2011), 〈벌〉(2011), 〈먼 데서 오는 여자〉(2014)의 작품들이다. 배삼식 작품 활동 초기에 해당하는 극단 미추의 마당놀이 대본작업 〈마포황부자〉(2005), 〈쾌걸 박씨〉(2007) 등과 〈허삼관 매혈기〉(위화 원작, 2004) 등의 각색 작업, 최근

---

1   배삼식, 《배삼식 희곡집》, 민음사, 2015.

제작극장 시대에 접어들어 작업한 고전 각색 작업 〈라오지앙후 최막심〉 (니코스 카잔차키스 〈그리스인 조르바〉 원작, 2013) 등을 제외하고 배삼식을 대표하는 작품들을 수록했다. 창작극으로 수록되지 않은 작품은 〈주공 행장〉(2006)과 〈은세계〉(2008) 정도이다.

여타의 희곡집이 공연정보나 공연사진을 함께 수록하고 있는 것에 비해 등장인물과 시간, 공간, 무대, 무대지시문과 대사로 이어지는 희곡집의 편집체제에 충실하다. 공연정보가 함께 수록되지 못한 것은 조금 아쉬운 지점이지만, 그만큼 작가 배삼식에게만 집중하고 있는 편집체제이다. 덕분에 공연을 볼 때와는 다르게 작가의 목소리에만 귀를 기울이며 한 장 한 장 페이지를 넘기게 된다. 희곡으로 총 580쪽의 두툼한 두께와 2011년 국립극단 아카데미 관객학교에서 진행된 '극작수업' 강연록을 함께 덧붙이고 있어 작가 배삼식에 대한 갈증을 가지고 있었던 독자들이라면 충분한 단비가 되고도 남겠다. 무엇보다 배삼식의 첫 번째 희곡집은 현재까지 배삼식에 관한 충실한 지도와 나침반 역할을 하고 있어 흥미로웠다.

이번 희곡집을 읽으면서 새삼 놀라게 된 것도 있다. 작품마다 자료조사와 참고문헌 목록을 꼼꼼하게 작성해놓아 평소 배삼식 작가 특유의 느린 말투와 여백 많은 미소와는 달리 치밀한 작가의 작업과정을 엿볼수 있었다. 공연을 볼 때는 몰랐던 새로운 모습이다. 〈열하일기만보〉의 나귀 연암의 말처럼 그야말로 "그냥 어슬렁거리며 사는" 것처럼 보였던 것과는 다른 모습이다. 느린 듯 여유로운 극의 흐름 속에서도 쨍쨍한 장력을 유지하는 언어의 힘과 인위적인 플롯의 건축학적 집짓기 대신 이야기의 흐름 속에서 단단하게 매듭을 짓는 매서움이 그의 그런 극작 태도에서 비롯된 것임을 새삼 깨닫게 한다.

브레히트와 체호프와 배삼식

현재까지 배삼식의 작품은 크게 세 시기로 구분해서 살펴볼 수 있다. ① 극작 활동 초기에 해당하는 극단 미추와의 작업 시기(2003~), ② 극단 코끼리만보 작업 시기(2008~), ③ 제작극장 작업 시기(2011~)가 그것이다. 이를 작품별로 정리해보면 다음과 같다.

① 극단 미추 작업 시기 : 〈최승희〉(손진책 연출, 예술의전당 토월극장, 2003), 〈허삼관매혈기〉(강대홍 연출, 동숭아트센터 동숭홀, 2004), 〈마당놀이 삼국지〉(손진책 연출, 상암월드컵경기장 마당놀이전용극장, 2004), 〈벽속의 요정〉(손진책 연출, 우림청담씨어터, 2005), 〈마당놀이 마포황부자〉(손진책 연출, 장충체육관, 2005), 〈주공행장〉(손진책 연출, 아르코예술극장 대극장, 2006), 〈열하일기만보〉(손진책 연출, 예술의전당 토월극장, 2007), 〈마당놀이 쾌걸박씨〉(손진책 연출, 장충체육관, 2007)

② 극단 코끼리만보 작업 시기 : 〈거투르드〉(배삼식 연출, 예술의전당 자유소극장, 2008), 〈하얀 앵두〉(김동현 연출, 두산아트센터 제작, 두산아트센터, 2009), 〈먼 데서 오는 여자〉(김동현 연출, 게릴라극장, 2014)

③ 국공립 제작극장 작업 시기 : 〈3월의 눈〉(손진책 연출, 국립극단 제작,

백성희장민호극장, 2011), 〈벌〉(김동현 연출, 국립극단 제작, 명동예술극장, 2011), 〈라오지앙후 최막심〉(양정웅 연출, 명동예술극장 제작, 명동예술극장, 2013)

이상에서와 같이 배삼식 작가는, 극단 미추의 손진책 연출, 극단 코끼리만보의 김동현 연출과 작업 파트너로 활동하고 있다. 손진책 연출이 2010년 (재)국립극단의 예술감독으로 취임하면서 국립극단과 명동예술극장의 국공립 제작극장 작업에도 참여하고 있다. 극단 미추 작업으로는 마당놀이뿐만 아니라 〈허삼관 매혈기〉, 〈열하일기만보〉, 극단 코끼리만보 작업으로는 〈하얀 앵두〉, 〈먼 데서 오는 여자〉, 그리고 국립극단 작업으로 〈3월의 눈〉 등의 작품들이 극단의 대표작이자 작가의 대표작으로 남아있다. 시간이 흐를수록 배삼식 작가와 손진책·김동현 연출가와의 파트너십은 더 단단해지고 있다. 동시대 예술가로서 상호신뢰뿐만 아니라 예술철학을 공유하고 있는 관계를 보여주고 있다. 지금 현재 연극계에 몇 안 되는 드문 경우이다. 백성희·장민호 출연의 〈3월의 눈〉과 이연규·이대연 출연의 〈먼 데서 오는 여자〉는 이들이 함께 한 오랜 시간이 숙성되어 나온 작품들로 동시대 한국연극사의 수작이다.

배삼식은 기존의 신춘문예나 공모제도의 등단제도가 아니라 한국예술종합학교 연극원 극작과 전문사 과정을 통해 현장작업과 직접적으로 매개되면서 활동을 시작했다. 연극원 재학 당시 브레히트의 〈코카서스의 백묵원〉의 번안인 〈하얀 동그라미 이야기〉(김석만 연출, 예술의전당 자유소극장, 1998), 〈11월〉(윤정섭 연출, 문예회관 소극장, 2001), 〈오랑캐 여자 옹녀〉(김동현 연출, 한국예술종합학교 크누아예술극장, 2001) 등 처음부터 극장작업을 통해 극작과정을 훈련받아온 경우이다. 이른바 "창작과 각색, 작(作)과 술(術)의 경계를 훌쩍 넘어"[2] 각색, 번안, 창작, 마당놀이, 고전, 현대극 등 다양한 스펙트럼의 글쓰기가 가능했던 것은 일찍부터 현장작업으로부터 글쓰기를 훈련받아왔기 때문이다.

특히 극단 미추의 손진책 연출과의 작업은 배삼식의 초기 극작활동에 중요한 계기를 이룬다. 극단 미추 손진책 연출의 1980년대 주제인 '전통의 현대화'의 화두가 마당놀이의 양식 개발과 동시대 마당극과 공유하고 있는 연극사적 토대에서 브레히트 연극론과 중요하게 만나고 있고, 이는 배삼식 연극론에서도 동일하게 관찰된다. '전통'을 화두로 한 극단 미추의 마당놀이 양식이 일종의 현대 대중극 개발로 성공했다면, 동시대 연극으로 극단 미추가 주목한 것은 동양 고전과 민중극의 흐름이다. 위화 소설 원작의 〈허삼관 매혈기〉, 연암 박지원 원작의 〈열하일기만보〉, 중국 고전 〈조씨고아〉(티엔친신 각색·연출, 2006)가 그런 맥락에 있는 극단 미추의 레퍼토리들이다. 또한 극단 미추는 1988년 박조열의 검열작 〈오장군의 발톱〉을 공연으로 성사시키고, 1992년 칠레의 반체제 지식인 작가 아리엘 도르프만의 〈죽음과 소녀〉를 공연한 저력을 지닌 극단이다. 배삼식은 2003년 이후 극단 미추의 젊은 극작가로 자신의 극작 활동을 시작하고 있다.

극작가는 영어로 'playwright'라고 씁니다. 'writer'가 아니라 'wright'지요. 'wright'는 수공업적 기술, 그러한 기술을 지닌 장인(匠人)을 일컫는 단

---

2   김옥란·김주연, 『우리 시대의 극작가』, 객석아카이브, 2010, 174면.

어입니다. 'shipwright'라고 하면 배를 짓는 기술자, 'wheelwright'라고 하면 바퀴를 만드는 장인을 가리키지요. 그러니 'playwright'를 우리말로 제대로 옮기자면 희곡장(匠), 희곡공(工) 정도가 될 것입니다. 저는 '극작가'라는 말보다는 이 'playwright'라는 말이 마음에 듭니다. 왜냐하면 극작가라는 말에서 작가(作家), 즉 무언가 없던 것을 지어내는, 창조해내려는 자라는 명칭은 왠지 부담스럽고, 사실에도 부합하지 않은 점이 있지 않나 싶거든요. 사실 모든 이야기는 어디선가 흘러 들어온 것, 어디선가 주워들은 것들입니다. 자신이 지어내고 있다고 착각할 뿐이지요. 심하게 말하자면, 각색과 창작의 차이란, 자신이 쓰고 있는 이야기의 근원을 명확히 인식하고 있느냐, 그렇지 않느냐 정도인 것 같습니다. 기본적으로 저는 각색과 창작을 동등한 가치를 지닌 것으로 봅니다만 일반적인 시선은 그렇지 못한 것 같더군요.[3]

브레히트(Bertolt Brecht)는 어느 에세이에서 이러한 강박관념을 버릴 것을 권유하는데, 대략 이런 내용입니다. "중국에 장자(莊子)라는 책이 있는데 전체의 90퍼센트 정도가 인용으로 이루어져 있다. 이 인용을 통해 저자는 삶과 세계에 대해 깊이 있는 엄청난 책을 썼다. 선대의 유산, 기술적 축적을 받아들여 작업하는 목수는 대성당이라도 지을 수 있지만, 오로지 자기 것만 가지고 일하는 목수는 움막 하나도 짓기 어렵다."[4]

이상은 주로 각색 작업을 많이 해온 자신의 이력을 설명하는 배삼식의 말이다. 여기에서 다소 낯설게 인용되고 있는 브레히트의 이름은 극

---

3   배삼식, 「강연록」, 『배삼식 희곡집』, 민음사, 2015, 590~591면.
4   위의 글, 591면.

단 미추와 배삼식 연극의 거리가 생각보다 매우 가깝다는 사실을 환기
시켜 준다. 〈사천의 선인〉, 〈코카서스의 백묵원〉 등 브레히트의 많은
작품들은 다양한 인용과 패러디, 각색과 재창작으로 다시 쓰여진 작품
들이다. 브레히트의 소외효과 또한 그러한 인용의 메타적 태도를 의도
적으로 드러냄으로써 관객이 비판적인 태도를 갖게끔 유도한다. 배삼
식의 기존 작품들, 예컨대 〈열하일기만보〉, 〈3월의 눈〉,[5] 〈먼 데서 오
는 여자〉 등에서 익숙한 느린 호흡과 관조적 태도에서 브레히트의 이
름을 직접적으로 떠올리기는 힘들다. 그러나 창작과 각색의 경계를 넘
어선 극작 태도나 역사 바깥의 기억, 지배 이데올로기 바깥의 '다성적
(多聲的) 세계'에 대한 집요한 관심은 브레히트의 이름을 통해서 보다
더 명료하게 배삼식을 이해하게 한다. '다성적 세계로서의 희곡', 이는
희곡집 후기에 실려 있는 강연록의 제목이기도 하다.

그리고 보니 배삼식의 극작과정에서 이루어진 자료조사와 참고문헌
목록이 예사롭지 않다. 연암 박지원의 『열하일기』와 〈열하일기만보〉
에서 패러디하고 있는 낙타 반선과 호랑이 초정과 누에고치 무관에서
연상되는 니체의 『차라투스트라는 이렇게 말했다』 등 기존의 배삼식을
수식하던 '인문학적 상상력'과 '철학적 사유'[6]를 증명하는 참고문헌 외

5   2011년 3월에 공연된 〈3월의 눈〉은 (재)국립극단의 첫 번째 작품이자, 서계동 국립극
    단 백성희장민호극장 개관공연이었다. 손진책 예술감독 시절 서계동 국립극단의 붉은
    건물의 벽과 바다에는 브레히트의 각종 예술선언문들이 커다랗게 쓰여 있었다.
6   2008년 제10회 김상열연극상 수상자 배삼식에 대한 심사평은 다음과 같다. "배삼식은
    그의 역작 〈열하일기만보〉에서 당나귀 미중이 세상을 향해 유람을 떠나는 결말처럼, 협
    소한 틀에 구애받지 않고 너른 세계를 섭렵하는 중입니다. 창작과 번안, 뮤지컬과 마당
    놀이, 동양의 고전과 서양의 비평이론, 범속한 인간의 삶과 철학 등, 조용하고 느린 그의
    말투를 생각하면 놀라울 정도로 역동적인 관심 그리고 그 다양하고 이질적인 영역들을
    자기 식으로 소화하는 단단함을 갖추었습니다. 올해 그의 신작 〈거트루드〉를 극작과 연

에 오히려 더 자주 눈에 띄는 것은 각종 수기와 다큐멘터리와 인터넷 카페에서 수집한 자료들이다. 예컨대 〈먼 데서 오는 여자〉에서 인용하고 있는 전태일 열사 어머니 이소선의 수기, 중동 근로자에 대한 인터넷 다음카페 수기, 파독 간호사 이영숙의 수기, 대구 지하철 참사에 대한 한겨레 기자의 르포 등 기존의 공식화된 역사에서 다루지 않는 다수의 평범한 인물들 혹은 경계 바깥에 지워진 인물들에 대한 배삼식의 특별한 관심을 읽을 수 있다. 그동안 작가의 개인적 토양에서 나왔던 것이라고 생각했던 부분들이 치밀한 자료조사를 통해 구축된 것이라는 사실은 이번 희곡집을 통해서 얻게 된 가장 큰 발견 중의 하나이다.

동일한 맥락에서 배삼식이 체호프를 이해하고 있는 방식도 흥미롭다.

체호프는 당대의 연극에 불만을 느꼈지만 그것을 급진적으로 해체하는 방향으로 나아가진 않았지요. 대신 당시 가장 대중적이었던 연극의 형식들, 즉 소극, 보드빌, 멜로드라마의 외피를 사용하면서도 그 안에 전혀 다른 메시지를 담음으로써 그 형식들을 극복하고 있습니다. 체호프의 이런 방법론을 흉내 내어 본 것이 〈하얀 앵두〉라고 할 수 있겠습니다.[7]

가장 대중적인 연극 형식을 사용해서 전혀 다른 정치적 메시지를 담는 것, 체호프에 대한 브레히트적 독법이다. 극단 미추와 브레히트와 배삼식, 그리고 체호프와 〈하얀 앵두〉와 배삼식에 대해서는 앞으로

출을 겸해 주목할 만한 무대로 발표하면서 〈열하일기만보〉에 이어 무대에서 철학적 사유를 지속하고 있습니다."

7 배삼식, 앞의 글, 587면.

좀 더 구체적인 분석과 확인이 뒤따라야 하지만, 이는 이 글의 범위를 넘어서는 일이다. 그러나 브레히트와 체호프와 배삼식의 키워드는 배삼식 작품세계의 지도를 그릴 때 동서남북의 중요한 방위를 가리킨다.

〈하얀 앵두〉·〈3월의 눈〉·〈먼데서 오는 여자〉
기억 삼부작, 생체 기억의 생존자들

희곡집에 수록된 8편의 작품 중에 첫머리에 놓여있는 작품은 〈3월의 눈〉이다. 희곡집 수록 순서는 연대순이 아니다. 〈3월의 눈〉, 〈거트루드〉, 〈먼 데서 오는 여자〉 등등에 이어서 마지막에 〈하얀 앵두〉가 위치한다. 가나다 순서이다. 매우 건조한 순서이다. 혹은 어떤 인위적인 질서도 거부하겠다는 단호한 태도의 일종일까? 모를 일이다. 그러나 연구자의 입장에서는 부득불 인위적인 순서를 정하고 규칙을 찾아낼 수밖에 없다. 작가가 보기엔 고약한 취미이겠다.

배삼식의 작품 중에서 그동안 주목받았던 대표적인 작품은 〈열하일기만보〉이다. 2007년과 2008년 2년 동안 진행된 월간 『객석』의 극작가 시리즈 연재를 계기로 만났던 인터뷰에서 배삼식 또한 〈열하일기만보〉를 대표작으로 다루었다.[8] 이번 희곡집이 무엇보다 반가웠던 것은

---

8   김옥란·김주연, 앞의 책, 174~175면.

2009년 이후 배삼식 작품을 한자리에 모아놓고 살펴볼 수 있는 기회가 되었다는 점이다. 2009년 이후 작품은 〈하얀 앵두〉, 〈3월의 눈〉, 〈먼 데서 오는 여자〉의 3편이다. 구분해놓고 보니 이 3편은 현재 최정점에 있는 배삼식을 보여주는 작품들이다.

또 하나의 공통점이 보인다. 세 작품 모두 역사 바깥의 기억, 경계 바깥의 지워진 인물들에 대한 이야기를 담고 있다. 이름하여 '기억 삼부작'이라 할 만하다. 〈열하일기만보〉에 이런 이야기가 나온다. 제국의 지도에서 지워지길 두려워하는 사람들에게 나귀 연암은 말한다. "지워지기 전에 지워버리는 거지."(404면)[9] 정주(定住)가 아닌 유목(遊牧)을 역설하지만 사람들은 떠나지 못한다. "지도에 없으면 실제도 없는 거야!"(375면) 황제의 순력어사의 위협은 학살의 위협이기도 하다. 〈열하일기만보〉는 연암이라는 이름을 가진 말하는 나귀의 우화의 형식을 갖추고 있지만, 〈하얀 앵두〉와 〈3월의 눈〉과 〈먼 데서 오는 여자〉의 기억 삼부작은 대한민국의 현대사라는 현실적 맥락에서 떠나지 못한 사람들, 남아있는 사람들, 기다리는 사람들의 이야기를 그리고 있다.

〈하얀 앵두〉에서 납북어민으로 간첩혐의를 받고 떠돌이가 된 곽지복 노인, 〈3월의 눈〉에서 눈처럼 녹아 사라진 아들 영돈이를 기다리는 노부부와 노숙자 황 씨, 〈먼 데서 오는 여자〉에서 대구 지하철 참사 때 죽은 딸 민영이를 암매장한 단풍나무를 떠나지 못하는 중년 부부의 이야기는 〈열하일기만보〉에서 떠나지 못하고 남은 마을 사람들의 후속편이라고 할 수 있다. 개나리가 된 딸, 눈이 되어 녹아 사라진 아들, 단풍나무가 된

---

9   이하 작품 인용은 희곡집의 면수만 표기한다.

딸은 대한민국 현대사 속에 배삼식이 겹쳐놓은 현대판 우화다. 우화, 곧 이야기는 많은 사람들이 입에서 입으로 전하는 구전과 구술의 장치이다.

이순 : (방 안에서 소리만) 우리 영돈이는 아무 죄가 없어요, 눈처럼 죄가 없어…….

장오 : 30년이야, 30년이 넘었어. 그래! 지놈 소원대루 빨갱이들도 네 활개 치고 돌아다니는 세상이 됐다구. 근데 왜 못 돌아와? 살아 있다면 왜 못 돌아와!

이순 : (방 안에서 소리만) 그러지 말아요, 영감, 그러지 말아…….

장오 : 그놈이 안 죽었대두, 그놈이 살아 온대두, 나는 용서 못해! 제놈이 무얼 안다구! 제깟 놈이 무얼 안다구! 간이구 쓸개구 다 내다 바치구, 기껏 배부르고 등 따숩게 해줬더니, 세상이 그렇게 호락호락한 줄 알구? 나한테는 그런 자식 없어! 그런 빨갱이 자식 둔 적 없어!

　　　　　　　　　　　　　　　　　　　　—〈3월의 눈〉, 37~38면

여자 : 엄마야…… 엄마야는 정말 못됐다. / 아무리 피난 가는 길이었다 캐도 그렇제. / 전쟁 때라 정신 없었다 캐도 그렇제. / 어떻게 그럴 수가 있노? / 나보다 재봉틀이 더 중요하드나? / 내 기억 못할 줄 알았나? / 다 기억해. 다. (…중략…)

여자 : 그 나무…… 그 나무 아래 서 있었던 거. / 뭐? 아는 또 낳으면 되지만 / 재봉틀이 없으모 굶어 죽는다꼬? / 그래서 재봉틀만 챙기 들고 / 내는 그 나무에다 묶어 놓고 간 기가? / 잠깐이었다고? / 그 잠깐이 내한테는 영원이었다.

남자: 아, 예, 그게 …… 실은 이 아래, 우리 아이 …… 딸아이가 있거든요. 이 단풍나무 아래 벤치, 벤치에서 저 가로등 쪽으로 똑바로 하나, 둘, 셋, 넷, 다섯, 여섯 걸음 …… 여기 우리 민영이가 있어요. 무슨 소린가 싶으시죠 ……. 네, 맞아요. 우리 딸애를 여기 묻었답니다. 그 애 말고도 서른한 분이 여기 이 자리에 묻혀 계시죠. (…중략…) 아마 아실 거예요. 여기 이 도시에서 11년 전 큰 사고가 있었죠. (사이) 네, 맞아요. 아시네요. 192명이 죽고 146명이 다쳤습니다. 순식간에. 어이없이. (사이) 제 딸아이두 그 안에 있었습니다. 빠져나오질 못했어요. 지하철 밖으로 ……. (사이) 네. 다들 잊지 말자고 했었죠. 잊어서는 안 된다고. 가슴 아픈 일이지만, 기억해야 한다고. 기억이라는 건 손에 잡히는 게 아니니까. 추모 공원을 만들기로 했어요. 막상 부지 선정에 들어갔는데, 다들 벌떼처럼 일어나서 반대를 합디다. 추모 시설은 혐오 시설이라는 거죠.

역사란 승자의 기록이라고 말한다. 그러나 기록되지 못한 구전과 구술의 역사도 있다. 〈먼 데서 오는 여자〉에서 여자는 말한다. "내가 잊어버리면, 잊어버렸다는 것도 잊어버리면, 그땐 어떡해."(144면) 그런데 극 후반에 반전이 일어난다. "내 기억 못할 줄 알았나? 다 기억해. 다"(179면). 치매 걸린 여자가 고통 받는 것은 기억을 못해서가 아니라 잊지 못해서이다. 그녀는 아직도 전쟁터 피난민으로 살아가고 있는 대한민국의 원초적 기억을 '다 기억'하고 있다. 살기 위해 자식도 버리고, 동생도 버리고, 돈도 훔치고, 신분도 감추고, 그녀의 기억은 아름다운 것이 아니다. 그러니 지하철에 불 지른 사람도 이해 못할 것도 없다고 남자는 말한다.

기억은 역사 바깥에 서있는 사람들이 스스로를 지우지 않기 위해 선택하는 마지막 방법이다. 그 / 그녀는 기억의 주체가 아니라 기억이 선택하는 구전과 구술의 도구가 된다. 그 / 그녀에 의해 얌전히 불려나오는 기억이 아니라 미쳐 날뛰는 기억이 그 / 그녀를 집어삼키고 있으니 그 / 그녀는 사람 꼴일 수 없다. 이 장면들에서 구전과 구술의 수기와 다큐멘터리 자료에 조용히 귀를 기울이는 배삼식의 모습이 오버랩 된다. 구전과 구술 속에 흔적을 남기고 있는 사람들의 목소리를 듣는 예민한 귀를 가진, 항상 궁금증으로 코가 간지러운 나귀 연암은 곧 작가 배삼식이다.

〈3월의 눈〉의 노숙자 황 씨는 월드컵 당시 구제역으로 수천 마리의 돼지를 '살(殺)처분'하고 정신을 놓아버렸고, 〈하얀 앵두〉의 곽지복 노인은 간첩혐의로 '없는 사람' 취급 받으며 '길가의 돌멩이'처럼 지워진 존재가 되었다. 그런가 하면 〈벽 속의 요정〉의 남편은 월북혐의로 빨갱이 취급을 받으며 '즉결처분'의 위협 속에 40년 동안 벽 속에 숨어 산다. 배삼식의 작품에서 반복되고 있는 모티브 중의 하나는 이러한 역사 바깥의 존재, 경계 바깥에 지워진 존재들이다. 한국현대사에서 자주 언급되는 그들의 이름은 바로 '빨갱이', '빨갱이 종자들'이다. 〈3월의 눈〉에서 기다리던 아들 영돈이 대신 등장하는 노숙자 황 씨는 '살처분'된 돼지들의 환영에 시달린다. 노숙자 황 씨에게서 눈처럼 사라진 아들이

어디선가 재판도 없이 '개죽음'을 당했거나 "그냥 정신을 놓아버리고" 길가의 돌멩이처럼 굴러다닐지도 모른다는 암시가 전해진다.

곽지복 : 그게 언지나? 내 서른다섯인가, 배 타고 멩테 잡으러 갈매꺼정 나갔다가 발동기가 딱 고장이 나 뻐린 거라. 새안낼물이 우테 꺼신지, 막 북쪽으루만 대구 쓸려 가는데, 머 날고뛰는 재주 있나? 금방이데. 그래 북한 군함에 끄들려 갔다가 우테 우테 메칠 만에 돌어오기는 와서 움메야, 죽다 살았다 이래구 있는데, 메칠 안 있어 양복제이 두엇이 나르 찾아왔대. 그라고는 머 …… 매 앞에 장사 있나……. 꼼짝없이 간첩이 돼 가꼬 7년을 살았아……. 마누래도 있고 머스마도 하나 있었거든. 나와 보이 찾지 말라, 그 말만 냉기구 꿩 귀 먹은 자리야. 친척이구, 친구구, 마카 나르 벌거지맨치로 실실 피하구…… 내 보고 옳는 사름이래, 다들…… 죽은 사름 칠 테니께 얼씬도 마라 그르데……. 우테 그래됐는지 기억도 안 나. 술루 살았으니깨. 어쩌다 보니까 질바닥에 궁굴고 있대. 차라리 속 펜하드래. 걸베이보고 간첩이라고는 안 할 기 아니나? 그래니 그냥 정신을 놔 버렸아……. 그래 구는 머, 깜깜해 ……. 길가세 돌멩이멘치, 가랑잎세기맨치 궁글러 다녔아……. 암것두 생각이 안 나. 그양 깜깜해 …….

— 〈하얀 앵두〉, 566~567면

치안대원 : 정말 아무 연락도 없었어? 그놈이 읍내를 지나가는 걸 본 사람이 있다던데? (…중략…) 만에 하나, 그 빨갱이 놈 있는 곳을 아는데도 신고 안 하거나, 숨겨 주었다가는 뼈도 못 추릴 테니 그리 알아! 감옥은

호사지. 당신네 같은 빨갱이 종자들, 즉결 처분해도 누가 눈이나
꿈쩍할 줄 알아?

—〈벽 속의 요정〉, 292~293면

한국현대사에서 역사 바깥, 경계 바깥의 존재인 '빨갱이 종자들'은
'벌레 취급'을 당하고 '없는 사람', 곧 지워진 사람이 된다. 재판도 없이
사람을 죽일 수 있는 '즉결처분'은 돼지 도살의 '살처분'과 무엇이 다를
까. 그렇게 제국의 지도는 완성된다. 지워진 자들은 단순히 비국민(非國
民)일 뿐만 아니라 비인(非人), 고대의 추방된 자를 일컫는 '늑대인간',
'호모 사케르(homo sacer)'다. 호모 사케르에 대한 일종의 '무제한적 살
해허가'[10]의 역사적 사례는 아우슈비츠에만 있는 것은 아니다. '사케
르'는 '신성한'의 뜻이다. 신성한 희생제의 없이 치르는 죽음, 추방자의
죽음, 무덤 없이 묻힌 자, 존엄한 장례식 없이 묻힌 죽음이 곧 호모 사
케르의 죽음이다.

그것은('사케르'라는 용어—저자 주) 오히려 절대적인 살해 가능성에 노
출된 생명, 법과 희생제의의 영역 모두를 초월하는 어떤 폭력의 대상을 가
리킨다. (…중략…) 예를 들어 로마인들은 태어난 지 10일이 지나 희생 제
의에 쓸 수 있는 새끼 돼지에 대해 '순수한(puri)'이라는 말을 사용했다. 하
지만 바로(Varro)는 고대에는 제물로 바칠 수 있는 돼지들을 '성스러운
(sacres)'이라고 불렀다고 말했다. 여기서 이 말은 희생물로 바칠 수 없는

---

10 조르조 아감벤, 박진우 역, 『호모 사케르—주권 권력과 벌거벗은 생명』, 새물결, 2008,
187면.

호모 사케르의 특성과 모순되기는커녕, 오히려 '사케르'가 단순히 죽일 수 있는 생명만을 의미했던 근원적인 비식별역을 말해주고 있다.[11]

따라서 홉스가 주권론을 정초하는 토대인 "인간은 인간에게 늑대(homo hominis lupus)"라는 말과 관련해서도 우리는 '늑대(lupus)'라는 말 속에서 '바르구스' 및 고해왕 에드워드의 법률에 나오는 '늑대 머리'라는 메아리 소리를 들어야만 한다. 그러니까 여기서 문제가 되는 것은 단순한 야수(fera bestia)와 야생의 생명이 아니라, 인간과 짐승 사이의 비식별역, 늑대 인간 즉 늑대로 변한 인간이자 인간으로 변한 늑대, 한마디로 말해서 일종의 추방된 자, 일종의 호모 사케르인 것이다. (…중략…) 정치적 영역을 시민권, 자유 의지 및 사회 계약이라는 관점에서 규정하는 근대적 관습과는 반대로, 주권의 관점에서 본다면 **오로지 벌거벗은 생명만이 진정으로 정치적이다.**[12] (강조는 원저자)

"여기 사람이 있어요!" 2009년 용산참사, 2014년 세월호 참사에서 반복되는 구호이지만 참사가 끊이지 않고 있다. 잊지 말자고 반복해서 말하면서 왜 참사는 끊이지 않는 것일까. 〈먼 데서 오는 여자〉는 2003년 대구 지하철 참사의 불의 이미지를 1970년 전태일의 불타버린 몸으로 오버랩 시키고 있다.

여자: (혼란 속에서 중얼거린다.) (…중략…) 그 사람, 불을 질렀대. 그

---

11 위의 책, 181면.
12 위의 책, 216~217면.

재단사. / 자기 몸에다 불을. 왜? / 얼마나 무서웠을까? / 얼마나 무서웠으면, 그랬을까? / 눈부셔. 눈이 아파. 눈을 감아. / 머리 아플 땐 뇌신. / 기운 없을 땐 박카스. / 13번 시다, 원단 가져와. / 13번 시다, 기레빠시 치워. / 움직여, 빨리, 눈에 띄지 않게. / 저 사람 …… 저 사람…… / 허리를 굽혀. / 고개를 숙이고 / 납작 엎드려. / 들키면 안 돼. / 숨어. / 아뇨. 괜찮아요. / 미싱은 안 배울래요. / 그냥 시다면 돼. / 13번 시다면 돼.

―〈먼 데서 오는 여자〉, 165~166면

배삼식 작품에서 좌익운동, 노동운동, 빨갱이, 불의 이미지 등이 하나의 초점으로 모아지는 것이 전태일의 모티브이다. 전태일의 모티브는 배삼식 작품에서 거대한 화석처럼 가라앉아 있다. 1970년생 배삼식은 전태일로 대변되는 노동운동 세대는 아니다. 그렇지만 배삼식은 예의 그 민감한 귀와 콧등으로 생체 기억의 생존자들의 이야기를 쫓고 있다. 여기에 어떤 연결고리가 있는지 이유는 아직 알 수 없다. 그럼에도 동의하게 된다. 아직 전태일의 불은 꺼지지 않았구나.

〈먼 데서 오는 여자〉 초연 당시는 세월호 참사 직후였다. 작품 속에 세월호에 대한 이야기는 단 한 마디도 없었지만 신성한 희생제의 없이 함부로 죽는 죽음들이 너무 많다는 사실 앞에 관객들은 할 말을 잃었다. 이야기꾼으로서 배삼식이 관객들의 자리 가장 가까이 앉아있다고 느껴지는 순간이었다.

그렇다고 해서 배삼식이 선동가는 아니다. 소소한 개인의 일상에 대한 묘사를 그처럼 소박하고 간결하게 그려내는 작가가 또 어디에 있을까. 〈하얀 앵두〉에서 개의 장인이 된 곽지복 노인, 술 먹고 "개가 되는" 지질학 연구원, "개놈의 자식" 윤리선생 등 실제로 무대에는 개 한 마리 등장하지 않으면서 모든 인물을 개를 빌어 이야기하는 솜씨는 혀를 내두를 정도다. 그런가 하면 개 원백이를 애지중지하는 작가의 이야기도 나온다. "이 놈이 오고 나서 한 서너 해 괜찮은 걸 몇 개 썼다." 작가란 막막한 것이다. 개의 힘을 빌어서라도 간신히 글 한 줄 쓰는 것이다.

이 이야기는 작가 배삼식 자신의 이야기처럼 들린다. 개의 힘을 빌어서, 개나리 가지 하나의 힘을 빌어서, 금새 녹아버리는 3월의 눈 한 송이에 기대서 배삼식은 쓰고 또 쓴다. 그가 소망하듯이 우리 시대의 이야기 장인으로 관객과 함께 울고 웃으며, 때로는 장민호 배우의 쩌렁쩌렁 울리는 호통처럼, 우리가 잊고 있었던 살점 하나를 베어내어 보여준다. 그의 공연을 보고 있을 때면 관객과 직접 만나는 힘을 지니고 있는 이야기꾼 하나를 보게 된다.

야생 연극인의 현장 예술론

이상우 연출론

연출가 이상우의 새 책이 나왔다. 제목이 재미있다. '늘근나무 창작노트'라는 부제가 붙어있는 『야생연극』(나의시간, 2016)이 그것이다. 이상우 연출은 1977년 극단 연우무대 창단 멤버이고, 1995년 극단 차이무를 창단하고 40년 넘게 연극 현장을 지켜왔다. 현재 한국예술종합학교 연극원 연출과 교수로 정년퇴임을 앞두고 있지만, 이 책을 읽다 보면 예술가로서 이상우의 나이는 여전히 젊게 느껴진다.

『야생연극』은 야생연극, 야생배우, 야생연출의 3부의 구성으로 이루어져 있다. 연극과 배우와 연출에 대한 1,109개의 단상들을 자유로운 메모 형식으로 정리했다. 모든 창작자들의 습관이기도 한 엄청난 양의 메모광의 면모가 이 책에서도 역력하다. 이 책의 또 다른 부제는 '젊은 연극작가를 위한 창작노트 3막 1,109장'이다. 메모의 단상마다 일련번호가 매겨져 있다. 책머리에 밝히고 있듯이 "어차피 쟁이가 쓰는 글이니 격식 따질 것도 없이" "샛길 하나 낸다는 기분으로 좀 다른 관점에서 연극을, 연극세상을 들여다보는"[1] 책이다. 477쪽의 방대한 분량의 책이지만, 쉬운 문장력으로 경쾌하게 읽힌다. 쉽고 재미있다.

'야생'의 비유, 극단 연우무대와 차이무

극단 연우무대와 차이무는 연출가 이상우를 이해하는 중심 키워드이다. 연우무대는 1980년대 공동창작을 기반으로 하는 창작극 운동의 중심지였다. 연우무대가 1980년대 문화운동의 거점 역할을 할 수 있었던 데에는 공동창작의 창작자로 함께 참여했던 배우들의 역량이 크게 밑받침되어 있다. 연우무대는 김광림, 정한룡, 김민기, 김석만, 임진택, 이상우 등 연출가뿐만 아니라 김명곤, 문성근, 강신일, 이호성, 권해효, 송강호, 유연수, 류태호 등 배우들의 색깔 또한 뚜렷한 극단이다.

이상우의 창작론이자 연극론이라고 할 수 있는 이 책에서 이상우가 '야생연극'을 제목으로 뽑고 있는 것도 우선 이러한 역사적 맥락에서 이해할 수 있다. 극단 실험극장의 잘 만들어진 번역극이 연극계의 주류로 인식되던 1970·80년대 연극계에서 연우무대는 처음 출발부터 "창작극만 하겠다"는 포부를 밝히고 있으며 실제로 "연우무대의 역사는

---

1   이상우, 『야생연극』, 나의시간, 2016, 10면. 이하 본문 인용은 면수만 표기한다.

한 극단의 역사가 아닌 한국창작극의 역사"를 이루었다.[2] 연우무대의
창작극 운동은 당시 연극계에서는 이단이자 반항이자 저항이었다. 연
우무대의 작업은 관객과 함께 동시대를 호흡하는 생동감과 민중운동의
야성(野性)의 활력을 통해 성장해왔다.

그런 맥락에서 이상우의 야생연극론은 연우무대의 집단적 창작과정
에서 축적된 역사적·문화적 산물이 이상우 개인의 창작방법론으로 집
적된 흥미로운 과정을 보여준다.

> 나는 어려서부터 엄숙, 권위, 계급, 권력, 제도, 편견, 단체가 싫었고,
> 다른 생각, 새로운 것, 삐딱한 시각, 뒤집어보기를 좋아했습니다.(446면)

> 파격이 아니라면 왜 연극을 할까? 파괴가 없다면 무얼 창작할까?
> 창작(Creativity)은 어차피 탈선, 이단(異端)이고 저항이고 반역.
> 그 반대는 순종, 굴복, 타협, 파시즘 또는 자본에 복무하는 예술.(310면)

> 야생동물은 수명이 다해서 죽지 않는다.
> 그 생애가 길든 짧든 비극적인 최후를 맞는다.(시튼, 『동물기』)
> 내 연극은 그만큼 강렬한가.
> 내 태도는 그만큼 치열한가.(345면)

이상에서와 같이 '야생'의 비유는 연우무대에서 축적된 집단적·저

---

2   연우무대 편, 『연우 30년』, 한울, 2008, 5면.

항적 '야성'의 연극론과 겹쳐지면서 동시에 창작자로서 이상우 개인의 치열한 연극적 정체성을 보여준다. 이상우의 야생연극론은 연우무대의 저항적 연극론의 뒤를 이으며, 극단 차이무를 창단하며 자신만의 길을 탐색해온 과정을 담고 있다. 이상우의 야생연극론은, '야성'의 저항정신과는 또 다른 '야생'의 강렬함과 치열함, '코스모스적' 질서가 아니라 '카오스적 흐름'과 '요동', 'Flux의 자유로운 흐름'(298면)을 중시하는 생(生)의 발랄함과 희극적 충동의 해방적 움직임을 중시하고 있다.

연출가 이상우의 창작방법론, 코미디·배우·과학의 연극

『야생연극』에서 확인해볼 수 있는 연출가 이상우의 창작방법론을 요약해보자면 크게 세 가지이다. 코미디·배우·과학 중심의 연극이 그것이다. 1995년 창단된 차이무의 모토는 "생각은 깊게, 표현은 경쾌하게"이다. 연우무대와 차이무의 가장 큰 차이는 웃음의 질감의 차이이다. 차이무의 웃음의 질감은 곧 이상우가 세상을 바라보는 시선을 반영하고 있다.

'예술'에 대한 잘못된 선입관이 있습니다.

경건하고 어렵고 심각하고 고상할 것이라는……

연극에 그런 선입관을 덮어씌우는 만큼, 연극은 본색을 잃어버립니다.

예술은, 연극은 쉬운 것, 가벼운 것, 재미있는 것,

그래야 연극이 해방됩니다.(28면)

나는 모든 작품이 코미디라고 생각합니다.
아니 양보해서, 모든 작품 속에 코미디가 있다고 생각합니다.(446면)

독재 체제에서는 코미디가 금기.
권력자 희화 금지는 독재자의 전형적인 증상.
참고로,
지금 북한은 최고존엄 김정은을 희화하지 못합니다.
지금 한국은 대통령 박근혜를 희화하지 못합니다.(447면)

코미디언들은 세상을 관찰해야 하기 때문에,
날마다 자기가 주변에서 보고 겪는 모든 일을 '메모!'한다고 합니다.(450면)

코미디에 대한 옹호는 이 책의 전체에서 강조, 또 강조되고 있다. 이상우는 코미디를 통해서 기존의 연극적 관습들에 저항하고, 세상을 관찰하고, 풍자하고, 관객과 함께 완성하는 공연을 만들고 싶어 한다. 이상우의 창작방법론으로서 코미디는 오영진과 이근삼 이후에 거의 단절되다시피한 한국연극사의 희극성의 계보에서 중요한 위치를 차지한다. 이상우 연출작인 〈칠수와 만수〉, 〈늘근도둑 이야기〉, 〈거기〉, 〈비언소〉, 〈양덕원 이야기〉 그리고 최근작인 〈꼬리솜 이야기〉에 이르기까지 그의 날카로운 언어와 풍자정신은 여전하다.
　연극인들이 사석에서 자주 하는 말이 있다. 연출이 보이는 연극을 만드는 연출이 있고, 배우가 보이는 연극을 만드는 연출이 있다는 말이 그것이다. 이상우 연출은 이를 단지 "스타일의 다름"(404)일 뿐이라고 논평한다. 그런데 그동안 차이무의 공연들을 지켜보다 보면 이상우 연출의 스타일은 후자에 해당한다는 느낌이다. 실제로 이 책의 거의 대부분은 연극제작 현장에서 지켜본 배우에 대한 관찰과 배우와 연출의 관계에 대한 이야기다.

2015년 극단 차이무 창단 20주년 기념공연 당시 극단의 소개에 의하면 '연기 잘하는 배우사단'으로 불리는 극단 차이무 출신 배우들로 초창기의 문성근, 명계남, 박광정, 류태호, 송강호, 유오성 등과 연극과 영화와 TV를 넘나들며 연기하는 강신일, 이대연, 이성민, 민복기, 박원상, 정석용, 문소리, 오용, 송재룡 등의 배우들을 꼽고 있다. 연극인 출신 배우들로 영화나 TV쪽으로 넘어가면 다시 돌아오지 않는 배우들이 다수인 현실에 비해서 차이무 배우들은 꾸준히 연극무대를 지키고 있다. "극단도 영원할 필요가 없다고 생각합니다. 사람이 남아야, 작품이 오래 남아야 합니다."(393면) 조직이나 단체를 중시하기보다 사람과 작품을 중시하는 이상우의 연극관이 극단의 좌표로 오랫동안 지켜져 왔음을 확인할 수 있는 대목이다.

> 배우에게 연기술보다 중요한 것은,
> 하나 '퍼스낼러티(Personality)', 둘 '독창성(Originality)',
> 셋 '상상력(Imagination)', 넷 '자긍심(Me-Dignity)'.
> 이것이 창작의 기본.
> 연기가 창작이라는 사실을 잊지 말길.(186면)

'연기의 기본은 걸음걸이' '대사의 기본은 호흡' — 이건 하수(下手)들의 얘기.
'연기는 춤'이고 '대사는 노래'가 되어야 고수(高手).(210면)

'몰입'을 잘못하면 배우 혼자 어딘가로 잠수해서 사라져버립니다.
그럼 관객은 어디로 배우를 찾아가야 하나?
그게 '나르시씨스트' 배우.
참고로,
배우든 연출이든 나르시씨스트하고는 결코 동업하지 않는다는 게 내 생
각.(217면)

'켜'가 많은 연기란, 표정이 많은 연기.
웃는 표정이 상·중·하 세 가지, 화내는 표정이 상·중·하 세 가지.
무표정은 멍 — 한 가지. 이래서는 배우를 바라보는 게 지루.(220면)

연기 좀 한다고 인정받는 배우들에게는 두 가지 유형이 있습니다.
관객의 마음을 조종하는 배우와 자기감정에 푹 빠지는 배우.
나라면 관객의 마음을 조종할 줄 아는 배우를 캐스팅하겠습니다.(235면)

"배우가 되기 전에 먼저 사람이 되어라." 도덕적으로는 맞겠지만
배우에게는 불필요한 말. 배우에게는 배우가 먼저, 사람은 다음.
사람 좋은 배우도 배우, 사람 나쁜 배우도 배우.
배우에게는 배우 이외의 기준을 요구할 필요는 없습니다.
배우는 언제나 배우일 뿐.(257면)

창작자로서 '배우'이기를 바란다면

내가 사는 시대에 대해 '태도'를 가져야 합니다. (257면)

　이상에서와 같이 이상우의 배우론은 실제 연극현장에서 거듭 확인되어온 구체적인 사례들이다. 흡사 실전 노트에 가까운 기록들이다. 대본 속의 햄릿 캐릭터는 하나지만, 로렌스 올리비에의 햄릿, 존 길거드의 햄릿, 케네스 브래너의 햄릿은 다 다르다. (191면) 대본의 캐릭터를 내 캐릭터로 구체화시키기 위해서는 '연기도 창작이다'는 관점을 가져야 한다는 것이다. 육상 선수 우사인 볼트는 심한 척추만곡증을 가지고 있지만 자기만의 방식을 찾아냈기 때문에 챔피언이 되었다는 이야기에서처럼(205면) 흥미로운 실화나 풍부한 사례 등은 설득력이 매우 높다. 작가나 연출가뿐만 아니라 배우도 창작자의 한 사람이라는 생각은 이상우의 배우론, 연극론의 가장 핵심적인 내용이다.

언제부터인가 우리는 인문학의 부재를 심각하게 얘기하지만,

지금 우리 연극은 과학의 부재가 문제가 아닌가?

인문학과 과학은 다른 세상 것인가? 예술과 과학이 다른 세상 것인가?

연극이 '사람의 예술'이라면

사람에 대한 과학을 모르고 연극이 가능할까? (36면)

연극은 '사람의 예술'

생물학, 심리학, 행동학, 뇌신경학, 정치사회학을 모르고

'사람의 예술'을 만들 수 있을까? (37면)

그후 이세돌 인터뷰 : "알파고와 대국 이후 생각이 많이 유연해졌어요. 인간의 직관(직관적 판단)이 얼마나 엉성한 것인지 되돌아보기도 했어요."(38면)

현대인의 마음은 컴퓨터 시대가 아니라 석기시대에 맞추어져 있다.
　　　　　　　—스티븐 핑커, 『마음은 어떻게 작동하는가』, 47면

　그런가 하면 지금 현재 연극의 모습에 대한 반성도 신랄하다. 단적으로, 영화 싫어하는 사람은 없지만 연극 싫어하는 사람은 있다는 사실을 인정한다.(138면) 석기시대의 인간의 마음과 행동에 맞춰져 있는 인지학과 심리학에 기반한 연극 만들기에 반성을 요구하고 있기도 하다. 실제로 이 책에는 생물학, 심리학, 행동학, 뇌신경학 등에 걸친 방대한 양의 독서와 메모를 담고 있다. 책의 부록으로 본문에서 중요하게 인용하고 있는 독서목록을 별도로 정리하고 있어 참고하기에도 유용하다.
　구체적으로 『붉은 여왕』, 『노래하는 네안데르탈인』, 『인코그니토』, 『마음은 어떻게 작동하는가』, 『털없는 원숭이』, 『생물과 무생물 사이』, 『파인만』, 『거장의 노트를 훔치다』, 『픽사 웨이』, 『구로사와 아키라의 감독의 길』, 『미야자키 하야오의 세계』, 『조훈현, 고수의 생각법』 등 이상우의 독서력은 인지과학, 인류학, 생물학, 영화학에서 스포츠, 바둑에 이르기까지 종횡무진, 폭이 넓고 자유롭다. 연극지상주의자, 연극의 신화화를 넘어 대중과의 강한 소통의지가 인상 깊다. 1980년대의 이론이 헤겔과 마르크스의 변증법과 사회과학에 주로 기반했었다면, 이상우의 예술론은 인지과학, 뇌과학, 생물학 등의 '사람에 대한 과학' 공부의 필요성을 새롭게 환기시키고 있다.

우주를 배경으로 했던 이상우 번역·연출작 〈한때 사랑했던 여자에게 보내는 구소련 우주비행사의 마지막 메시지〉(데이빗 그레이그 작, 명동예술극장, 2014), 성수정 번역·류주연 연출작 〈별무리〉(닉 페인 작, 예술의전당 자유소극장, 2014), 성수정 번역·양정웅 연출작 〈인코그니토〉(닉 페인 작, 두산아트센터, 2015) 등 새로운 흐름의 연극들이 생각난다. '야생 연극인'으로서 지금 현재 살아있는 현장의 예술론을 선호하는 이상우의 지향점을 다시 한번 확인할 수 있는 대목이다.

연극성의 다른 가능성

윤시중 연출론

마법 같은 무대, 윤시중이 누구지?

처음 윤시중의 공연을 보았을 때가 떠오른다. 대학로 쪽에서 재밌는 공연이라는 입소문이 났던 〈타이투스 앤드로니커스〉란 작품이다. 책으로 읽고 말로만 듣던 스탠딩 연극이라는 얘기에 귀가 솔깃했다. 대학로 공연을 놓치고 서강대 메리홀 소극장 무대에서야 드디어 공연을 보게 되었다. 2011년 11월 겨울의 이야기다. 공연장에 들어서자마자 나무 세트의 원목 냄새가 훅 끼쳐왔다. 원재료의 가공하지 않은 원시적 냄새가 묘하게 사람을 흥분시켰다. 공연 또한 날 것 그대로의 것이었다. 단지 관객이 서서 공연을 보고 관객들 사이로 무대 세트가 움직이는 것만 신기한 것은 아니었다.

〈타이투스 앤드로니커스〉는 복수가 복수를 낳고 더 큰 복수를 불러오는 지옥 같은 작품이다. 잘려진 팔목과 혀가 나오고, 자식의 인육을 먹게 되는 어미가 등장한다. 셰익스피어 작품 중에서도 초기 비극에 속하고 공연으로선 처음 볼 정도로 자주 공연되는 작품도 아니었다. 다른 공연에선 가볍게 생략된 채 공연되는 무어인 흑인 노예를 생략하지 않고 그대로 공연하고 있는 점도 눈에 띄었다. 오히려 흑인 남자 노예를 체구가 작은 여배우가 맡아 공연에 비상한 긴장감을 던져주고 있었다. 흑인 노예 에런은, 무대 세트의 이곳저곳에서 불쑥불쑥 튀어나오며 여배우의 아이 같은 얼굴에도 불구하고 순간순간 사악한 악마의 본성이 느껴지게 했다. 인간의 악마적 본성이 태어날 때부터 가지고 나온 맨얼굴이라는 점을 환기하듯 섬뜩했다. 반면에 자극적일 수 있는 피 튀기는 복수의 장면에선 색채가 극도로 제한되고 있었다. 원목 그대로의 나무 무대 세트는 텅 빈 도화지처럼 놓여있을 뿐이었다. 대체 이 극단은 누구지? 궁금함이 일었다. 극단 하땅세, 처음 듣는 이름이었다.

다음으로 극단 하땅세의 공연을 보게 된 것은 〈파리대왕〉 공연 때다. 이번에도 무대에는 거창한 무대 세트가 세워져 있지 않았다. 달랑 흰 커튼과 검은 커튼만이 관객을 기다리고 있었다. 그런데 공연이 시작되고 단 몇 초 사이에 마법 같은 일이 벌어졌다. 커튼이 바람에 일렁이는가 싶더니 커튼 밑으로 발 하나와 손 하나가 스윽스윽 나왔다 사라지기를 반복한다. 바퀴를 단 밀대에 배우를 눕히고 커튼 밑으로 밀었다 당겼다 하고 있는 것이다.

순식간에 〈파리대왕〉의 내용이 떠올랐다. 〈파리대왕〉은 비행기 사고로 무인도에 불시착하게 된 소년들의 이야기다. 첫 장면은, 파도에 쓸려 무인도에 떠밀려온 소년들의 장면을 이미지로 보여준 것이다. 공연을 보면서 무대에서 파도를 본 것도 처음이고, 파도에 쓸려 무인도에 떠밀려온 인간의 몸을 본 것도 난생 처음이었다. 이런 장면들은 그야말로 영화에서나 가능한 장면이 아니었던가? 커튼 하나로 많은 것을 만들어내고 있는 공연이었다.

그리고 커튼의 마법은 공연 내내 계속 되었다. 뿐만 아니라 원시적인 폭력성과 부패의 냄새가 진동하는 고립된 공간의 공포가 끊임없이 환기되면서 극이 저절로 굴러가기 시작했다. 마치 정교하게 맞물린 톱니바퀴가 스스로의 힘으로 돌아가듯, 시계태엽이 감기고 시간이 흘러가는 것이 눈으로 보이듯 눈앞이 환해졌다. 단순한 몇 가지의 무대세트와 소품, 배우뿐이었다. 유명 배우도 아니었고 화려한 볼거리가 있는 것도 아니었다. 그런데도 무대에는 에너지가 살아있었다. 관객에게 친절하게 내용을 설명하는 것도 아니었고 관객 스스로 생각을 펼쳐나가도록 자극하고 있을 뿐이었다.

도대체 이런 공연을 누가 만든 거지? 연출가 윤시중? 낯선 이름이었다. 게다가 무대 디자인을 동시에 맡고 있는 연출가라고? 그러고 보니 단 두 편의 공연이지만 무대미술 개념이 공연의 중심 개념으로 완벽하게 통합되어 있는 점이 새삼 되새겨졌다. 그렇다 하더라도 책상에 앉아 있는 연출가가 무대 세트에 망치질까지 한다고? 여전히 낯선 조합이었다. 연출가 윤시중이 궁금할 수밖에 없었다.

연출가 윤시중은 이미 2010년 〈하땅세〉로 밀양연극제 대상·연출상, 2012년 〈타이투스 앤드로니커스〉로 제48회 동아연극상 신인연출상을 수상했고, 2012년 〈천하제일 남가이〉로 부산국제연극제 아비뇽

OFF에서 대상을 수상했다. 2013년 3월 〈파리대왕〉 공연 당시 연출가 윤시중과 극단 하땅세는 완전 상승세였다.

유연한 상상력의 세계

그리고 지난 여름 〈아가멤논〉 공연 당시 윤시중 연출을 인터뷰할 기회가 있었다. 그 동안의 궁금증을 풀 수 있는 좋은 기회였다. 〈아가멤논〉 연습이 진행 중인 극단 하땅세의 성북동 연습실을 찾았다. 그런데 연습실의 첫 인상이 독특했다. 연습실 벽 가득 연필 스케치, 마분지와 골판지와 색종이로 오린 온갖 종이 모형물들이 잔뜩 붙어 있었다. 윤시중 연출은, 연습실 이곳저곳을 구경시켜주며 각종 공구와 조명기구가 가득 들어찬 벽면의 커튼을 활짝 열어젖히며 즐거워했다. 연극 연습실이기보다는 흡사 미술 작업실과 같은 공간이었다. 〈천하제일 남가이〉가 프랑스 아비뇽 OFF에 참석해 대상을 차지하고 만석 공연의 릴레이를 이어가고 있다는 소식을 들은 곳도 이 연습실에서이다.

공연의 이런저런 아이디어와 이야기를 들려주며 어린아이처럼 즐거워하는 윤시중 연출의 모습에서 순수하게 연극을 즐기고 기뻐하는 사람의 모습을 거듭 발견하였다. "아무도 보지 못한 충격적인 무대를 보여주고 싶다!" "솔직하게 내 눈으로 보이는 것만을 만들고 싶다." "예술이란 용감하게 계속 가는 것이다. 끝까지 완성될 수 없는 것이다. 나이들 때까지 끝까지 가보고 싶다." 놀라운 말들이 연이어 쏟아져 나왔다.

윤시중 연출은 말이 빠르다. 그만큼 생각의 속도가 빠르다. 상상력의 속도도 빠르다. 실제로 윤시중의 연극은 장면 전환이 빠르다. 기다리지 않고 바로 다음 장면의 배우 등퇴장이 맞물리거나 오브제가 난데없는 방향에서 빠른 속도로 날아 들어와 무대 위에 떨어진다. 공연에서 속도가 느껴진다.

연습실에서도 즉흥의 순간을 중시하고 있었다. 즉흥적으로 무언가 떠오르면 그 자리에서 조명기구까지 가져다놓고 모형 무대세트를 움직여가며 무대 효과를 체크한다. 연습실에서 배우들과 함께 매일매일 새로운 걸 발견하고, 매 순간 눈이 반짝이길 원한다고 말한다. 때로 무궁무진한 상상력의 가능성 때문에, 혹은 그 가능성의 압박 때문에 배우들이 몸살을 앓을 정도로 힘들어하기도 한다고 말한다.

그런데도 연습실에서 만난 배우들의 눈이 반짝반짝 빛나고 있었다. 극단 하땅세의 연습실은 어린 시절 놀이터의 순수한 즐거움으로 가득했다. 일찍부터 연극하는 일에 지치고 조루증을 보이며 무릎 꿇는 대신, 지구를 떠받치는 안간힘으로 두 발로 서서 끝까지 버티겠다는 의지와 결기가 가득하다. 그것도 즐겁게! "하늘부터 땅끝까지 세게 가는 극단"—극단 하땅세의 소개 문구이다. 이 말들은 결코 빈말이 아니었다.

"그런데 왜 〈타이투스 앤드로니커스〉와 〈파리대왕〉인가요? 즉흥과 매 순간 살아있음을 강조하는 태도도 그렇고, 왠지 자꾸만 피터 브룩이라는 이름이 떠오르는데요? 두 작품은 피터 브룩 초기의 중요 작품이기도 한데요?" 나도 모르게 불쑥 나온 질문이었다. 그런데 엄청나게 빠른 속도로 말을 이어가는 윤시중 연출의 말이 뚝, 끊겼다. 눈이 커졌다.

이전과는 대조적으로 낮고 느린 속도로 말을 이어간다. 윤시중 연출 개인의 역사에 대해서 말하기 시작한다.

윤시중 연출은 원래 고등학교 때 미술을 전공하고 싶었지만, 아버지인 극작가 윤조병의 반대로 하지 못하고 대신 서울예술대학에 들어가 연기를 전공했다고 한다. 그러나 연기를 너무 못했고, 그런데도 연극을 포기하고 싶지는 않았다고 한다. 미술을 포기했는데 연극마저 포기할 순 없었다는 것이다. 그런데 연극에 대해서 순수하게 관심이 생긴 것은 미국 유학을 가서 무대미술을 접하면서부터라고 한다. 바닥에서부터 다시 시작한 것이다. 그때부터 연극이 자유롭고 즐거워졌다는 것이다.

피터 브룩은 미국에서 책을 통해 우연히 접하게 되었고 그의 연극론을 100% 신뢰하게 되었다고 한다. 그의 작업방식도 선호하고, 피터 브룩이 말하는 '신성한 연극'을 만드는 것이 목표가 되었다고 한다. 미국에서 극장 상임 디자이너로 일하며 수많은 무대를 제작해봤고, '제2의 피터 브룩'이라고 불리는 영국의 다국적 극단 컴플리시테의 연출가 사이먼 맥번을 좋아한다는 말도 덧붙였다. 윤시중 연출이 왜 매번 '충격적인 무대'와 '살아있는 공연'을 강조했는지 이해되는 순간이었다.

그리고 보니 윤시중과 피터 브룩은 닮은 점이 많았다. 단순하고 선명한 공연, 간결한 무대와 여백의 공연도 그렇다. 공연에 집중하다 보면 공연 전체가 하나의 살아있는 생물체가 되어 교감하게 되는 것도 그렇다. 단순한 보자기 하나로(피터 브룩의 〈11 그리고 12〉), 커튼 하나로(윤시중의 〈파리대왕〉) 공연 전체의 이미지를 압축한다. 둘 모두 우화에 능한 것도 공통점이다. 연극성과 표현력이 극대화된 우화, 그러면서 중심 주제를 잃지 않는 뚝심 혹은 현명함도 비슷하다.

〈천하제일 남가이〉에서는 누런 동아줄 하나로 무대 배경막의 커튼도 만들고, 그 커튼을 흔들어 시냇물의 물결도 만들고, 그 시냇물에 배우가 풍덩 뛰어들어 이리저리 흔들리며 물 위에 떠있는 이미지도 만들어낸다. 시냇물 속에서 눈 깜짝할 사이에 배우를 교체해서 관객의 눈앞에서 아이가 어른이 되는 마법을 보여주기도 한다. 다양한 연극놀이가 펼쳐지지만 '밧줄'로 통일된 중심 이미지를 지속적으로 반복 혹은 변주하면서 극의 의미가 두껍게 쌓이도록 한다. 그러면서도 자유롭다. 연극을 한다는 것, 연극을 본다는 행위가 순수한 놀이이자 기쁨이라는 단순한 사실을 눈이 환하도록 깨닫고 보게 한다. 즐겁다.

물[水]의 상상력 — 윤시중 연출하면 출렁이는 물의 이미지가 떠오른다. 〈천하제일 남가이〉의 시냇물 같은, 〈파리대왕〉의 모래사장의 파도 소리 같은. 〈아가멤논〉에서는 별빛도 유동하며 출렁인다. 유동하되 가볍게 들떠있지 않고, 자유롭게 흘러가되 길을 잃지 않는다. 물컹물컹 발이 빠지는 늪이 아니라 졸졸 맑은 소리 내며 어디든 자유롭게 흘러갈 것 같다. 윤시중의 호기심과 마법의 무대, 물과 같은 유연한 상상력이 있기에 가능했다. 윤시중의 졸졸 흐르는 맑은 시냇물이 '이미지'의 반짝거림과 함께 '서사'라는 깊은 강으로, 그리고 '인간'이라는 넓은 바다로 도도히 흘러가길 기원한다.

2장
국공립 제작극장 시대와
대학로 연극의 공공성

정치성의 회복과 공공성의 화두 - **2000년대 연극**
광복의 '추억'과 한국연극 - **광복 70주년과 연극**
서울연극제와 '대학로 연극'의 위기 - **2015 서울연극제**
제작극장의 제작능력과 인문 고전

정치성의 회복과 공공성의 화두

2000년대 연극

1990년대 '해체' 이후 2000년대 '정치적인 것'의 귀환

　1990년대의 기억이 삼당 합당(1990), 소련 해체(1991), 성수대교 붕괴(1994), 삼풍백화점 붕괴(1995), IMF 외환위기(1997) 등 총체적인 붕괴, 곧 '무너짐'의 기억으로 점철된 것이라면, 2000년대는 2001년 9·11 이후 정치적 보수화, 미국 발 글로벌 금융위기와 신자유주의, 진보정권 10년과 다시 들어선 보수정권의 '잃어버린 10년'을 되돌리려는 보수화의 흐름, 연이은 촛불집회 등 다시 '정치적인 것의 귀환'을 논하는 국면이 되었다. 1990년대를 풍미했던 포스트모더니즘 담론이 거대담론의 해체로부터 비롯된 발랄한 일상 감각, 탈정치 개방화의 물결을 타고 이루어진 '세계화'에 대한 핑크빛 전망을 보여주었다면, 2000년대는 지난 냉전 시대의 사생아인 국제 테러 단체 알 카에다, 미선이 효순이 사건 (2002), 미국산 광우병 소고기 수입 문제(2008), 용산참사(2009) 등 여전히 우리에게는 정치적·경제적 현실의 문제들이 해결되지 않은 채 남아 있었다는 사실을 직시하게 해주었다. 2014년 현재, 1987년 이후 정치적으로 실패하고 사상적으로 무장해제당한 지식인들이 1997년 IMF 이후 신자유주의의 급발진에 대해 제대로 대응하지 못했던 지난 20년에 대한 반성의 목소리가 높다.

2000년대 연극과 '일상'의 코드

그렇다면 2000년대 연극의 모습은 어떠한가? 연극은 극장에서 관객들과 함께하는 공연의 존재 조건상 사회적·정치적 현실에 민감하다. 공연이 올라가는 매일매일 관객과 직접 만나기 때문에 관객의 매일매일의 삶에 민감하지 않을 수 없다. 그러나 2000년대 전반기 공연장의 풍경은 별다른 이슈 없이 조용히 흘러갔다. 2002년 월드컵으로 광장의 문화가 정치적 공간이 아닌 축제의 공간으로 전환되고, 2002년 미군 장갑차 사건, 2004년 노무현 대통령 탄핵무효 촛불집회 등으로 광장이 다시 정치적 공간으로 회귀하는 등 광장의 역사가 새롭게 쓰이고 있었지만, 연극 공연장에서는 1990년대 포스트모더니즘의 해체 담론 이후 정치를 벗어난 일상에 주목하는 흐름이 계속되고 있었다.

『문예연감』은 2004년 연극의 특징 중 하나로 '체호프와 일본연극의 열풍'을 꼽고 있다. 2000년대에 체호프와 체호프식의 섬세한 일상 연극과 히라타 오리자로 대변되는 일명 '조용한 연극'의 극사실주의적 일상극이 인기를 끈 것은 정치성이 거세된 2000년대 버전의 포스트모던 해체 연극의 징후를 보여준다. 1990년대 정치성을 기반으로 한 포스트모던의 '격렬한 해체'가 〈기국서의 햄릿〉처럼 〈햄릿〉이나 〈리어왕〉, 〈맥베스〉로 대변되는 셰익스피어의 원초적이고 강렬한 무엇을 담보로한 것이었다면, 2000년대 연극은 체호프로 대변되는 '일상'의 코드가 주조를 이루고 있다. 박근형의 〈청춘예찬〉(1999), 〈물속에서 숨쉬는 자하나도 없다〉(2000) 등 삼류 인생들의 '비루한 일상'을 보여주는 작품들이 이러한 경향을 대표하고 있다. 그리고 김명화는 〈돐날〉(2001)을 통해 386세대의 '비루한 일상'의 후일담을 그리고 있다.

다른 한편 이러한 '일상'의 코드는 편안하고 쉬운 일상 화법과 디테일한 묘사를 접점으로 대중적 감각으로 쉽게 확대 재생산되었다. 김한길, 한아름 등 신인 작가들이 처음부터 대중극을 지향하며 등장한 것도 이 시기의 특징 중 하나다. 예컨대 김한길의 〈춘천 거기〉(2005), 〈임대아파트〉(2006) 등 쉬운 일상극은 젊은 관객들에게 잔잔한 감동의 연극으로 크게 인기를 끌었다. 그리고 한아름의 〈죽도록 달린다〉(2004), 〈왕세자 실종사건〉(2005), 〈릴레이〉(2006), 〈청춘, 18대1〉(2008) 등은 '이미지극'이라는 세련된 연극성을 표방하고 있지만 사랑이나 청춘의 한때와 같은 일상의 감각들을 극대화시킨 공연들이다.

예컨대 한아름의 〈청춘, 18대1〉은 1945년 8·15광복 딱 한 달 전, 동경의 댄스홀을 배경으로 동경시청장 암살사건을 모의 중인 조선인 독립운동가의 긴박한 이야기를 그리고 있지만 실제로 무대에서 전면화되는 것은 동경의 댄스홀에서 펼쳐지는 차차차와 왈츠 등의 춤 자체이다. 독립운동가의 이야기를 다루면서도 식민지 조선의 '구질구질한 현실'이 아닌 모던의 첨단인 일본 동경 한복판 댄스홀의 반짝반짝 빛나는 무대를 보여준다. 이렇듯 2000년대의 대중극은 이전의 '뻔한 저질의 싸구려 연극'이라는 질시의 시선에서 벗어나 편안하고 쉽고 친절한 연극, 게다가 감각적으로 고급스럽게 포장된 연극으로 진화하고 있다. 그 중심 연결 고리에 '일상'의 감각을 보편적인 시대감각으로 받아들이고 있었던 분위기가 작용하고 있다.

2000년대 중반, 연극계의 세대교체

2000년대 전반기 연극계의 풍경이 잠잠하게 느껴졌던 또 한 가지 이유로, 이 시기가 연극계의 세대교체기와 맞물려 있었던 점을 들 수 있다. 이 시기의 주요 작품들을 꼽아보면, 이강백의 〈마르고 닳도록〉(2000), 〈진땀 흘리기〉(2002), 〈맨드라미꽃〉(2005), 〈황색여관〉(2007), 〈죽기 살기〉(2009), 오태석의 〈잃어버린 강〉(2000), 〈지네와 지렁이〉(2001), 〈내 사랑 DMZ〉(2002), 〈앞산에 당겨라 오금아 밀어라〉(2003), 〈만파식적〉(2005), 〈용호상박〉(2005), 〈갈머리〉(2006), 이윤택의 〈도솔가〉(2000), 〈시골선비 조남명〉(2001), 〈아름다운 남자〉(2005), 박근형의 〈대대손손〉(2000), 〈물속에서 숨쉬는 자 하나도 없다〉(2000), 〈선데이 서울〉(2004), 〈선착장에서〉(2005), 〈경숙이 경숙아버지〉(2006), 〈백무동에서〉(2007), 〈돌아온 엄사장〉(2008), 〈너무 놀라지 마라〉(2009), 〈아침 드라마〉(2010), 김명화의 〈오이디푸스, 그것은 인간〉(2000), 〈돐날〉(2001), 〈까페 신파〉(2004), 〈바람의 욕망〉(2007), 고연옥의 〈인류 최초의 키스〉(2001), 〈웃어라 무덤아〉(2003), 〈백중사 이야기〉(2006), 〈발자국 안에서〉(2007) 등 이강백, 오태석, 이윤택, 박근형, 김명화, 고연옥의 이름을 꼽을 수 있다.

2000년대 중반까지 원로급 기성작가인 이강백, 오태석, 이윤택 등이 여전히 활발히 활동하면서 거의 매년 작품을 발표하였다. 그리고 그 뒤를 이어 1999년 〈청춘예찬〉의 흥행으로 작가이자 연출가로 연극계에 화려한 신고식을 치른 박근형, 1998년 첫 작품 〈새들은 횡단보도로 건너지 않는다〉를 오태석 연출 작품으로 올리면서 마찬가지로 화려한 신고식을 치렀던 김명화, 1996년 신춘문예 등단작을 제외하고 공식적인 첫 공연작인 〈인류 최초의 키스〉에서부터 연출가 김광보와 콤비를 이루며 작품 활동을 해오고 있는 고연옥이 중간급 신인 작가의 위치를 받치고 있다.

그런데 이 시기가 연극계의 세대교체기라 함은 이강백, 오태석, 이윤택이 거의 매년 작품을 발표하고는 있었지만, 사실 이 시기는 이들의 후기작의 시기이자 실질적으로 작품 활동을 마감하고 있는 시기이다. 특히 이강백의 〈맨드라미꽃〉, 오태석의 〈용호상박〉, 이윤택의 〈아름다운 남자〉가 한꺼번에 공연된 2005년은 특별히 기억될 만하다. 이 시기를 기점으로 더 이상 문제작은 나오고 있지 않다. 오태석이 2011년 셰익스피어 원작의 〈템페스트〉를 한층 원숙한 태도로 자신의 중심 주제인 용서와 화해의 극으로 보여줌으로써 다시 '거장의 귀환'을 보여주긴 했지만, 2012년 〈마늘 먹고 쑥 먹고〉 공연에서는 더 이상 새로운 생산성을 보여주고 있지 못하다. 이강백 또한 2014년 〈챙!〉, 〈즐거운 복회〉, 〈날아다니는 돌〉 등 의욕적으로 신작 3편을 동시에 발표하는 기염을 보여주었지만, 이미 시대의 중심에서는 비껴서 있는 관조적인 태도를 보이고 있다.

박근형, 과장된 비극성의 신파적 패러디

한편 이들의 공백을 대신하며 박근형, 김명화, 고연옥의 작품이 계속해서 올라가고 있지만, 이들에게서 공통으로 발견되는 '비루한 일상' 혹은 '고립된 개인'의 감각 외에 문제적인 이슈는 제기되지 않는다. 2000년대 중반까지 이들은, 원로 작가들의 거인의 그림자에서 벗어나지 못한 채 삼류 인생들이나 비루한 일상으로 떨어진 386세대의 비틀린 내면이라는 자기 세대의 문제의식을 그려내는 데에 그치고 있다. 이들의 개인적 경험과 문제의식은 사회적으로 확장된 감각으로 나아가거나 폭발력을 가지지 못하고 있다. 김명화(〈오이디푸스, 그것은 인간〉, 〈돐날〉) 그리고 또 다른 여성 작가 장성희(〈매기의 추억〉, 2011)가 보여주는 386세대의 문제의식은 386세대가 현실정치에서 실패하고 실제 현실에서 자기 허무를 극복하지 못하고 한계에 부딪힌 것과 똑같은 지점에서 한계에 부딪히고 있다. 그리고 이는 〈이〉(2000)의 작가 김태웅이 〈불티나〉(2001)와 최근작인 〈헤르메스〉(2014)에서 보여주고 있는 한계 이기도 하다.

단, 이 중에서 독보적인 행보를 보이고 있는 작가로 박근형을 주목해 볼 필요가 있다. 박근형은 극단 골목길 대표로, 극작과 연출을 겸하고 있으며 2000년대 중반에 이르러 자기만의 독자적이고 확고한 세계를 구축하고 있다. 박근형은 1990년대 중반의 습작기를 거쳐 2003년 극 단 골목길 창단, 2005년 〈선착장에서〉 이후 〈경숙이 경숙아버지〉, 〈돌 아온 엄사장〉, 〈너무 놀라지 마라〉 등의 작품을 연달아 내놓으며 2000 년대의 대표적인 작가로 자리 잡았다. 이 작품들은 삼류 인생들의 밑바 닥 언어로 사회를 풍자하고 비트는 연극들로, '신파'와 풍자가 함께하 는 박근형식 블랙코미디의 세계를 천연덕스럽게 보여주고 있다. 박근 형의 연극 언어 대부분은 '개새끼', '깝깝한 년' 등 욕설투성이고, 인물 들은 비루하지만 어설픈 자기 만족감으로 뻔뻔하다.

예를 들어 〈너무 놀라지 마라〉의 위악적 주인공의 쿨한 태도는 지금 우리 삶의 허위와 과장과 잉여의 상황을 매달린 시체가 보여주는 '맨발 과 고름과 피'의 현실과 대면시키며 조롱하고 있다. 영화감독 남편과 노래방 알바를 나가는 부인, 노래방 남자 손님을 속옷 바람으로 삼자대 면시키는 의도적으로 작위적인 상황에 일부러 "사는 게 다 똑같다"라 는 식의 상투적 언어와 제스처로 반응하게 함으로써 얻어지는 이질적 인 웃음, 부인과 시동생의 불륜이라는 '막장 드라마' 같은 상황에 "비극 은 인간을 승화시킨다"는 식의 과장된 비극적 화법을 의도적으로 과시 하는 태도는 '타락한 비극' 혹은 '과장된 비극성'의 신파적 태도를 통해 낯익은 일상을 비트는 이중화법을 보여준다.

박근형은 결국 지금 현재 우리의 삶을 "신파다!"라는 한마디로 요약하고 있는 것이며, 우리 사회의 진보의 시간에 대해서 회의적인 시선을 보내고 있다. 그리고 이는 2000년대 연극이 보여주는 세련된 감각의 연극성과 양식성─오태석 연극의 원숙한 양식미로부터 양정웅과 서재형의 연극으로 대변되는 감각적인 연극성에 이르는─과는 또 다른 지점을 보여주는 것으로 흥미로운 대조를 이룬다.

젊은 극작가들, 감각의 전환

2000년대 중반 연극계의 세대교체와 관련하여 중요한 흐름으로 새로운 작가들의 등장을 빼놓을 수 없다. 특히 이 시기에는 주목할 만한 신인 작가들이 다수 등장하여 연극계의 분위기가 훨씬 새롭고 생동감 있게 환기되었다. 이들을 통해 한국연극계는 실질적인 세대교체를 이루었고 감각의 전환을 이루었다. 구체적으로 배삼식, 최치언, 김지훈, 김재엽, 성기웅, 최진아, 윤한솔 등이 그들이다.

우선 먼저 배삼식은 극단 미추에서 셰익스피어 극의 재구성 대본이나 마당극 각색 대본 등을 집필하는 작업을 병행하면서 2007년 〈열하일기만보〉로 일약 연극계의 스타로 떠올랐다. 그리고 이후 〈하얀 앵두〉(2009), 〈3월의 눈〉(2011) 등을 연속해서 발표하며 비교적 짧은 시간 안에 무게감 있는 신인 작가로 성장했다. 최치언은 시인이자 극작가로, 〈코리아 환타지〉(2005), 〈밤비 내리는 영동교를 홀로 걷는 이 마음〉(2007), 〈충분히 애도되지 못한 슬픔〉(2008), 〈미친극〉(2010) 등 B급 영화의 거친 질감과 광기와 독설의 연극으로 자기만의 색깔을 분명히 보여주고 있다. 김지훈은 첫 번째 작품인 〈원전유서〉(2008)를 한국연극사상 유례없는 4시간 반짜리 대형 공연으로 올려 처음부터 강렬한 인상을 남겼다. 〈원전유서〉는 극단 연희단거리패 이윤택 연출가의 적극적인 지지 덕분에 가능했던 공연으로, 이후에도 김지훈은 연희단거리패에서 '김지훈 삼부작'(〈방바닥 긁는 남자〉, 2009; 〈길바닥에 나앉다〉, 2010; 〈판 엎고 뭬!〉, 2011)을 연속해서 올리는 기염을 토했다.

한편 이들의 작업은 중견급 연출가들의 적극적인 지원 속에서 공연을 올리는 특징을 보여준다. 배삼식은 극단 미추의 연출가 손진책과 극단 코끼리만보의 연출가 김동현, 최치언은 극단 작은신화의 연출가 최용훈과 극단 백수광부의 연출가 이성열, 김지훈은 극단 연희단거리패의 연출가 이윤택과 지속적인 관계를 맺으며 작업하고 있다. 이렇듯 중견급 연출가들의 지원 속에서 신인 작가들이 발굴되거나 성장하고 있는 것은 그만큼 한국연극계가 성숙한 조건 속에서 재생산을 이루고 있는 모습을 보여준다.

이들은 기존의 신인 등단 제도인 신춘문예와 같은 일회성 등단 제도를 통해서가 아니라 극단과의 지속적인 공동작업이나 공연을 전제로 한 창작극 지원사업의 일환으로 발굴된 작품을 통해 활동하기 시작한 공통된 이력을 보인다. 특히 2008년 김지훈의 〈원전유서〉와 최치언의 〈충분히 애도되지 못한 슬픔〉은 한국문화예술위원회 창작희곡활성화

지원사업, 일명 '창작예찬' 당선작으로 나란히 함께 무대에 올라갔던 작품들이다.

젊은 극작가들이 극단 작업과 연계되어 활동하는 양상은 그만큼 글쓰기뿐만 아니라 무대화에 대한 전문적인 안목을 가진 작가들의 출현이 강화되고 있음을 말해준다. 같은 맥락에서 자신의 극단을 가지고 극작과 연출을 함께하는 작가들의 등장 또한 많아지고 있다. 대표적으로 극단 드림플레이의 김재엽, 극단 제12언어연극스튜디오의 성기웅, 극단 놀땅의 최진아, 극단 그린피그의 윤한솔 등이 그 예이다. 이들의 작품은 극단 작업의 공동체적 집단 역량이 뒷받침된 글쓰기로 주목해볼 수 있다.

이 중에서 특히 김재엽과 윤한솔은 동시대의 사회적 이슈를 다루면서 극단의 공동체적 역량을 드러내는 자기만의 공연 양식을 가지고 있는 작가이자 연출가들이다. 김재엽의 작품들, 예컨대 대학 91, 92학번 세대의 대학 시절 사회과학 서점을 재현한 무대인 〈오늘의 책은 어디로 사라졌을까?〉(2006), 이른바 '88만원 세대'의 연극판이라 할 수 있는 〈누가 대한민국 20대를 구원할 것인가?〉(2008), 용산참사를 다룬 〈타인의 고통〉(2010) 등은 사회적 이슈를 적극적으로 다루고 있다. 특히 〈누가 대한민국 20대를 구원할 것인가?〉는 1980년대 연우무대의 서사극적 스타일의 공연으로 젊은 연극인들의 집단적 에너지를 보여준 무대다.

그리고 윤한솔은 한국전쟁에 대한 개인'들'의 기억을 낭독, 영상, 퍼포먼스, 전시, 연극적 장면들의 병치 등 다양한 예술적 재현장치들을 해체 재구성하여 보여준 〈의붓기억〉(2010), 본인이 직접 출연하여 실행한 '강의(講義) 연극' 〈나는야 섹스왕〉(2011), 해방기 진우촌 원작을 1930년대 변사의 말투, 1970년대 호스티스 영화 여배우들의 말투, 녹음된 대사를 틀어놓고 하는 더빙 연기 등 의고체의 대사 발성법을 병치시킴으로써 독특한 음성학적 연극을 실험한 〈두뇌수술〉(2012) 등에서 이른바 '포스트 드라마'의 한국적 버전을 보여준다. 윤한솔은 그동안 가벼움과 정치성의 약화 등으로 폄하 받던 포스트모더니즘 이후 세대의 정치적 목소리를 발랄하고 과감한 호흡으로 복원한 독특한 무대를 보여주고 있다.

창작극과 번역극의 정치성

2000년대 중반의 또 한 가지 특징은 사회 · 정치 · 역사적 주제가 강화되었다는 것이다. 대략 2008년을 기점으로 젊은 작가들뿐만 아니라 중견과 원로 작가들의 작품에서도 다시 정치성이 살아나고 있다. 그리고 이는 창작극뿐만 아니라 번역극에서도 동일하게 확인된다. 먼저 박근형은 2005년 〈선착장에서〉, 2008년 〈돌아온 엄사장〉 등 일련의 정치 비판적 작품들을 계속 올리고 있다. 〈선착장에서〉, 〈돌아온 엄사장〉은 울릉도, 포항을 배경으로 직설화법의 경상도 사투리와 욕설이 난무하는 공연들이다. 이 작품들에서 경상도 사투리의 원색적인 욕설이 강조되면 될수록 한국 현대정치사에서 권력자들의 주된 출신 지역인 경상도의 지역성이 강조되면서 정치적 풍자 의도가 선명해진다.

그리고 젊은 작가 김지훈의 〈원전유서〉는 '88만원 세대', '청년 백수', '트라우마 세대'로 불리는 젊은 세대의 무의식을 원형적·신화적 상상력으로 보여주고 있는 작품이다. 최치언의 〈충분히 애도되지 못한 슬픔〉은 5·18 광주의 이야기를 외계인의 침공으로 비틀어 표현한 블랙코미디이다. 이 작품은 그동안 '애도'의 비장함의 대상으로만 그려졌던 5·18 광주의 이야기에 어설픈 세 친구의 자해 공갈 사기단이라는 황당하고 코믹한 상황을 병치시키는 기지를 보여준다. 그러나 마지막 계엄군의 습격을 '문어 대가리 외계인'의 모습으로 표현한 것은 5·18 최종 책임자 전두환을 풍자한 것으로, B급 대중 서사물의 감각을 통해 표현되는 젊은 세대의 새로운 정치 감각을 읽을 수 있다. B급 폭력물에나 나올 법한 과잉된 감정을 표출하는 주인공, 광기와 공포의 괴물 이미지, 장광설과 독설의 절제되지 않은 언어 표현 등은 이전 세대의 극작법과는 확연히 다른 글쓰기를 보여준다.

그러나 무엇보다도 정치적 메시지가 강렬한 것은 번역극에서이다. 대표적으로 2009년 기국서 연출의 〈의자들〉과 극단 백수광부의 공동창작극 〈야메의사〉, 2010년 김승철 연출의 〈안티고네〉, 2011년 (재) 국립극단 창단작 한태숙 연출의 〈오이디푸스〉 등이 그 예이다. 먼저 기국서의 〈의자들〉은 이오네스코의 부조리극을 용산참사에 대한 이야기로 전환시킨 작품으로, 동시대의 정치적 이슈에 연극인들이 얼마나 민감하게 반응하고 있는지 보여준다. 극단 백수광부의 공동창작극 〈야메의사〉는 카프카의 원작 소설 「시골의사」를 해체 재구성한 작품으로, 청계천변 포장마차 '야메의사'의 하루 동안의 '서울 오디세이'를 통해 용산참사와 노무현 전 대통령의 죽음이라는 동시대의 현실을 다루고 있다. '시대의 환부(患部)'를 찾아 헤매는 '야메의사' 캐릭터는 1930년대 서울의 거리를 주유(周遊)하는 '구보씨' 캐릭터의 현대적 버전이라 할만하다.

그리고 〈안티고네〉는 이 시기 젊은 연극인들 사이에 시대를 반영하는 작품으로 적극적으로 재인식되거나 일부 장면을 차용하는 방식 등으로 다양하게 변주되었다. 〈안티고네〉에서 죽은 자에 대한 매장을 둘러싼 크레온과 안티고네의 대치 상황은 〈야메의사〉의 한 장면으로 차용되어, 2009년 노무현 전 대통령의 죽음을 둘러싼 애도국면의 정치적 대치상황을 환기시키는 등 고전극의 동시대적 의미를 강렬하게 각인시켰다. 곧 〈안티고네〉는 '영원한 저항'의 상징인 안티고네를 통해 시대적 발언을 하고자 하는 연극인들에게 반복적으로 소환되고 있다. 1970년대 유신독재 시절부터 젊은 연극인들에게 폭넓은 공감대를 이루며 공연된 이 작품이 이 시기에 다시 소환되고 있는 모습은 흥미로운 역사적 풍경이다.

이러한 정치적·역사적 배경 아래서 또 다른 '시대의 아이콘'으로 부각된 인물이 있으니, 오이디푸스가 바로 그다. 한태숙 연출의 〈오이디푸스〉는 오이디푸스의 마지막 행동을 끝없는 방랑의 길을 떠나는 것이 아니라 높은 절벽에 몸을 던져 죽는 것으로 장면화하는 한편 코러스로 등장하는 시민들의 분열상을 통해 우리 사회의 보수와 진보의 대립과 해결되지 않는 갈등을 압축적으로 보여주고 있다. 한편 구세대 정치인과 젊은 세대 정치인의 대결구도를 〈오이디푸스〉를 통해 그린 것은 김명화의 2000년도 작 〈오이디푸스, 그것은 인간〉에서 이미 보여주었던 것이기도 하다. 그런데 김명화의 작품이 386세대의 관점에서 정치적 대결구도를 그린 것이라면, 한태숙 연출작의 〈오이디푸스〉는 2009년 노무현 전 대통령의 죽음을 거치면서 새로운 시대의 표상으로 오이디푸스를 보다 구체적으로 재창조하고 있다. 〈기국서의 햄릿〉에서 '회의하고 행동하는 지식인'으로서 햄릿이 5·18로 대변되는 1980년대와 응전하는 모습을 보여주었다면, 오이디푸스는 2000년대를 거치면서 '자기희생'이라는 이 시대의 새로운 젊은 지식인의 표상으로 다시 태어나고 있다.

이처럼 이 시기에 적극적으로 재해석된 번역극들은 단순한 창작극/번역극의 경계를 넘어서 있다. 오히려 이 시기 번역극들은, 어느 정도 정리의 시간이 필요한 창작극을 대신해, 비교적 빠른 시간 내에, 좀 더 직접 우리의 정치 현실에 대해 발언할 수 있는 통로 역할을 했다. 이 시기 번역극들은 창작극 역할의 일부분을 담당하고 있었던 것이다. 결국 이 시기 창작극이나 번역극을 막론하고 정치적인 성격이 강화되고 있는 것은 2008년 광우병 소고기 촛불집회 및 세계 금융위기로 확산된 신자유주의의 위기, 2009년 용산참사와 노무현 전 대통령의 죽음 등 정치적 국면과 밀접하게 연계되어 있다. 그리고 이는 2009년 6월 '민주주의의 후퇴'에 반대하며 이루어진 1,037명 연극인 시국선언으로 이어지며 시대 인식에 대한 저변의 공감대들이 가시적으로 표출되기에 이르렀다.

한일 연극교류, 재일 한국인 작가의 정체성의 연극

앞서 2000년대 연극의 특징으로 '일상성'의 경향과 함께 '일본연극의 열풍'을 꼽았다. 실제로 2000년대 한국연극에서 일본연극의 흔적은 생각보다 넓고 깊다. 일본연극의 공연은 2002년 발족한 한일연극교류협의회(초대 회장 김윤철, 2012년 회장 허순자)의 희곡낭독공연 및 희곡집 출판 등 조직적인 활동뿐만 아니라 두산아트센터의 기획공연,[1] 재일 한국인 작가 정의신과 지속적인 관계를 맺고 있는 극단 미추의 손진책 연출,[2] 히라타 오리자의 〈과학하는 마음〉 연작 4편(2006~2011)을 모두 공연한 제12언어연극스튜디오의 성기웅 연출 등 극단 및 개인적인 차원의 교류에 이르기까지 다양한 네트워크를 통해 이루어지고 있다.

최근 한일 연극교류의 흐름에서 주목되는 부분은 히라타 오리자의 일본연극 공연, 정의신이나 극단 신주쿠양산박의 연출가 김수진과 같은 재일 한국인 연극인의 공연, 히라타 오리자의 〈과학하는 마음〉 연작 공연과 함께 〈소설가 구보씨와 경성 사람들〉(2007), 〈깃븐우리절믄날〉(2008), 〈소설가 구보씨의 1일〉(2010) 등 식민지 경성의 이중언어적 상황을 연극적인 장치의 하나로 적극적으로 배치하고 있는 성기웅의 작업이다. 히라

---

1 히라타 오리자 작·성기웅 연출의 〈과학하는 마음—발칸동물원 편〉, 2009; 히라타 오리자 작·박근형 연출의 〈잠 못드는 밤은 없다〉, 2010; 조박 작·김수진 연출, 극단 신주쿠양산박의 〈백년, 바람의 동료들〉, 2011.
2 정의신 작·손진책 연출, 극단 미추의 〈적도 아래의 맥베스〉, 2010; 정의신 작·연출, 극단 미추의 〈쥐의 눈물〉, 2012; 정의신 작·연출, 극단 미추의 〈봄의 노래는 바다에 흐르고〉, 2012.

타 오리자, 정의신, 김수진, 성기웅의 이름은 현재 한국연극에서 '일본' 하면 떠오르는 대표적인 이름들이다.

이중 한국연극사의 관점에서 흥미로운 부분은 재일 한국인 작가 정의신과 연출가 김수진의 활동이다. 현재 재일 한국인의 연극은 한일 연극교류의 중요한 매개 역할을 하고 있으며, 특히 정의신은 한국과 일본 관객 모두를 대상으로 한 작품들을 현재진행형으로 계속 쓰고 올리고 있다. 정의신의 작품은 일본어로 쓰여지고 다시 한국어로 번역되어 공연되고 있지만 애초부터 한국 관객을 위한 공연으로 만들어지고 있다.

정의신이 한국 관객들에게 알려지기 시작한 것은 1993년 한강변에서 공연한 〈인어전설〉이다. 그리고 2006년 극단 76의 기국서 연출에 의해 공연된 〈행인두부의 마음〉, 최근엔 젊은 연출가 홍영은의 〈겨울 선인장〉(2010) 등 솔직하고 잔잔한 감동의 연극으로 일반 관객들에게도 꾸준히 사랑받고 있다. 정의신의 작품은 일본의 버블 경제 붕괴 이후 소시민의 삶, 구체적으로 정리해고, 실직자, 청년 백수, 이혼, 가족 붕괴, 파견근로자, 이주노동자 등의 삶을 따뜻하게 그려내는 작품들이 많다. 이는 IMF 이후 우리에게도 낯익은 상황으로 깊은 공감대를 가능하게 한다. 특히 정의신의 작품에는 일본 내에서 사회적인 약자로 살아갈 수밖에 없는 재일 한국인의 관점이 솔직히 드러나 있다. 정의신 작품의 주인공들 중에 절름발이, 말더듬이, 게이 등 사회적 약자들이 많이 등장하는 것 또한 같은 맥락에서 이해할 수 있다.

그러나 정의신이 한국 관객들에게 강렬한 인상을 남긴 것은 무엇보다도 〈야끼니꾸 드래곤—용길이네 곱창집〉(2008) 공연 한 편의 위력이 크다. 이 작품은 일본 간사이[關西] 지방 재일 한국인의 역사와 현재의 삶을 거대한 스케일과 정교한 사실주의 무대를 통해 설득력 있게 그리고 있다. 이 작품은 일본 내 민족차별의 역사, 전후 일본의 고도 성장기에 소외된 재일 한국인의 위치 등 묵직한 주제의식 못지않게 함석지붕이 연이어 이어져 있는 연립주택과 곱창집이 들어선 좁은 골목길 등을 무대 위에 그대로 재현하고 벚꽃이 흩날리는 결말의 감각적인 미장센 등 짙은 정서적 호소력으로 관객들에게 크게 어필했다. 정의신의 휴머니즘적 주제의식과 일본 전통 재담극의 코미디를 기반으로 한 대중적 호소력 등은 최근작 〈봄의 노래는 바다에 흐르고〉에도 그대로 이어지면서 '정의신표 연극' 스타일로 확실히 자리잡아가고 있다.

정의신, 김수진, 히라타 오리자가 한국연극에 던지는 질문

그런데 문제는 〈야끼니꾸 드래곤〉 공연의 성공과 함께, 일본 패전 직후 싱가포르 연합국 포로수용소에 수감된 조선인 출신 일본군 전범의 이야기를 다루고 있는 〈적도 아래의 맥베스〉, 태평양전쟁이 한창인 1944년 목포 인근 일본군 주둔지의 어떤 섬을 배경으로 한 〈봄의 노래는 바다에 흐르고〉 등으로 이어지는 일련의 대형 기획공연들에서 보이는 정의신의 역사의식에 대해서 한국 관객들이 점차 불편함을 느끼기 시작했다는 점이다.

정의신의 이 작품들은 예술의전당, 명동예술극장, 남산예술센터 등 한국의 대표적인 극장과 공동제작 형태로 만들어진 공연들이다. 〈적도 아래의 맥베스〉에서 싱가포르 포로수용소를 배경으로 조선인 출신 일본군 전범이라는 이중적 정체성의 인물들을 '희생자'의 관점에서 그리고 있는 것은 나름대로 역사적 타당성이 인정된다. 그러나 〈봄의 노래는 바다에 흐르고〉의 배경인 목포와 1944년 시점에서 절름발이의 선량한 일본군 중좌와 조선인 여성의 사랑은 단순히 보편적인 차원의 사랑으로만 받아들여지기에는 아직도 해결되지 않은 한일간의 민감한 역사적 시각차가 여전히 작동한다.

이와 관련하여 정의신만큼 한국연극계에서의 위력은 크지 않지만 마찬가지로 재일 한국인의 정체성 문제를 다루고 있는 극단 신주쿠양산박의 〈백년, 바람의 동료들〉을 참고해볼 수 있다. 조박 작·김수진 연출의 〈백년, 바람의 동료들〉(2011)은 기존의 '재일 한국인' 관점에서 더 나아가 '간사이 지방 재일 한국인'의 구체적인 삶을 다루고 있다.

이 작품은, 간사이 지방 재일 한국인 특유의 정서, 특히 지리상 가까웠던 제주도 출신들이 많은 점과 자연스럽게 제주도 4·3사건이 중요한 역사적 배경으로 자리 잡으면서 '돌, 바람, 여자 많은 제주도' 특유의 강한 여성 인물의 전형 등 한국과 일본의 '민족주의' 담론만으로는 해결되지 않는 다수의 개인'들'의 이야기를 통해서 '역사'의 문제를 다시 생각하게 한다. 남한에 실망하고, 북한에 이용당하고, 일본에 차별당하면서 '민족'의 이름을 버리고 "빈민공화국 간사이 공화국 만세!"를 외치는 역설적인 상황이 말하는, 보편적 휴머니즘으로 수렴될 수 없는 간극의 지점을 보여준다. 〈야끼니꾸 드래곤〉에서 토키오의 자살이라는 개인적 결말이 보여주는 비장함 대신 〈백년, 바람의 동료들〉에서는 다 함께 노래를 부르는 열린 결말을 보여주고 있는 것도 흥미로운 대조를 보인다. 재일 한국인의 '경계인'의 정체성의 연극은 여전히 뜨거운 주제이다.

다른 한편, 히라타 오리자의 작품이 주로 보편성의 차원에서 받아들여질 만한 〈과학하는 마음〉 연작 공연에만 편중되어 있고, 한일간의 역사를 직접 문제 삼고 있는 〈서울시민〉 연작 5부작은 제대로 소개되고 있지 않은 것도 흥미로운 지점이다. 히라타 오리자의 〈서울시민〉 연작은 1919년 식민지 조선의 일본인 가정을 배경으로 일본인의 시각에서 식민지 조선의 문제를 비상한 긴장감 속에서 그려내는 〈서울시민 1919〉(이윤택 연출, 2003) 한 편만이 공연되었을 뿐이다. 히라타 오리자가 〈과학하는 마음〉 연작 공연을 통해 '조용한 연극'으로만 대표되는 것과 달리, 히라타 오리자는 일본의 제국주의 시기 식민지 문제에 관해서 지속적으로 관심을 가지고 있는 작가이다.

말레이시아 은퇴 이민을 다루고 있는 〈잠 못드는 밤은 없다〉(박근형 연출, 2010)의 말레이시아나 싱가포르는 제2차 세계대전 당시 일본 제국의 식민지 기억이 투영된 곳이고, 히라타 오리자는 '가해자였던 제국주의 국가의 피해자 국민들'이라는 아이러니한 설정을 통해 식민주의 문제를 다루고 있다. 이는 정의신이 자신의 위치를 일본인의 시각에서든 한국인의 시각에서든 계속 '피해자'의 위치에 놓는 것과 겹쳐지는 지점이기도 하다. 우리에게 '일본'의 존재는 같은 동양인으로서 느끼는 '감각의 근친성'과 역사적 관점의 차이와 '이질성' 모두를 환기시키는 민감한 영역이다. 이러한 맥락에서 정의신과 히라타 오리자의 연극을 한국연극의 관점에서 지속적으로 관심을 가지고 지켜보게 된다.

공공 제작극장 시스템의 연극적 환경의 변화

　마지막으로, 2000년대 후반의 중요한 연극사적 환경의 변화로 2009년 재개관한 명동예술극장, 남산예술센터, 대학로예술극장, 그리고 2010년 재단법인의 형태로 재창단한 국립극단의 출범 등 중극장 규모의 공공 제작극장들의 출현을 꼽을 수 있다. 기존의 공공극장들이 주로 대관 공연에만 치중했던 것과 달리 이 극장들은 '제작극장(producing theatre)'을 표방하며 자체 제작 공연들을 올리고 있다. (재)국립극단 창단작인 〈오이디푸스〉(소포클레스 작·한태숙 연출, 2011)와 〈3월의 눈〉(배삼식 작·손진책 연출, 2011)은 공연의 성과와 함께 레퍼토리 공연으로 재공연을 거듭하고 있다. 명동예술극장은 〈광부 화가들〉(리 홀 작·이상우 연출, 2010), 〈그을린 사랑〉(와즈디 무아와드 작·김동현 연출, 2012), 〈헤다 가블러〉(입센 작·박정희 연출, 2012) 등 무게감 있는 해외 문제작들을 올리고 있다. 남산예술센터는 신인 작가와 연출가들의 무대를 적극 지원하고 있다.

　이처럼 중극장 규모의 공공 제작극장들의 출현은 단순히 극장 환경의 변화뿐만 아니라 앞으로 한국연극의 성격과 방향을 바꿔놓을 만큼 강력한 메시지를 보내고 있다. 우선 첫째 국가 예산으로 운영되는 공공극장의 성격상 연극에서의 '공공성'이 강조될 수밖에 없다. 실제로 국립극단에서는 창작극에서, 명동예술극장에서는 해외 신작 번역극에서 문제적 성격의 공연들이 연달아 무대에 오르고 있다. 둘째로 이들 극장은 모두 객석 300석 이상 중극장의 '규모'를 갖춘 공연장들로, 기존의 소극장 중심의 실험연극이 강세였던 연극계의 흐름과는 달리 더욱 안정적인 극작술의 공연들이 요구되고 있다. 또한 기존의 '대학로 연극'이 저자본의, 소극장 규모의, 실험연극을 주도해가는 극단과 연출가 중심 연극의 성격이 강했다면, 앞으로는 공공 제작극장의 기획 중심의 시스템 전환이 예상된다. 기업 후원의 두산아트센터의 일련의 의욕적인 기획공연들 또한 이러한 흐름을 공유하고 있다.

이와 연동되어 이들 극장의 레퍼토리를 채울 수 있는 좋은 작가와 작품의 발굴, 작가적 역량에 대한 기대가 높아질 수밖에 없다. '실험'의 이름으로 오랫동안 지속되어온 '연출가의 시대'의 기존 흐름과 달리, 공동체의 삶을 고민하고 문제를 제기하는 '작가정신', '작가의 의식'이 중요해지는 '작가의 시대'가 다시 되돌아올 수도 있다는 조심스러운 전망 또한 가능하다. 앞으로, 작가든 연출가든 연극인들 모두에게 '공공성'이라는 화두가 그만큼 더 중요하게 작용할 것으로 보인다.

광복의 '추억'과 한국연극

광복 70주년과 연극

다시 8월이다. 올해도 어김없이 8·15광복절을 맞아 여러 행사들이 준비되고 있다. 2015년은 광복 70주년이다. 유독 대형 행사와 공연이 많다. 대형 창작 뮤지컬 〈아리랑〉이 광복 70주년을 기념하여 올라갔고, 정치권에선 광복 70주년 특별사면이 논란 중이다. 일제강점기 35년간의 2배의 시간인 70년이 흘렀다. 지금 현재 우리에게 광복은 어떤 의미일까? 혹은 광복이라는 명칭이 환기하는 일제강점기의 역사적 기억에 대한 우리의 태도는 어떤 것일까? 일제강점기를 배경으로 한 연극과 뮤지컬 작품들의 흐름을 짚어 보았다. 기억하는 역사는 언제나 현재진행형이기 때문이다.

일제강점기를 키워드로 놓고 보았을 때 시기구분은 대략 4시기로 구분해볼 수 있다. 일제강점기(1910~1945년), 해방기(1945~1950년), 전쟁과 분단상황 하에서의 군부독재 시기(1950~1987년), 그리고 이른바 87체제 이후 현재까지의 시기(1987년~현재)가 그것이다. 일제강점기와 해방기에 보다 직접적으로 식민지배에 대한 저항과 현실비판의 주제를 다루는 작품들이 많다면, 전쟁과 분단 이후에는 좌우 이데올로기의 대립과 새롭게 재편된 국제적 냉전질서로 보다 복잡하고 굴절된 양상을 보인다. 일제강점기 한국근대희곡의 대표작으로는 김우진의 자연주의극 〈이영녀〉(1925), 표현주의극 〈난파〉(1926), 송영의 풍자극 〈호신술〉(1931), 유치진의 비판적 사실주의극 〈토막〉(1932), 〈소〉(1935), 함세덕의 서정적 사실주의극 〈동승〉(1939), 〈무의도기행〉(1941) 등이 있다.

과거 제국주의 식민지배와 종속의 문제는 현재에도 동아시아 국제질서의 뜨거운 역사적 화두이자 쟁점이다. 반면에 우리 내부의 친일 잔재 청산의 문제는 여전히 느리고 오랜 과정을 밟고 있다. 일본군 위안부 문제를 제기하고 있는 수요집회는 국내외적으로 많은 관심을 받고 있지만(이해성의 〈빨간시〉, 2011), 일제 말기 만주국 군관학교 졸업생으로 일본군에 충성을 맹세하는 조선인 엘리트 청년들의 비틀린 내면을 풍자하고 있는 박근형의 〈만주전선〉(2014) 식의 문제제기는 여전히 정치적으로 민감한 반응을 얻고 있다.

일제강점기에 대한 복잡하고 굴절된 내면의 풍경들은 일제 시기에서부터 이미 다양한 지형들로 존재해왔다. 일제 식민지배는 한 세대가 태어나고 자라는 오랜 시기에 걸쳐 이루어졌고, 독립운동의 저항과 무장투쟁의 역사 못지않게 순응과 협력의 역사 또한 길다. 실패한 민중혁명인 동학에 대해 다루고 있는 김우진의 〈산돼지〉(1926), 채만식의 〈제향날〉(1937), 임선규의 〈동학당〉(1941) 등의 작품들이 숨은 물줄기의 저항의 주제를 이루고 있다면, 또 다른 실패한 엘리트 혁명인 갑신정변

삼일천하의 김옥균을 다룬 오태석의 〈도라지〉(1994)의 역사의식은 충분한 논의가 더 필요하다.

국립극단 공연인 〈흑하〉(노경식 작, 임영웅 연출, 1978)에서 다루고 있는 항일투쟁사, 뮤지컬 〈명성황후〉(1995)와 〈아리랑〉(2015)에서 다루고 있는 민족수난사는 이 시기에 대한 '공인된' 역사적 관점을 대변하고 있지만, 일제말기 내선일체(內鮮一體)의 논리, 곧 일본 국민으로 동화되어 일본 제국주의 전쟁의 군인으로 총동원되어야 한다는 국책연극 '국민연극' 경연대회가 1942년, 1943년, 1945년 전쟁기간 동안 3년 연속 조선총독부 지원 하에 대대적으로 진행된 것 또한 명백한 역사적 사실이다. 유치진의 국민연극 〈흑룡강〉(1941)은 일본이 세운 만주국을 선전하기 위해 직접 만주를 취재한 이후 쓰여졌고, 대표적인 카프극 작가인 송영과 신파극 작가 임선규 또한 국민연극을 썼다. 국민연극 내부의 다양하고 복잡한 지형에 대한 실체 파악과 심층적인 분석 또한 아직 충분치 않다. 일제말기 전시총동원기와 해방기의 짧은 역사적 시기에 대한 역사적 검토가 아직까지도 충분히 이루어지고 있지 않다는 사실은 역설적으로 지금 현재 이 시기에 대한 우리의 왜곡된 역사관을 의심해봐야 한다.

해방기의 문제적 작품으로 오영진의 〈살아있는 이중생 각하〉(1949)가 우리의 근대 고전으로 현재에도 반복해서 공연되고 있고, 잊혀졌던 작품인 진우촌의 〈두뇌수술〉(1945)이 2012년 젊은 연출가 윤한솔에 의해 발굴되어 현재적 관점에서 새롭게 재해석되어 무대화된 것은 일제강점기에 대한 친일 / 저항의 단순한 이분법적 시각을 넘어선 문제적인 지점을 볼 수 있다는 점에서 주목된다.

한편, 이에 앞서 일제강점기에 대한 다른 관점에서 역사문제를 지속적으로 문제삼고 있는 작가로 여성작가 정복근을 들 수 있다. 정복근은, 조선왕실의 마지막 왕녀 덕혜옹주의 비극적 인생을 다룬 〈덕혜옹주〉(1995), 일본에 끌려간 징용자와 정신대 출신 조선인들이 조선에 돌아오지 못하고 침몰한 우키시마호 폭침사건을 다룬 〈짐〉(2007), 영웅 안중근의 친일파 아들의 이야기를 다룬 〈나는 너다〉(2010) 등 한일간의 역사에서 은폐되었던 역사에 대해서 과감하게 문제제기하고 있다.

일제강점기에 대해 보다 다양한 관점에서 적극적인 접근이 이루어지고 있는 것은 최근의 대중문화 영역에서 퓨전 사극이나 풍속사의 측면에서 재조명되고 있는 현상과 관련하여 주목해볼 수 있다. TV드라마 〈경성 스캔들〉(2007), 영화 〈좋은 놈, 나쁜 놈, 이상한 놈〉(2008)의 만주와 〈모던 보이〉(2008)의 경성이 '모던'의 대중적 코드로 주목받고 있고, 비슷한 시기 연극에서도 동일한 흐름을 발견할 수 있다.

성기웅의 모던 경성 시리즈, 예컨대 〈깃븐우리절믄날〉(2008), 〈소설가 구보씨의 1일〉(2010), 체홉의 〈갈매기〉를 재창작한 한일공동제작 작품인 〈가모메〉(타다 준노스케 연출, 2013) 등이 화제가 되었고, 신은수의 대한제국 황실 시리즈, 예컨대 〈운현궁 오라버니〉(2009), 〈봄이 사라진 계절〉(2013), 〈거울 속의 은하수〉(2014)도 주목해볼 수 있다.

이러한 작품들은, 박근형이 〈만주전선〉에서 우리의 친일의 역사를 풍자적으로 비틀고, 정복근이 〈나는 너다〉에서 이질적인 역사적 관점을 보여주는 것과는 다른 역사감각을 지니고 있는 것으로 우리의 근대에 대해 '이질적인 일상성'을 보여주고 있다. 이는 일본 작가 히라타 오리자가 〈서울시민 1919〉에서 보여준 1919년 3월 1일 경성의 일본인

가족의 일상을 극사실주의적으로 보여주면서 또다른 역사적 관점을 보여주는 것과도 다른 것으로, 정치비판과 이분법적 역사관으로부터 거리를 획득한 젊은 세대 특유의 발랄한 감각과 새로운 접근방식을 보여준다. 이들 공연이 '모던 경성'을 다루는 방식이 시리즈의 형태로 이어지고 있는 점은, 이들의 역사감각이 단순히 일회성의 대중문화 코드에서만 움직이는 것이 아닐 것이라는 기대를 가지게 한다.

지금 현재 일본의 우경화와 군국주의의 부활, 중국의 부상 등 새로운 동아시아 국제정세에서 일제강점기의 식민 지배와 탈식민의 문제는 여전히 현재성을 가지고 있다. 그리고 신자유주의 자본주의의 폭주에서 이전 시대의 제국주의 전쟁의 기반이 되었던 자본주의의 기원에 대해서도 새롭게 바라볼 필요성도 던져주고 있다. 광복 70주년의 시점에서, 다시 한번 급박해진 동아시아 정세를 목격하고 있다.

서울연극제와 '대학로 연극'의 위기

2015 서울연극제[1]

2015 서울연극제가 끝났다. 이번 서울연극제는 대관 탈락에 이은 극장 폐쇄 등 혼란과 논란의 중심에 서있었다. 반면에 서울연극제에 대한 관심은 어느 때보다 뜨거웠다. 관객들의 반응 또한 뜨거웠다. 애초 예정되었던 공연 일정이 5일 이내의 짧은 공연 기간이었던 것에 비해 급하게 대체된 공간에서의 공연은 2주간의 공연 기간으로 보다 많은 관객들이 서울연극제와 함께 했다. 기존의 서울연극제 공식참가작의 중심 공연장이었던 아르코예술극장과 대학로예술극장 대신 동양예술극장·대학로 자유극장·대학로 예술마당·마포아트센터 등의 공연을 지켜보면서 만감이 교차했다.

---

[1] 이 글은 서울연극제 집행위원회와 한국연극평론가협회의 제36회 서울연극제(2015) 합동평가회(대학로연습실 세미나실, 2015.5.23) 원고로 작성되었으며, 합평회 논의 사항들을 정리하여 보완한 것이다.

아르코예술극장 극장 폐쇄와 '대학로 연극'의 위기

  그동안 아르코예술극장은 대한민국 '연극의 메카', '대학로 연극'의 중심지이자 상징적 역할을 했다. 그러나 이번 극장 폐쇄로 아르코예술극장을 대신한 대학로의 여러 소극장들의 존재가 연극제 기간 내내 뚜렷하게 각인되었다. 또한 마포아트센터·서초동 소극장 씨어터 송 등 대학로를 벗어난 지역의 공연장들에선 흡사 '탈 대학로'의 근미래의 모습을 지켜보는 듯한 묘한 기시감을 느끼게 했다. 성균관대학교 인근 예술공간 서울에서부터 이화사거리에 위치한 예술마당에 이르기까지 팽창하고 있는 대학로의 모습 또한 연극제 기간 동안 집중적으로 체감하는 계기가 되었다.

  기존의 아르코예술극장 공간을 대신하게 된 이들 극장은 단순히 공간만을 대신하게 된 것이 아니라 아르코예술극장의 역사성과 권위를 대리하는 효과, 곧 이번 기회를 통해 극장 홍보 효과를 톡톡히 누렸다. 서울연극제 집행위측이 우려하듯이 서울연극제 자체의 권위의 추락이 아니라 실제적으로는 그동안 쌓아왔던 아르코예술극장의 권위의 추락이 목격되었다. 아르코예술극장은 1981년부터 지난해까지 서울연극제를 상연해온 주 공연장이고, '대학로 연극'의 구심점 역할을 해왔다.

  참고로, 지금 현재 대학로가 '연극의 메카'로서의 모습을 갖추기 시작한 것은 1981년 현재 아르코예술극장인 문예회관 개관 이후부터이다. 1981년 문예회관 대극장·소극장(현재 아르코예술극장) 개관 이후 동숭동 대학로를 중심으로 소극장들이 속속 집결하여 1990년대 후반 대학로는 '연극의 메카'로서의 모습을 갖췄다. 원래 '대학로'는 88올림픽을 준비하는 과정에서 도입된 도시계획의 일환으로 계획되었다. '대학로'의 도시설계 지침이 마련된 것은 1985년이고, 지하철 4호선 공사로 도로확장공사가 진행되고 마로니에 공원을 중심공간으로 노천극장 등이 계획되었다. 1985년 5월 5일 이 거리를 '대학로'라고 명명하였고 주말에는 교통을 통제하여 문화와 예술의 거리이자 젊음의 거리로 출발했다. 그러나 대학로는 1980년대 후반 대학생들을 중심으로 반정부 시위가 끊이지 않자 1989년 대학로 주말교통통제를 폐쇄하였다. 이러한 과정을 거쳐 대학로는 서울의 대표적인 문화공간이자 젊음의 거리, 연극의 메카로 성장하였다.[2]

아르코예술극장의 역사는 서울연극제와 함께 '대학로 연극'의 역사와 함께 해왔다. 그러나 이번 극장 폐쇄로 아르코예술극장은 지난 33년간 극장의 역사를 스스로 부정하는 결과를 가져왔다. 이번 연극제 기간 동안 무엇보다도 심각하게 느끼게 된 것은 단지 서울연극제만의 문제가 아니라 서울연극제의 파행을 둘러싼 지금 현재 '대학로 연극'의 위기를 현실로 받아들이게 된 점이다.

이번 서울연극제의 파행 위기는 ① 민간 극단 중심의 소극장 제작 시스템으로 운영되고 있었던 현재 극단 시스템이 주로 지원금에 의존하고 있었던 구조에서 지원금 정책의 방향을 결정하는 한국문화예술위원회의 정책 방향의 전환과 함께, ② 2009년 국공립 제작극장의 출범 이후 공적 예산에 의한 제작극장 시스템에 밀리는 민간 극단의 제작 시스

---

2   우의정, 「도시계획적 측면에서 바라본 대학로」, 『한국연극』, 1999.9.

템의 한계(이른바 '극단의 위기' 담론), ③ 대학로의 상업화에 따른 임대료
와 대관료 상승에 의한 제작 여건의 압박 등으로 연극 공연들이 대학로
주변부인 혜화로터리와 성북동 등으로 점점 밀려나고 있는 상황 등이
중첩된 상황에서 그러한 위기를 임계점의 상태로 받아들이게 했다. 서
울연극제의 파행을 지켜보면서 실제적으로는 '대학로 연극'의 위기를
지켜보게 되었다는 점에서 이번 서울연극제는 특히 관심의 대상이 되
었다.

서울연극제의 역사성과 현재,
'대학로 연극'의 정체성은 무엇인가?

2015 서울연극제는 4월 4일부터 5월 18일까지 45일간 동양예술극
장·예술마당·자유극장·예술공간 오르다·예술공간 서울 등에서
열렸다. 경연 부문으로 공식참가작 7편, 미래야솟아라 11편, 자유참가
작 9편, 총 27편의 작품이 공연되었다. 비경연 부문으로 기획초청작 2
편, 창작공간연극축제 34편, 제1회 서울시민연극제 8편, 총 44편의 작
품이 공연되었다. 경연과 비경연 포함 총 71편의 작품이 4월부터 5월
까지 1달 반 동안 공연되었다.

이중에서 서울연극제의 성격을 보여주는 것은 경연 부문, 곧 공모와
심사과정을 거쳐 작품을 선정하는 공식참가작과 미래야솟아라 두 부문

이다. 공식참가작과 미래야솟아라는 공연대본과 극단의 참가신청서를 심사하여 연극제 참가 여부를 결정한다. 공식참가작의 경우, 초연과 재공연 불문하고 '국내창작극 우선 선정'의 원칙을 가지고 있다. 공식참가작 중 1편은 '참신하고 뛰어난 창작희곡 발굴'을 위해 '희곡아솟아라'의 별도의 희곡공모를 통해 신작 희곡을 우선 확보하고 있다. 이번에는 〈씨름〉이 '희곡아솟아라' 선정작으로 공식참가작에 참가했다.

이상 서울연극제는 창작극을 중심으로 대학로를 활동 근거지로 삼고 있는 극단들이 참여하는 연극제의 성격을 가진다. 대학로에서 매년 정기적으로 열리는 서울연극제는 1977년 '대한민국연극제'로 출발한 이래 36년의 역사와 전통을 가진 연극 축제로 대표성을 가지고 있다. 참고로 서울연극제는, 1977년 '대한민국연극제'로 출발하였고, 1987년부터 '서울연극제'로 공식행사명을 변경하여 현재에 이르고 있다. 2001~2003년 서울연극제와 서울무용제가 함께 '서울공연예술제'로 운영되었다가 2004년 이후 다시 연극과 무용이 분리되어 '서울연극제'로 운영되고 있다. 2006년부터는 서울연극협회 주최로 운영되고 있다. 2010년 이후 서울연극제의 모토는 '창작극 활성화를 바탕으로 한층 젊고 힘있는 연극제'를 표명하고 있다.[3]

한편 서울국제공연예술제의 주관단체가 한국문화예술위원회로 이관된 데에 이어, 명동예술극장이 주관하던 '창작산실' 또한 한국문화예술위원회로 이관되고, 현재 연극인 중심의 민간단체에 의해 운영되는 대형 연극제는 서울연극제가 거의 유일하게 남아있다. 앞으로 서울연

---

3   서울연극제 홈페이지 참고.

극제 36년의 역사적 위상 못지않게 서울연극제 자체의 성격과 역할에 대해서 보다 적극적인 제안이 필요한 시점이다.

그러나 현재 서울연극제는 ① 2001년 해외 신작 초청공연 중심의 또 다른 대형 연극제인 서울국제공연예술제, 2007년 시작된 국제다원예술축제 페스티벌 봄 출범 이후 대표적 연극축제로서의 성격이 약화되었다. ② '창작극 활성화'의 중심 성격 또한 2007년 이후 시행되고 있는 창작산실 지원사업(구 창작팩토리)의 지원규모에 비해서도 경쟁력을 잃고 있다. ③ 여기에 2009년 이후 제작규모가 큰 국공립 제작극장의 대학로 인력의 흡수는 서울연극제가 위축되는 데에 간접적인 영향을 끼치고 있다.

그럼에도 불구하고 서울연극제는 '연극의 메카' 대학로를 기반으로 국내 연극 단체들이 매년 특정 시즌 동안 신작을 출품할 수 있는 기회가 되고 있다. 특히 대규모 예산의 예술축제 및 국공립 제작극장의 기획력과 마케팅 경쟁이 날로 치열해지면서 창작극이 외면받는 현실과 달리 서울연극제가 신작 창작극 중심의 성격을 유지하고 있는 점은 서울연극제만의 경쟁력으로 남아있다.

국공립 제작극장 경쟁의 후발 주자로 뛰어든 국립극장(2012년 부임한 안호상 극장장 체제)·국립창극단이 "전회 매진의 신화"를 내세우는 등 국공립 제작극장들이 기획력과 마케팅 경쟁에 몰두하고 있는 현재 상황은 그야말로 국공립 극장의 '민영화' 이외에 무엇이겠는가? 2015년 4월 통합된 국립극단과 명동예술극장은 극장 3개를 운영하는 최대 규모의 제작극장이 되었지만, 통합만이 선언되었을 뿐 구체적인 비전은 아직 제시되고 있지 않다. 국공립 제작극장들 또한 살아남기 위한 경쟁이 치열할 수밖에 없고, '민영화'의 단기적인 성과에만 치중할 수밖에 없는 구조이다. 그렇다면 예술의 장기적인 책임은 누가 질 것인가? 국공립 제작극장이 '공공극장'으로서 기대되었던 상황이 역전되면서, 현재 연극의 공공성 문제가 새롭게 제기되고 있다. 이러한 맥락에서 서울연극제의 지속적인 신인 발굴과 창작극 개발 노력은 돋보인다.

민간 극단의 입장에서도, 비록 적은 규모이나마 대관료 포함 2, 3천만 원 규모의 제작비 지원과 서울연극제 참가극단으로 언론 및 관객 홍보 효과, 경연제도로 인한 시상제도는 서울연극제 참가의 매력으로 작용하고 있다. 비록 2010년대에 들어서서 서울연극제는 대표적 연극축제로서의 위상이 하락하고 예산 및 제작규모 또한 축소되고 있지만, 제작비 2, 3천만 원 규모의 소극장 공연, 특히 대학로의 신진 극단들에게는 여전히 매력적인 연극제이다. 그리고 작품상·연출상·연기상·무대예술상 등 시상제도로 인해 젊은 연극인들이 이름을 알리고 기성 연극계로 진출하는 실질적인 통로 역할을 하고 있다.

참고로, 이번 서울연극제 경연 부문, 그중에서도 공모와 심사과정을 거친 공식참가작과 미래야솟아라 부문의 수상자 명단은 다음과 같다.

① 공식참가작 : 대상 〈청춘, 간다〉(극단 명작옥수수밭), 우수상 〈돌아온다〉(극단 필통), 연출상 정범철(〈돌아온다〉), 희곡상 최원종(〈청춘, 간다〉), 연기상 김나미·김왕근(이상 〈청춘, 간다〉)·이재인(〈씨름〉)·최원석(〈예고부고장〉), 신인연기상 류혜린(〈청춘, 간다〉)·허지나(〈예고부고장〉), 무대예술상 김교은(〈씨름〉 소품)·정영(〈청춘, 간다〉 무대)·김동욱(〈물의 노래〉 음악)·윤형철(〈불량청년〉 영상), 특별상 〈6·29가 보낸

예고부고장〉·〈물의 노래〉.

② 미래야솟아라 : 작품상 〈연옥〉(극단 바바서커스), 연출상 김수정(〈인
간동물원초〉), 연기상 이지영(〈휘파람을 부세요〉)·박찬홍(〈선샤인 프로
젝트〉), 특별상 〈휘파람을 부세요〉.

올해 서울연극제 최대 화제작은 최원종 작·연출의 〈청춘, 간다〉이
다. 〈청춘, 간다〉는 대상·희곡상·연기상·신인연기상·무대예술상
의 5관왕 수상작이다. 그리고 작년에 이어 젊은 작가이자 연출가인 정
범철이 공식참가작 부문에서 연속 수상하면서 서울연극제를 통해서 연
극계의 신구세대 교체의 흐름을 확인할 수 있다.

미래야솟아라는 '젊은 창작자와 연출자 배출', 곧 신진 발굴 자체를
목적으로 하고 있다. 공식참가작 경연이 주로 신작 창작극의 희곡 중심
의 경연의 성격이 강하다면, 미래야솟아라는 신진 극단과 연출가 발굴
의 성격이 강하다. 이번 연극제의 수상결과 젊은 극단 바바서커스와 극
단 신세계의 이은진과 김수정 연출이 앞으로의 행보를 주목받고 있다.
그리고 수상권에는 들지 못했지만 극단 아어의 〈외계인들〉의 윤성호
연출 또한 미래야솟아라의 연출가 발굴 목적에 부합하는 신진 연출가
로 언급되었다.[4] 미래야솟아라는, 젊은 극단과 연출가들의 작품을 한
자리에서 종합적으로 판단해볼 수 있다는 점에서 젊은 연극의 흐름과
방향을 확인해볼 수 있는 중요한 공론장의 역할을 수행하고 있다. 연극
제가 끝나고 합동평가회 자리에서도 앞으로 서울연극제의 역할 중 가

---

4   김미희, 「미래야솟아라 총평─치열한 문제의식과 미학적 고민이 아쉬웠던 미래야솟아
     라」, 제36회 서울연극제 합동평가회 발표문.

장 기대되는 부문으로 미래야솟아라가 꼽혔다.

지금 현재 서울연극제는 훨씬 젊어졌다. 국공립 제작극장들이 대학로 외부에 위치해 있으면서 중장년층의 관객이나 새로운 교양 대중 관객 개발에 치중하고 있는 반면에, 서울연극제는 대학로의 젊은 관객들을 중심으로 '대학로 연극'의 맛을 볼 수 있는 연극제로서의 성격이 강하다. 따라서 서울연극제는 그동안의 역사적 전통과 규범에 안주하는 데에서 벗어나 앞으로 좀 더 과감하고 도전적인 젊은 연극들에 주목하고 기회를 보장할 필요가 있다.

서울연극제의 위상 변화, 연극의 공공성에 대한 문제제기

그런 한편, 서울연극제에 참여하는 극단들에게서 여전히 기존 서울연극제의 권위와 규범을 의식하는 경향이 강하다는 사실도 함께 관찰된다. 이번 연극제의 공식참가작 부문에 유독 역사적 소재를 다루는 작품이 많았던 것은 최근의 사회적·정치적 상황의 자연스러운 반영이면서 '연극제용 작품'을 의식한 것은 아닌가하는 의구심을 떨치기 힘들었다. 이는 공식참가작 희곡심사 총평에서도 이미 지적된 사항으로, 심사 총평을 참고해보면 다음과 같다.

정치적 관심이 많아진 최근 우리 연극의 경향을 반영하듯 이번 서울연극제 공식참가 희곡의 성향 역시 한국의 역사와 사회문제를 토대로 한 작품이 많은 비중을 차지하고 있습니다. 하지만 일제강점기 일본의 만행에 얽힌 항일의식, 혹은 5 · 18을 주축으로 한 폭압적 권력과 그 구도로부터의 희생에 소재가 집약되어 있다는 것은 문제점으로 꼽을 수 있습니다. 또한 이를 표현하는 방법이나 주제의식이 진부하고 상투화된 틀 안에서 벗어나고 있지 못하다는 점은 큰 아쉬움을 남깁니다.

'서울연극제'에 출품하는 창작희곡은 어느 일정한 형식 안에서 이루어져야 한다는 그런 생각이 혹여 작가들의 사유를 제한한 것은 아닌가하는 의구심마저 들게 합니다. 이는 결국 '서울연극제'의 창작 경향, 더 나아가서는 국내 창작희곡의 한계라는 체념으로 이어지기도 합니다. 시의적인 주제나 재료에 갇혀 작가 스스로 하고 싶은 이야기를 진정 자유롭게 펼쳐내지 못하고 있다는 것이 심사위원 전체의 공통된 의견이었습니다. 플롯을 구축하는 방식이 대체로 작위적인 우연에 기대고 있어, 치밀한 구성이나 정치한 언어에서 오는 묘미를 찾을 수 없고 사회정치적인 이야기들은 도식적 메시지에 묶여 흥미를 삭감하고 있다는 지적이 많았습니다. 그런 만큼 살아 움직이며 생동하는 연극 속 인물들을 만날 수 없었다는 것입니다. 이번 심사대상에 오른 작품 중 눈에 띈 텍스트가 대부분 재연 작품이었던 것 역시 국내희곡창작의 현실을 반증합니다. 물론 초연이건 재연이건 지적한 바 있는 창작수준의 수위 문제는 올해 출품된 작품의 한 경향만은 아니라고 생각합니다.[5]

---

5   심사위원 오태영 · 오경숙 · 박상현 · 김숙현 · 김정은, 「제36회 서울연극제 공식참가작 발표문」, 서울연극제 홈페이지 참고.

정치적 검열 못지않게 작가 스스로 표현의 적절한 범위와 한계를 설정하거나 의식하는 행위는 예술 창작의 자유로운 표현을 억압한다. 물론 서울연극제는 서울연극협회의 '협회 주관'의 연극제이며, 더 거슬러 올라가면 대한민국연극제라는 '관제 연극제'로 출발한 역사를 지니고 있다. 김철리 예술감독 체제의 서울국제공연예술제나 김성희 예술감독 체제의 페스티벌 봄의 경우처럼 예술감독의 이름을 걸고 연극제 자체만의 뚜렷한 색깔과 비전을 밀고 나가는 것과 달리, 협회 주관의 성격상 협회원들 모두를 골고루 배려하는 공평무사한 운영방식을 우선하게 되는 경향도 존재한다.

이번 연극제에서도 연극제 기간 동안 대학로 일대에서 공연되고 있는 다른 공연들이 소외되지 않게끔 참여의 폭을 확대시킨 자유참가작 프로그램이나, 60세 이상 원로 연출가들을 우대하기 위해 신설된 '맨땅에 발바닥전', 기타 각종 부대행사들이 서울연극제의 이름 아래 동시 다발적으로 진행되었다. 이는 서울연극제를 풍성한 축제의 한마당으로 만들고자 하는 기획의도에는 충실하나 서울연극제만의 색깔을 만드는 데에는 논란의 여지가 있다.

이제 달라진 환경에서 서울연극제가 대한민국 유일의 대표적 연극 축제로서의 역할과 책임에서 좀 더 자유로워졌다면, 기존의 서울연극제의 역사와 권위에만 안주하지 말고 보다 젊고 활력 있는 다양한 '대학로 연극'의 구심점으로서 새로운 연극적 정체성을 강화할 필요가 있지 않을까? 서울연극제 합동평가회 자리에서 나온 논의에서처럼, 한국문화예술위원회로 이관된 서울국제공연예술제도 최근에는 참신함을 잃고 있다. 이와 달리 서울연극제는 여전히 '창작극 산실'로서의 역할과 의미가 크다는 점이 거듭 확인되었다.

'대학로 연극'은 대학로라는 밀집된 공간에서 높은 인적·물적 인프라에 의해 뒷받침되고 있고, 1990년대 이후 한국연극의 구체적인 존재 기반이었다. 그러나 지금 현재 급변하는 정책적·제도적 환경 변화에 의해 탈 대학로 혹은 대학로 연극의 위기 앞에 여러 가지 생각들이 오고가고 있다. 앞으로 서울연극제가 살아남기 위해서라도 연극제의 정체성을 보다 뚜렷이 할 필요가 있다. 서울연극제는 '창작극의 산실', '젊은 연극'의 발굴과 지원의 성격을 강화하기 위해서라도 젊은 창작자들에게 보다 집중된 관심과 노력을 기울일 필요가 있다.

서울연극제에 참여하는 창작자나 극단들 또한 서울연극제의 기존의 규범적 틀에 맞추기보다 좀 더 새로운 목소리를 적극적으로 낼 필요가 있다. 이번 서울연극제의 파행 위기를 겪으면서 역설적으로 어느 해보다도 서울연극제에 대한 관심이 뜨거웠다. 위기의 순간에 몰렸던 서울연극제에 대한 관심들을 바라보면서 서울연극제가 모든 연극인들이 참여하는 열린 기회가 보장된 공론장의 역할을 수행하고 있음을 다시 한번 확인할 수 있었다. 특히 국공립 제작극장에서 정치적 비판 주제가 거부된 상황에서(이른바 〈개구리〉 논란), 그리고 지원금의 정책적 방향 또한 현장에서 회의적인 반응을 얻고 있는 상황에서, 현재는 정치 비판적 주제를 이야기해볼 수 있는 공론장 자체가 줄어든 상황이다. 이번 서울연극제는 그러한 목소리들이 분출되어 나올 수 있는 통로 역할을 했다는 것이 사후적인 결론이었다.

단, 정치 사회 비판적 주제의 작품들이 곧바로 작품의 미학적 성취로 연결되는 것은 아니다. 실제로 이번 연극제 참가작들이 대부분 정치 사회 비판 및 역사적 주제를 통해 그 절박함을 드러내고 있지만 비판적 상황에 대한 정확한 문제제기가 제대로 이루어졌는가의 질문과 함께, 오히려 절박했기 때문에 객관성 확보가 어려웠을 것이라는 우려가 함께 표명되었다. "우리 사회의 정치적 퇴행이 연극적 완성도나 형식의 퇴행으로 이어질 수도 있겠다는 일말의 불안감"[6] 또한 높게 감지되었다.

　수상결과 또한 동일한 맥락에서 이해할 수 있다. 유난히 정치적·역사적 소재의 작품들이 많이 참가했지만, 거대한 스케일의 역사적 소재의 작품들이 지닌 도식성이 문제된 반면에, 개인의 일상을 다루면서 구체적인 리얼리티를 확보하고 있는 최원종 작·연출의 〈청춘, 간다〉가 대상작으로 결정되었다. 최원종의 〈청춘, 간다〉는 이번 연극제의 최대 화제작이자 수확으로 언급되면서, 앞으로 서울연극제에 참여하는 창작자나 극단들이 보다 과감하고 새로운 목소리를 낼 것을 주문하고 있다.

6　김명화, 「공식참가작 총평─정치의 시대, 예술에 대해서 고민하자」, 제36회 서울연극제 합동평가회 발표문.

제작극장의 제작능력과 인문 고전

최근 한국연극에서 감지되는 새로운 흐름 하나가 있다. 인문 고전에 대한 관심이 그것이다. 그리스 비극과 셰익스피어와 체호프 등 '연극 고전' 못지않게 '인문 고전'에 대한 관심이 높다. 2009년 페스티벌 봄에 소개된 독일 극단 리미니 프로토콜의 〈자본론〉으로부터 2013년 국립극장의 〈단테의 신곡〉에 이르기까지 그 흐름은 꾸준하다. "소설, 연극으로 읽다"의 기획으로 출발한 산울림소극장의 '산울림 고전극장' 시리즈가 2013년부터 계속되고 있고, 두산아트센터의 '두산 인문극장' 또한 2013년부터 지속되고 있다. 특히 두산 인문극장은 공연과 사회학·정치철학의 인문학 강연을 결합시켜 정례화한 것으로 극장의 역할을 확대시킨 것으로 주목받고 있다.[1]

---

[1] 문학수 선임기자, 「극장이란 무엇인가…'두산인문극장'이 던진 진지한 질문과 조심스러운 답변」, 『경향신문』, 2015.6.3.

국공립 제작극장의 관객 중심 방향과 인문 고전

　이러한 경향은 우선 산울림소극장, 두산아트센터, 장충동 국립극장 등 대학로 이외 지역의 극장들에서 새로운 관객 개발 방법의 하나로 적극적으로 시도되고 있는 면이 있다. 2009년 이후 출범한 국공립 제작극장인 명동예술극장, 남산예술센터, 서계동 국립극단도 대학로를 벗어난 지역에 위치하고 있고, 시간이 흐를수록 기존의 대학로 연극과는 다른 성격을 구축하고 있다. 이른바 '대학로 연극'이 대학로라는 밀집된 공간에 집중된 인력으로 가능했던 다양성과 실험성으로 그 정체성을 강화시켜 왔다면, 2009년 이후 출범한 국공립 제작극장들은 공격적인 마케팅과 기획력으로 관객 중심 운영 방향을 분명히 하고 있다.

　실제로 국립극장의 〈단테의 신곡〉 공연에 몰린 교양 대중 관객들의 존재는 그 자체가 관찰 대상이었다. 1천5백석의 국립극장 해오름극장을 가득 채운 〈단테의 신곡〉 관객은 기존의 대학로 연극의 관객이 아니었다. 〈단테의 신곡〉 관객은 고정 연극팬이기보다는 고전 명작인 〈단테의 신곡〉에 대한 관심으로부터 촉발된 경향이 크다. 동일한 맥락에서 국립극장은 〈단테의 신곡〉의 전회 매진에는 공연과 연계된 '관객 아카데미'의 역할이 큰 것으로 평가하면서 인문학과 연계된 관객 프로그램을 강화할 것임을 밝혔다.[2]

　명동예술극장의 대표적인 관객층으로 언급되는 중장년층 관객 또한

2　서혜림 기자, 「"알고 보면 더 즐겁다" 공연 연계 강연 풍성」, 『연합뉴스』, 2013.11.10.

1960 · 70년대의 '낭만 명동'에 대한 추억을 간직한 중장년층을 대상으로 한 레퍼토리 개발로 재발굴된 관객층이다. "명동예술극장의 르네상스 시대를 연" 초대 극장장 구자흥은 "중장년층을 위한 문화 프로그램"을 기획하는 것이 40년 경력의 문화공연기획자로서 최종적인 목표임을 밝힌 적도 있다.[3] 〈시라노 드 베르쥬락〉(로스탕 작, 김철리 연출, 2010), 〈돈키호테〉(세르반테스 원작, 양정웅 연출, 2010), 〈동 주앙〉(몰리에르 작, 최용훈 연출, 2011), 〈아마데우스〉(피터 쉐퍼 작, 전훈 연출, 2011), 〈그리스인 조르바〉를 원작으로 하는 〈라오지앙후 최막심〉(카잔차키스 원작, 배삼식 번안, 양정웅 연출, 2013), 〈위대한 유산〉(디킨스 작, 최용훈 연출, 2014), 〈아버지와 아들〉(투르게네프 원작, 브라이언 프리엘 각색, 이성열 연출, 2015) 등 초창기부터 꾸준히 명맥을 이어오는 명동예술극장의 고전 명작 레퍼토리는 중장년층에게 익숙한 '추억의 고전'을 반영한 결과이다. 이외에도 명동예술극장은 명사강연 프로그램인 '명동연극교실'과 '15분 강의' 등 다양한 관객 교육 프로그램을 지속적으로 개발하고 있다.

산울림소극장 · 두산아트센터의 민간 제작극장과 국공립 제작극장을 망라해서, 이와 같은 관객 중심 프로그램은 극장의 인지도를 높이기 위한 극장 프로그램의 성격이 강하다. 특히 국공립 제작극장 체제가 자리잡고 본격적인 경쟁체제에 들어선 이후 레퍼토리 경쟁은 치열하다. 이럴 때 널리 알려진 고전과 인문 콘텐츠는 제작의 안정성과 일정 수준의 작품성을 확보할 수 있는 매력적인 영역이다. 인문 고전을 출판하고 있는 대형 출판사와 마케팅을 공조할 수 있는 것도 홍보 차원에서 유리하다.

---

3   박소영 기자, 「명동예술극장의 르네상스 시대를 열다─문화공연기획자로 40년 한길 걸어온 구자흥 극장장」, 『조선뉴스프레스─톱클래스』, 2014.12.

특히 2012년은, 2009년 개관한 명동예술극장과 남산예술센터가 자체제작의 안정적인 시스템을 갖추고 자기 색깔을 내기 시작하고, 2011년 출범한 서계동 국립극단 또한 개관 2년차의 의욕적인 행보를 보이며 〈삼국유사 프로젝트〉의 대규모 시즌 프로그램을 진행시킨 시기이다. 또한 2012년에는 국립극장 신임 극장장 안호상과 국립창극단의 신임 예술감독 김성녀가 취임하면서 〈장화홍련〉(한태숙 연출, 2012), 〈단테의 신곡〉(한태숙 연출, 2013), 〈변강쇠 점찍고 옹녀〉(고선웅 연출, 2014) 등 파격적인 행보를 이어가기 시작했다. 2012년은 극단의 위기 담론이 최고로 이른 시기로, 국공립 제작극장 체제가 위협적일 정도로 연극계에 확실하게 각인된 시기이다.[4]

그리고 2015년 세종문화회관 사장으로 기획자 이승엽이 새로 취임하고, 산하 단체인 서울시극단 단장으로 연출가 김광보가 예술감독으로 취임하면서 지금 현재 국공립 제작극장은 변화의 제2기 체제를 맞이하고 있다. 2014년 국립극단 초대 예술감독 손진책과 명동예술극장 초대 극장장 구자흥의 임기가 모두 마무리되고, 2015년 4월 김윤철 예술감독 체제에서 국립극단과 명동예술극장은 통합되었다. 요컨대 2009년부터 2014년까지를 국공립 제작극장의 제1기라고 한다면, 2015년 이후를 국공립 제작극장의 제2기라고 이름 붙일 수 있다. 국공립 제작극장 제1기의 다양한 실험들이 정리되고, 현재는 제2기의 새로운 도전과 미션을 설정해야 하는 때이다.

국공립 제작극장 제1기에 이슈가 되었던 대표적인 레퍼토리가 남산

---

[4] 김옥란, 「프로듀싱 시대 연출의 방향 모색」, 『연극평론』, 2014 가을.

예술센터의 〈푸르른 날에〉(고선웅 연출, 2011), 국립극단의 〈삼국유사 프로젝트〉(최용훈 · 박정희 · 이성열 · 박상현 · 양정웅 연출, 2012), 국립극장의 〈단테의 신곡〉(한태숙 연출, 2013)이라고 했을 때, 신작 창작극인 〈푸르른 날에〉를 제외하고 인문 고전 공연이 중요한 역할을 하고 있다. 반면에 역설적이게도 고전을 중시했던 명동예술극장의 성과는 고전 작품에서가 아니라 〈광부화가들〉(리 홀 작, 이상우 연출, 2010), 〈그을린 사랑〉(무아와드 작, 김동현 연출, 2012) 등 동시대 해외 번역극과 〈헤다 가블러〉(입센 작, 박정희 연출, 2012)처럼 고전을 발굴해서 국내 초연을 올리는 참신한 기획들에서 빛을 보았다. 특히 입센의 작품은 LG아트센터에서 〈사회의 기둥들〉(김광보 연출, 2014)이 한국 초연으로 공연되는 등 근대극의 고전으로 새롭게 재조명되었다. 국공립 · 민간 제작극장의 기획력과 자본력이 뒷받침되면서 고전 작품이 이제야 비로소 제대로 된 규모와 스케일로 공연되고 있다.

이렇듯 국공립 제작극장 공연에서는 규모면에서의 변화가 우선 눈에 띈다. 이러한 공연에는 기존의 연극 관객뿐만 아니라 일반 관객들도 극장을 찾고 있다. 이 공연들에선 개별 작품에 대한 충성도보다는 특정 브랜드의 극장을 찾는 극장 관객이 형성되고 있다. 국립극단의 〈삼월의 눈〉 재공연, 남산예술센터의 〈푸르른 날에〉 재공연, 국립극장의 〈장화홍련〉 · 〈단테의 신곡〉 · 〈변강쇠 점찍고 옹녀〉 재공연 등 극장의 고정 작품으로 자리 잡는 '레퍼토리화'도 제작극장 시대의 한 특징으로 자리 잡고 있다. 이는 관극의 효율성을 높이면서 극장의 수익을 극대화하는 전략의 결과이다.

민간 극단의 새로운 연극방법론으로서 인문 고전

민간 극단의 공연에서도 인문 고전의 강세는 눈에 띈다. 그러나 흥미로운 것은 그 양상이 다르다는 점이다. 국공립 제작극장의 인문 고전이 〈삼국유사〉나 〈단테의 신곡〉처럼 동서양의 경계와 시대를 초월한 보편성을 지향하는 레퍼토리들이 주로 선택되고 있다면, 민간 극단의 인문 고전의 흐름은 훨씬 다양하고 파격적이다. 대중성과 보편성을 지향하는 국공립 제작극장의 공연이 '정전' 중심의 '안전한 교양'의 성격이 강하다면, 민간 극단의 작업은 주제와 형식면에서 훨씬 도전적이다. 극단 그린피그, 극단 동, 크리에이티브 바키, 무브먼트 당당, 양손프로젝트 등 최근 젊은 극단들의 작업에선 문학·역사학·사회학·정치철학 등 인문학에 대한 관심이 높다. 이른바 '리서치 기반 공연'들의 기반이 바로 인문학과 인문학적 방법론이다. 인문학은 결국 인간의 삶에 대한 성찰을 기반으로 하는 것이고, 인간의 삶에 대한 모방과 표현은 연극의 오래된 본류이다.

극단 그린피그의 조지 오웰 소설원작의 〈1984〉(2014), 극단 동의 1920년대 일본의 대표적인 프롤레타리아 소설원작의 〈게공선〉(2015), 무브먼트 당당의 알튀세르 자서전을 해체 재구성한 〈루이의 아내〉(2012), 양손프로젝트의 유진오 소설원작의 〈여직공〉(2015) 등 정치적 관점도 뚜렷하다. 동일한 시기 명동예술극장의 '명작' 레퍼토리 공연 〈돈키호테〉, 〈그리스인 조르바〉, 〈위대한 유산〉, 〈아버지와 아들〉 등이 자유, 사랑, 성장, 가족 등 보편적 주제를 강조하며 구체적인 사회 역사적 맥락을 희석시키는 것과도 대조적이다. 〈위대한 유산〉의 한 소년의 성장담은 현대사회의 성공신화와 무엇이 다른지 그 경계가 모호하고, 〈아버지와 아들〉은 멜로드라마로 전락했다. 찰스 디킨스와 투르게네프는 보수화되었다. 무대에 남는 것은 세련된 무대 미장센과 매끈한 연출력뿐이다.

이에 비해 극단 그린피그의 〈1984〉는 조지 오웰의 '빅브라더'와 1984년의 히트곡 이선희의 〈J에게〉와 전두환 전 대통령의 이니셜 J를 연결 짓는다. 극단 동의 〈게공선〉은 1920년대 일본 프롤레타리아 노동자의 현실과 지금 현재 비정규직이라는 또 다른 이름의 프롤레타리아 노동자의 현실을 환기시키는 한편 원양어업 선박의 구원이 없는 바다의 이미지는 세월호의 현실과도 중첩되어 비상한 연상 작용을 이끌어낸다. 빅브라더의 통제사회, '노동자의 자본주의'의 구조적 모순이 관객들의 현실에 밀착되어 전달되고 그만큼 강력한 효과를 얻고 있다. 실제 공장지대에서 공연된 〈여직공〉과 〈게공선〉의 빈 무대의 무대 미학은 그 자체가 공연의 메시지였다.

국공립 제작극장의 인문 고전이 '명작'을 공연한다는 것 자체가 목적이라면, 민간 극단의 젊은 창작자들의 인문 고전은 기존 연극의 한계를 뚫고 나가는 적극적인 돌파구이자 새로운 연극방법론으로 선택되고 있다. 이들 젊은 창작자들의 작업은 리미니 프로토콜의 〈자본론〉의 연장선상에 있는 흐름을 대변하고 있으며, 세계연극사의 한 장면과 겨루어도 손색이 없을만한 열정과 이론으로 무장하고 있다. 이 세대는 국내 제작 시스템으로만 제작된 싸이의 〈강남스타일〉과 이영애의 〈대장금〉이 유튜브와 인터넷을 타고 전 세계적인 열풍을 일으키는 것을 목격한 세대이기도 하다.

제12언어연극스튜디오 성기웅 연출의 소설가 박태원의 모던 경성(〈소설가 구보씨의 1일〉), 극단 드림플레이 김재엽 연출의 시인 김수영과 해방기(〈왜 나는 조그마한 일에만 분개하는가〉), 극단 신세계 김수정 연출의 손창섭(〈인간동물원초〉) 그리고 조지 오웰(〈1984〉)과 고바야시 다카지(〈게공선〉)와 알튀세르(〈루이의 아내〉)와 지젝의 문제의식(〈그러므로 포르노〉), 각종 혁명의 선언문(〈소외〉)과 이산의 역사(〈오래된 이별〉)와 공간의 역사(〈강남의 역사〉, 〈남산 도큐멘타〉) 등은 새로운 글쓰기를 위한 다양한 연극적 질문을 담고 있다. 여기서 인문 고전은 연극의 고립을 벗어나 연극 밖의 새로운 가능성을 찾는 전략적인 위치로 작용하고 있다. 이들에게서 연극의 자생력이 그나마 유지되고 있다.

반면에 지금 현재 '대학로 연극의 위기'는 엄밀한 의미에서 기성세대 연극의 위기이기도 하다. 게다가 정부 지원금에 익숙해진 기존의 제작관행은 정권의 정치 검열의 부활에 속수무책이다. 서울변방연극제 예술감독으로 정부 지원금에 의존하지 않고 독립모금 제작방식으로 제17회 서울변방연극제를 이끌었던 임인자는 탈 대학로의 논의에서 중요한 것은 결국 "대학로 내부의 변화에 대한 모색"임을 지적하고 있다.

그러나 탈 대학로 논의가 점화되고 대안이 모색되었던 바로 그 순간에 그것을 이끌었던 이들은 '협회장'으로, '위원회 이사'로 '제도화'되고 말았다. 또한 대학로 중심에 있는 공공극장은 '공공성'이 무엇인가라는 기본적인 가치조차 지키지 못한 채 공정성 시비에서 자유롭지 못한 상태가 되고 말았다. 결국 그 무엇도 개선되지 않은 현재의 '대학로의 공동화' 상황에서 오히려 '연극의 거리'라는 '대학로'의 상징을 붙들고 있는 이들은 누구인가 반문하지 않을 수 없다.[5]

동일한 맥락에서 안무가 출신의 연출가 김민정과 김수정, 판소리 소리꾼 이자람의 전방위적 활동,[6] 새로운 연기의 방법을 연구하는 학습 공동체 극단 동과 양손프로젝트 등 기존 연극의 경계와 틀 속에 갇히지 않는 자유분방한 창작자들이 나타나고 있는 것은 매우 시사적이다. 이들을 통해 무대 위의 몸과 소리와 연기와 주제가 달라지고 있다. 이들의 공연에서 '영원한 고전 명작' 대신 근대 자본주의와 전체주의에 대한 매우 직접적이고 구체적인 질문이 던져지고 있는 것도 의미심장하다. 이는 근대의 종언 이후의 삶을 체감으로 느끼는 다음 세대의 절실한 질문으로 그 울림이 크다.

다시 질문하기, 극장의 글쓰기와 제작극장의 제작능력

그렇기 때문에 지금 시점에서 오히려 중요한 것은, 어느 시대나 반복되는 '연극의 위기'에 대한 광범위한 질문보다 지금 현재의 위기에 대한 정확한 질문이 아닐까? 그렇기 때문에 역설적으로 다시 질문을 던져야 하는 것은 제작극장 제2기를 맞고 있는 우리의 국공립 제작극장의 제작 시스템이 아닐까? 한국연극은 1970·80년대 검열과 탄압에 의해 이미 거리와 현장으로 나갔던 경험이 있다. 그렇다면 이제 다시

5　임인자, 「탈 대학로 현상의 현황과 과제」, 『연극평론』, 2015 가을, 26면.
6　김선영 기자, 「'이자람'이라는 장르」, 『객석』, 2015.8.

거리와 공장지대로 나가 연극을 해야 하는 것일까? 우리는 왜 매번 우리 집을 빼앗기고 철거당해야 하는 것일까? 극장 안에서 우리는 다른 대안을 꿈꿀 수는 없는 것일까? 제도권의 시스템은 원래 그러니까? 어쩌면 지금이 이런 질문을 던질 수 있는 마지막 시점이지 않을까? 현실적으로 지금 젊은 세대가 기성 제작 시스템에 들어가기까지는 시간이 걸린다. 그동안 극장은 그저 예술자료관이나 박물관으로 멈춰 있어야 할까? 혹은 대형 출판사의 마케팅 시장으로만 만족해야 할까? 우리의 극장은 제대로 자기 역할을 하고 있는가? 달라진 시대의 관객과의 대화의 방법을 우리는 과연 알고 있는가?

인문 고전 콘텐츠와 관련해서 국공립 제작극장 제1기의 지난 6년간 가장 의미 있었던 기획을 개인적으로 꼽아보자면, 국립극단의 〈삼국유사 프로젝트〉(2012), 국립극장의 〈단테의 신곡〉(2013), 명동예술극장의 〈위대한 유산〉(2014)을 꼽게 된다. 〈삼국유사 프로젝트〉는 손진책 초대 예술감독이 극단 미추 시절부터 실험해온 전통에 대한 화두의 연장선상에서 기획된 것으로, 국립극단 개관 2년차의 의욕적인 프로젝트였다. 그러나 좋은 기획의 의도가 그대로 작품의 성과로 이어지지는 않았고 관객의 반응 또한 냉담했다. 무엇보다 기존의 대학로에서 활동하던 작가들은 낯선 주문제작 방식에서 가장 큰 혼란을 겪었다.[7] 〈단테의 신곡〉은 국립극장 안호상 극장장 취임 2년차의 의욕적인 기획으로, 국립창극단·국립무용단·국립관현악단 등 국립극장 산하 단체가 총동원된 대규모 총체극이었다. 무엇보다 〈단테의 신곡〉 전작 초연을 성사

---

[7] 『국립극단 리허설북4 – 삼국유사 프로젝트』, 국립극단, 2013.

시킨 추진력은 인상적이었다. 그러나 방대한 규모의 〈단테의 신곡〉 전작 공연의 부담감만이 전해지며 재공연의 보완에도 불구하고 불안한 공연이 되었다. 이후 극적 해결이 약할 경우 무대 미장센만으로 관객을 압도하는 경향이 두드러지면서 제작극장 시스템의 문제점으로 지적되기도 했다.[8] 그런가 하면 〈위대한 유산〉은 스타시스템에 의존한 채 원작에 대한 평이한 해석은 찰스 디킨스 원작에 대한 이해나 문제의식을 보여주지 못해 국공립 제작극장의 제작능력 자체를 의심하게 했다.

지난 6년간 국공립 제작극장 체제에서 강력한 기획력과 추진력은 큰 성과를 보여주었지만 정작 한국연극의 제작능력은 얼마나 성장했는가의 질문에 대해서는 회의적이다. 제작극장 제1기는 기획자 중심의 극장장의 시대였고, 기획의 효과는 확실히 보여주었지만 좋은 기획과 크리에이티브팀과의 긴밀한 연결이나 창작자들에 대한 동기부여 능력 면에서는 아직 아쉬운 지점들이 많다. 그러나 한국연극에서 중요한 환경으로 자리 잡은 국공립 제작극장의 공공극장으로서의 역할을 생각해봤을 때, 국공립 제작극장 제1기가 제작극장의 '프로듀싱 시스템'의 실험과 정착에 많은 힘을 쏟았다면 앞으로 제2기 체제에서는 '작가의 극장', 곧 레퍼토리 씨어터로의 전환과 도약이 적극적으로 모색되어야 하지 않을까?

예컨대 국립극장의 NT 라이브, 곧 영국 국립극장 공연실황을 상영하는 것과 같은 참신한(?) 아이디어가 창작극을 위해서는 불가능한 것일까? 아이러니하게도 '국립'극장에서 가장 소외받는 것이 바로 자국

---

8   김미도·이경미·김소연·엄현희,「좌담—어떻게 보셨습니까」,『연극평론』, 2015 가을.

의 창작자들이라는 사실을 어떻게 이해해야 할까? 한국연극의 제작극장들은 국내의 경쟁 성과에만 만족하고 영국 국립극장과 경쟁할 생각은 안하는 것일까? 한국연극의 제작극장들이 경쟁할 상대는 체급도 맞지 않는 대학로 소극장 민간 극단들이 아니라 영국 국립극장과 독일의 도이체스테아터가 아닐까? 한국연극의 제작극장들은 영국 국공립 제작극장 로열코트에서와 같은 '창작극의 산실'로서의 도전과 책임을 왜 회피하는 것일까? 1930년대 동양극장이 비록 신파극의 대중성으로 비난받았을지언정 동시대의 신극이 일제의 검열과 탄압으로 생산을 멈출 수밖에 없었을 때 대신 창작극의 산실로서의 역할을 수행했던 사실은 지금 시점에서도 충분히 시사적이다. 지금 현재 한국연극의 제작극장들은 과연 1930년대 동양극장의 성과를 뛰어넘고 있는가? 제작극장 제2기 체제에 들어서면서 여러 질문들을 던질 수밖에 없다.

작가의 '극장의 글쓰기' 또한 시급하다. 우리 시대 극장의 작가는 〈삼월의 눈〉과 〈먼데서 오는 여자〉의 배삼식, 〈단테의 신곡〉과 〈나는 형제다〉의 고연옥, 〈푸르른 날에〉와 〈변강쇠 점찍고 옹녀〉의 고선웅이다. 이들은 극단 미추와 코끼리만보, 극단 청우, 극단 마방진 등 오랜 시간 극단에서 훈련되고 극장에서 쓰고 극장에서 관객을 만나고 동시대 관객들에게 우리 시대의 이슈와 감각에 대해서 이야기한다. 이들의 뒤를 이어 젊은 작가들이 극장의 글쓰기를 위해 스스로를 시험하고 훈련받을 수 있는 기회가 더 많이 주어져야 한다. 작가가 살아나야 배우도 살고 연출가도 살아날 수 있다. 극장에서 관객들이 만나는 것은 이야기다.

한국연극 전반에 누적되어 있는 허무주의와 좌절감도 문제다. 한국

영화의 박찬욱과 봉준호 감독은 장편 상업영화를 찍으면서도 자기 작품 세계를 만들어내고, 한국드라마의 이병훈과 김종학 연출은 한류 드라마의 새로운 역사를 썼다. 오태석과 이윤택의 저력이 매번 강력해지고, 한태숙의 집중력이 고집스러울 정도로 단단해지고 있는 반면에 이후의 세대를 대표하는 연출가들은 어디에 있는가? 이들의 작품에서 너무 오랫동안 감동을 느끼지 못하고 있는 것은 문제가 아닐까? 국공립 제작극장의 연극은 더 이상 매력을 잃고 다시 관제연극으로 돌아갈 수도 있다. 우리 모두의 눈앞에 시련과 광기의 시간이 찾아왔다. 드라마투르그들은 젊은 창작자들의 현장으로 내려가 하방(下放)을 하고 다음 때를 기다려야할 지도 모른다.

2부

한국연극의 새로운 문턱, 미학적 정치극의 부활

1장
국가와 역사, 광장과
황무지와 상복을 입은 연극

피의 여왕과 정의의 여신

〈오레스테스 삼부작〉

일시 2013년 6월 6일~6월 30일 **장소** 게릴라극장 **제작** 우리극연구소 **작** 아이스킬로스 **번역** 김창화 **재구성** 이윤택 **연출** 김소희 · 김미숙 · 이승헌 **무대** 김경수 **조명** 조인곤 **작곡 · 음악감독** 옴브레 **소품** 김아라 **기획홍보** 윤정섭 **출연** 김소희, 김미숙, 이승헌, 이재현, 배보람, 김철영, 홍민수, 손청강, 김아라나, 임현준, 염석무, 김아영, 황설하, 김태현, 이승민, 서민우, 이성숙, 김사이

연극계가 꿈틀거리고 있다. 극단 그린피그 윤한솔 연출의 〈두뇌수술〉, 극단 무브먼트 당당 김민정 연출의 〈소외〉, 극단 몽씨어터 이동선 연출의 〈데모크라시〉, 작가 김은성의 〈뺄〉, 작가 백하룡의 〈전명출 평전〉─이는 최근 1, 2년 사이의 작품들이다. 젊은 작가와 연출가 · 극단의 작품들이다. 모두 정치적 주제가 뚜렷한 작품들이다. 역사와 정치감각의 회복, 작가가 다시 살아나고 있다.

작가 김은성과 백하룡이 〈뺄〉과 〈전명출 평전〉에서 광주 5 · 18과 전두환 군사 쿠데타 이후 삼당합당까지의 역사적 맥락을 다시 소환해서 현재적 관점에서 문제제기하고 있다면, 연출가들의 작업은 훨씬 다

각적인 관점과 방식으로 지금 현재의 정치적 맥락을 환기하고 있다.

극단 그린피그는 한국전쟁을 다룬 〈의붓기억〉, 해방 직후의 상황을 다루고 있는 〈두뇌수술〉 등에서 역사의 재구성 혹은 해체를 시도하고 있다. 그런가 하면 안무가 출신의 젊은 연출가 김민정의 무브먼트 당당은 혁명 혹은 혁명가를 주제로 하는 일련의 다큐 퍼포먼스를 연달아 내놓고 있다. 박헌영과 주세죽을 다룬 〈인생〉, 루이 알튀세르와 엘렌느를 다룬 〈루이의 아내〉 그리고 역사 속 혁명 선언문들을 배우 100명을 무대로 올려 몽타주 방식으로 보여준 〈소외〉 등이 그것이다.

극단 몽씨어터의 〈데모크라시〉는 제목 자체가 '민주주의'다. 그러나 이 공연의 민주주의에 대한 질문은 결코 추상적이지 않다. 독일 통일 전후 정당들의 분열과 헤게모니 투쟁, 정치적 협상, 대중 선동 등 매우 현실적이고 정치적인 장면들을 통해 최근 10여 년간 우리 정치사에 대한 논평 의도를 분명히 드러낸다. 〈데모크라시〉는 서독 수상 빌리 브란트에 대한 이야기만이 아니라 김대중·노무현·이명박 정권 이후 구조적인 문제로 자리 잡은 여·야 혹은 진보·보수 대결이라는 정치구도를 압축해서 보여준다. '역사'와 '정치'는 지금 현재 젊은 연극인들에게 가장 뜨거운 키워드이다.

그리고 최근, 이러한 흐름을 훨씬 선이 굵은 정치감각으로 잇고 있는 작품들이 무대에 연달아 올랐다. 연희단거리패의 〈오레스테스 삼부작〉과 극단 골목길의 〈그 사람의 눈물〉(아이스킬로스 원작 〈결박된 프로메테우스〉, 지경화 각색, 박근형 연출, 극단 골목길, 게릴라극장, 2013.7.4~7.21)이 그것이다. 두 작품 모두 아이스킬로스 원작이다. 게릴라 극장의 해외극 페스티벌 '희랍극' 시리즈 작품들이다. 〈오레스테스 삼부작〉은 우리극연구소 20주년 기념공연으로, 전체 배우 18명 중 12명이 신인배우들로 채워진 공연이다. 연출도 이윤택이 직접 맡지 않았다. 공연의 외형은 극단 내부 기념공연의 성격이 짙다. 그리고 〈그 사람의 눈물〉은 동일한 시기에 올라간 박근형의 신작 창작극 〈피리 부는 사나이〉에 비해 별로 주목받지 못하고 지나간 공연이다. 문제의식에 비해, 규모면이나 기획 면에서 비교적 소박하고 조용하게 올라간 공연들이다.

그러나 〈오레스테스 삼부작〉은 과감하게 러닝 타임 3시간의 삼부작 전작 공연을 감행함으로써 논쟁과 토론극으로서 그리스 비극의 진가를 다시 발견하게 해주었다. 무엇보다도 기존의 공연에서 생략되거나 축소되었던 제3부 〈자비로운 여신들〉은 이번 전체 공연의 백미로 느껴질 정도로 인상 깊게 다가왔다. 삼부작 전작 공연을 통해 그리스 비극의 핵심이 비극적 인물의 서사뿐만 아니라 코러스, 곧 집단적 힘의 대결과 논쟁에 있음이 확연히 드러난다. 그리스 비극의 핵심이 토론과 합의를 통한 사회 통합과 민주주의에 있다는 사실이 부각된다. 그리고 정의의 여신 아테네와 대비되는 피의 여왕 클리탐네스트라의 대결구도와 대사의 힘은 작가 이윤택의 현실 정치에 대한 정치 감각이 여전히 살아있음을 보여준다.

이는 〈그 사람의 눈물〉 또한 마찬가지다. 신화적 인물 프로메테우스를 신이면서 심장을 가진 자, 곧 신과 인간을 연결시키는 존재이자 "죽어서도 피 흘리는 자"이자 미래의 전복을 꿈꾸고 예언하는 자로 재구축하면서 지금 현재의 정치현실과 연결시킨다. 프로메테우스는, 지금 현재 NLL 발언 및 국정원 기록 정치 공방과 관련해 죽어서도 거듭 재소환되어 쪼임을 당하는 누군가와 오버랩된다. 2011년 한태숙 연출이 〈오이디푸스〉의 마지막 장면에서 오이디푸스가 절벽에서 떨어져 죽게 함으로써 2009년 노무현의 죽음과 오버랩시킨 이래로 노무현의 죽음은 정치적 희생양의 죽음으로 혹은 신화적인 의미로 거듭 덧씌워지고 있다.

이러한 맥락에서 보았을 때, 이번 〈오레스테스 삼부작〉 각색 방향에서 보여준 작가 이윤택의 정치 감각은 훨씬 본능적이고 발이 빠르다. 연극을 통해 역사적으로 학습된 연극인들의 본능적인 정치 감각이 되살아나고 있음이 느껴진다. 오랫동안 치밀하게 계획하고 끈질기게 기다려 복수를 이루고 피를 뒤집어 쓴 채 등장하는 여왕의 모습은 섬뜩하다. 뒤이어 쏟아져 나오는 대사들도 무시무시하다. 즉각적으로 현재적 감정을 불러일으킨다. 관객들을 얼어붙게 만든다. 죽은 노무현의 상징보다 새로 등극한 여왕의 상징이 훨씬 더 현재적이고 강력하다. 그리스 비극에서 보여주는 한 치도 밀리지 않는 힘과 힘의 대결, 그럼에도 불구하고 끝까지 인간의 힘과 의지를 믿고 가고자 했던 '정신'의 드라마가 새삼 의식 속에 뚜렷이 각인되고 학습된다. 작가가 다시 살아나는 시대이다. 작가가, 다시 살아나야 하는 시대이다.

피의 여왕, "오래 기다렸지만 나는 승리했다. 나는 죄가 없다."

공연이 시작되어 문지기의 짧은 프롤로그가 끝나면 객석에 앉아있던 늙은 코러스 두 명의 대사가 시작된다. 트로이 전쟁이 10년째이고 전쟁터에서 살아 돌아온 늙은 자신들은 아무 쓸모가 없어졌다는 푸념이다. 전쟁에 미쳐 자기 딸을 죽인 아가멤논은 "누군가의 선동을 받아 어리석은 결정을 내린 지도자"이자 "전쟁광"이라는 것이다. 전쟁이 10년째 계속되고 있고 분위기는 험악하다. 그런데 이 순간 클리탐네스트라가 등장하여 무대 곳곳의 제단에 하나둘 불을 밝힌다. 늙은 두 시민은 누구를 위한 제사를 지내려는 것인지 묻지만 클리탐네스트라는 묵묵부답이다. 두 시민은 전쟁이 얼마나 야만적이었는지 증명하기 위해 아가멤논이 신탁의 희생양으로 바친 자신의 딸 이피게니아를 어떻게 죽였는지를 생생하게 묘사한다. 이때 클리탐네스트라는 비로소 입을 연다. "그 딸은 내가 낳은 아이였다."

극의 첫 시작에서부터 코러스는 아가멤논에게 적대적이고 클리탐네스트라는 복수심에 차있다. 클리탐네스트라는 어젯밤의 봉화를 확인하고 누구보다도 빨리 전쟁의 승리를 선언한다. 그런데 승리를 전하는 클리탐네스트라의 표정이 어둡다. 귀환은 또 다른 전쟁이 될 것임을 불길하게 예고한다. 제단의 불은 아가멤논의 귀환과 함께 시작될 복수의 서곡이었다. 매일 밤 봉홧불을 지켜보며 복수의 날을 기다려왔던 클리탐네스트라의 치밀함과 오랜 시간 기다림의 피곤함마저 느껴진다. 클리탐네스트라 김소희는 첫 등장장면에서부터 극의 중심에 확고히 서 있다. 늙은 두 시민 이승헌과 김철영의 지난 전쟁에 대한 갑론을박을 압도하는 카리스마를 보여준다.

"오래 기다렸지만 나는 승리했다." 제1부의 마지막 장면, 클리탐네스트라가 아가멤논을 살해한 직후 피를 뒤집어쓰고 등장하는 순간, 이후의 모든 대사는 지금 현재의 정치적인 상황과 오버랩되며 생생하게 살아난다. 아가멤논의 살해 순간, 늙은 두 시민은 마치 유다처럼 세 번 부정하고 침묵하고, 클리탐네스트라는 도끼를 세 번 내리쳐 아가멤논을 살해한다. 그리고 클리탐네스트라는 선언한다. "나는 죄가 없다." 의도적으로 희화적으로 표현된 침묵하는 시민들의 모습은 피 묻은 도끼를 든 새로운 독재자 클리탐네스트라의 모습과 대조를 이루며 강력한 정치적 메타포로 작용한다. 지금 시점에서 왜 클리탐네스트라에게 주목하고 있는지 작가 이윤택의 정치적 의도가 엿보이는 지점이다.

실제로 〈오레스테스 삼부작〉의 각색과 공연 방향은 철저하게 클리탐네스트라에게 맞춰져 있다. 이 공연은 우리극연구소 20주년 기념공연의 특성을 살려 우리극연구소 출신 배우 3명인 김소희·김미숙·이승헌이 공동연출을 맡고 있다. 그리고 김소희는 클리탐네스트라 역할을, 김미숙과 이승헌은 원로 시민과 코러스 장의 역할을 맡고 있다. 그외 아가멤논, 오레스테스, 엘렉트라와 기타 시민 코러스와 복수의 여신들 역할은 우리극연구소의 막내 배우들이 맡고 있다. 캐스팅 구성에서부터 클리탐네스트라에게 무게 중심이 가 있다. 클리탐네스트라가 오레스테스에게 살해당한 뒤 잠들어 있던 복수의 여신들을 깨우는 것도 클리탐네스트라이다.

별 극적 재미가 없는 제3부 아테네 여신의 판결 장면을 생생하게 살려낸 것도 삼부작 전체에 걸쳐서 클리탐네스트라의 비중을 높여 마지막 아테네 여신과의 대결 구도에 긴장감을 유지시켰기 때문이다. 이윤택은, 클리탐네스트라의 대결 축을 아가멤논이나 오레스테스가 아니라 아테네 여신과 맞부딪치도록 계산하고 있다.

정의의 여신과 이피게니아의 귀환

"독설과 선동에 무너지지 않을 도시는 없다." 마지막 제3부 아테네 법정 장면에 선 "심판의 여신" 아테네의 일갈이다. 제1부에서 피를 뒤집어쓰고 등장한 클리탐네스트라와 대조적으로, 아테네 여신은 온통 흰 색의 바지 정장차림이다. 아테네는 여자이면서도 여자가 아니다. 아테네는, 여자의 자궁이 아니라 제우스의 허벅지에서 태어난, 곧 어머니의 딸이 아니라 아버지의 딸로 태어난 여신이다. 클리탐네스트라의 딸 이피게니아가 아버지 아가멤논에게 전쟁의 희생물로 죽음을 당했다면, 아테네는 "제우스의 딸"로 태어나 새로운 "민주주의의 도시" 아테네에서 숭배되고 있는 젊은 처녀 여신이다. 제1부에서 새로운 독재자인 여왕의 모습이 강렬하게 부각되었다면, 아테네의 판결은 피의 복수와는 다른 "법에 대한 존중"이자 "진정한 민주적 심판"의 모습으로 대조되고 있다.

물론 클리탐네스트라와 젊은 아테네 여신과의 대조에서 고대 그리스 원시 모계 중심 사회로부터 남성 중심의 새로운 가부장적 질서로의 전환의 흔적을 읽을 수도 있다. "신이 지배하는 도시, 인간이 만든 제도나 율법이 닿지 않는 자연", "성 밖에 살고 있는" 잡신인 복수의 여신들은 툭하면 "신중의 신은 어르신이야!" 우겨대기 일쑤이다. 복수의 여신들은 늙고 추한 모습이고 신적 권위가 없다. 걸쭉한 욕설을 뱉어내는 복수의 여신들의 희화적인 모습은 전체 극에 희극적 활기를 부여하며 양감을 부여하고 있기도 하다. 그러나 마지막 판결 장면에서, 친족의 윤리에 갇혀 있는 클리탐네스트라와 민주적 공개 토론과 재판으로 상 징되는 법의 논리를 강조하는 아테네 여신의 대조는 이 공연을 기존의 신화적 해석과는 다른 층위에서 읽기를 요구한다.

"대책 없는 비판과 근거 없는 루머가 지금 이곳을 무기력한 세상으로 무너뜨리고 있다." 아테네 여신의 경고이다. "법에 대한 존중만이 이 도시를 지킬 수 있다." 이윤택은 기존 번역본에 흔히 나와 있는 '민중'을 '시민'으로, '국가'를 '도시'로 다르게 부르면서 이 작품이 현재적 의미에서 읽히도록 적극적으로 유도하고 있다. 아테네 여신은, 판결에서 패배한 복수의 여신들이 저주와 원망의 말들을 쏟아내자 그들에게 '시민권'을 부여한다. 그리고 새로운 민주사회에서 함께 살아갈 것을 제안한다. 분쟁은 해결되고 복수의 여신들은 '자비로운 여신들'이 되어 도시에 함께 통합된다. 아테네의 마지막 판결은 트로이 전쟁 10년의 분열과 증오를 끝내고 새로운 사회와 "강력한 국가"를 건설할 것을 호소한다. 이는 자연스럽게 지난 2012년 대선국면 이후 계속되고 있는 분열과 증오의 과정들을 떠올리게 한다.

"이제 그만! 더 이상의 혼란은 없다." 제1부 마지막, 도끼를 든 피의 여왕 클리탐네스트라의 한마디다. 그러나 서슬 퍼런 도끼날 아래의 강력한 선언과는 달리 오히려 분열과 혼란은 증폭되었다. 정작 분열과 혼란이 멈춘 것은, 제3부의 마지막, 모두에게 공평한 시민권을 인정한 아테네의 판결 이후다. 공연의 마지막 장면은 클리탐네스트라, 아가멤논, 오레스테스, 엘렉트라가 처음으로 온 가족이 함께 모여 있는 상태에서 죽은 이피게니아를 맞이하는 모습이다. 아가멤논 가문에 내린 저주의 역사와 피의 복수가 비로소 멈추고 이피게니아가 돌아왔다. 이 장면은 이윤택의 대본에는 없는 장면으로, 연출에 의해 새롭게 만들어진 장면이다. 코러스 장 김미숙의 무가를 배경으로 이피게니아는 드디어 클리탐네스트라의 품에 안긴다. 아름다운 장면이다.

그러나 아가멤논의 승전의 대가로 끌려와 억울하게 죽은 카산드라는 여전히 돌아오지 못하고 있다. "자, 이제 해방이다!" 제1부 아가멤논 살해 직전, 자신의 운명을 미리 알면서도 스스로 걸어 들어가 죽음을 맞이하는 카산드라의 한탄이다. 예언자이자 이방인인 낯선 존재로 표현된 카산드라 장면은 전체 공연에서 유난히 도드라지는 이질적인 장면이자 묘하게 인상적인 장면이었다. 카산드라는 아가멤논이 살해될 것이라는 예언을 듣고도 침묵하는 시민들에게 말한다. "내가 겪은 모든 고통을 이제 난 잊었다." 순간, 카산드라의 광대의 몸짓에서 묘하게 이윤택의 모습이 빙의되고 있다는 생각이 들었다. 이윤택은 지난 대선국면에서 반대 진영에 서있었다.[1] 이 작품이 대선 이후에 대한 이윤택의 정치 논평이자 고해성사처럼 들리는 대목이다. 선거는 끝났고, 다시 민주주의가 화두다. 연희단거리패의 〈오레스테스 삼부작〉은 민주주의가 무엇을 지키고 선택할 것인가에 대한 시대적 고민을 던져준다.

---

[1] 이윤택은 2012년 대선 당시 새누리당 박근혜 후보와 경쟁한 민주통합당 문재인 후보 지지연설을 했다. 이후 2015년 '블랙리스트' 검열정국에서 지속적으로 불이익을 당했다.

쉽고 깊어진 이윤택, 역사와의 대화

〈혜경궁 홍씨〉

일시 2013년 12월 14일~12월 29일 **장소** 국립극단 백성희장민호극장 **제작** 국립극단 **작 · 연출** 이윤택 **조명 · 영상** 조인곤 **장치** 김경수 **의상** 이윤정 **소품** 김병준 **안무** 이승헌 **특별안무** 박은영 **작곡** 이재하 **음악감독** 김시율 **음향** 강국현 **분장** 이지원 **조연출** 김세환 **조연출보** 김태현 **프로듀서** 강민경 **출연** 김소희, 전성환, 최우성, 박정무, 정태준, 주재희, 차희, 박지아, 이원희, 한갑수, 이주희, 민정기, 허대욱, 신재훈, 이승헌, 이재훈, 양예지, 정보연, 박주희, 이영옥, 유선영, 강해진, 이지은 **연주** 한림, 이재하, 조한결, 정준규

이윤택의 신작 〈혜경궁 홍씨〉가 국립극단 백성희장민호극장 무대에 올랐다. 개막하기 전부터 전회 매진 소식이 들려온다. 지난 가을 "저승 가는 길목에서 시끄럽게 울어대던" 〈개구리〉이후 예술감독의 공석이 방치된 채 뒤숭숭한 국립극단이다. 그런가 하면 동일한 시기에 올라간 김재엽의 〈알리바이 연대기〉가 새로운 정치극의 가능성을 보여주며 지난 해 연말의 온갖 상을 휩쓸었다. 최근 작가들의 목소리가 살아나고 있다. 공연된 작품이 사회면에 오르내리는가 하면, 전혀 다른 방향에서 돌파구가 뚫리기도 한다.

이윤택도 마찬가지다. 2013년 6월 게릴라 극장에서 올라간 이윤택 각색의 〈오레스테스 삼부작〉에서 '피의 여왕' 클리탐네스트라와 '정의의 여신' 아테네를 대결시키며 작품의 중심축을 오레스테스가 아니라 클리탐네스트라로 확실하게 이동시키며 이윤택 특유의 날카로운 정치 감각을 유감없이 보여주었다. 이제는 '피의 복수'를 멈추고 정의와 민주주의 사회를 만들기 위한 사회 통합이 절실함을 각인시켰다.

처음 〈혜경궁 홍씨〉의 공연 소식을 전해 들었을 때 의아했다. 〈문제적 인간, 연산〉, 〈시골선비 조남명〉, 그리고 장영실을 다룬 〈궁리〉의 전작들을 돌아봤을 때 〈혜경궁 홍씨〉와의 거리는 멀어 보였다. 그러나 공연을 보고 난 후 생각이 달라졌다. 역시 이윤택이구나! 작가가 다시 살아나고 있구나! 확연히 느꼈다. 혜경궁 홍씨는, 클리탐네스트라의 뒤를 이어 이윤택에게서 '문제적 인물'이 되었다. 〈오레스테스 삼부작〉, 〈혜경궁 홍씨〉 모두 배우 김소희가 함께 했다. 더더욱 강조의 효과가 컸다.

공연을 보면서 다시 한번 느낀 것은 이윤택이 쉽고 깊어졌다는 것이다. '인간'의 주제가 깊어졌다. 〈궁리〉에서 장영실은 세종의 등에 난 등창의 피고름을 입으로 빨아준다. 〈혜경궁 홍씨〉에서는 평생 몸에 열이 많아 등이 가려운 부인에게 죽은 남편이 다가와 귀신의 서늘한 기운으로 등의 열을 내려준다. 등이 가려운 부인은 혜경궁 홍씨이고, 죽은 남편은 사도세자다. 조작된 여론몰이로 뒤주 속에 갇혀 죽어간 사도세자의 끔찍한 이야기는 지금의 우리 현실에 대한 날카로운 풍자로 정확히 읽힌다. 그러나 그렇다고 해서 이 공연이 날선 칼날만 번뜩이는 것은 또 아니다.

공연은, 혜경궁 홍씨가 남긴 『한중록』을 토대로, 혜경궁 홍씨의 "하룻밤 사나운 꿈자리"로 풀어간다. 전적으로 혜경궁 홍씨의 관점에서 때로는 악몽처럼, 때로는 서늘한 바람 한 줄기처럼 시원하게 진행된다. 궁궐 창호지 문짝 이곳저곳에서 귀신이 튀어나오고, 심지어 우물물에 몸을 던진 사도세자와 혜경궁 홍씨를 우물귀신이 토해내듯 다시 무대로 던져놓기도 한다. 배우 김소희는 열 살 여자아이로부터 젊은 시절을 거쳐 노년에 이르는 혜경궁 홍씨를 혼자 도맡아 연기하지만 전혀 이질감이 없다. 오히려 중국의 변검술처럼 자유자재로 얼굴을 바꿔 쓴다. 노망든 노인네처럼 짐짓 역정도 냈다가 천진한 아이의 표정도 됐다가 귀신 서방이 등을 긁어주면 천연덕스럽게 시원한 숨을 토해내기도 한다. 『한중록』을 둘러싼 역사논란 따위는 잊게 된다.

대신 혜경궁 홍씨라는 한 인물이 『승정원일기』나 공식 역사 기록과는 다른 관점에서 자신의 이야기를 끈질기게 '말하고자' 하는 지점이 분명히 전달된다. 간밤에 천둥치고 비바람 불던 미친 꿈자리는 우물물의 차가운 찬물 한 바가지 뒤집어쓰고 끝난다. 마지막 장면에서 혜경궁 홍씨는 책상에 앉아 조용히 글을 쓰기 시작한다. 마지막 문장은 결연하다. "사실을 사실이라 적으니, 내 한 터럭만큼도 거짓이 있으면, 하늘의 죽이심을 당하리라." 이윤택만큼 관객들의 가려운 등 확실히 긁어주는 작가가 또 있을까. 이윤택의 작가적 메시지는 단호하고 분명하다. 최근 방한한 프란치스코 교황의 말 한마디 한마디처럼 시적 은유이되 생생하고 분명한 울림을 갖는다.

아버지(들)의 역사, 아들(들)의 증언

〈알리바이 연대기〉

일시 2013년 9월 3일~9월 15일 **장소** 국립극단 소극장 판 **제작** 국립극단·극단 드림플레이 **작·연출** 김재엽 **무대** 서지영 **조명** 최보윤 **의상** 오수현 **음악** 한재권 **영상** 윤민철 **분장** 이지연 **소품** 박효진 **조연출** 이지현 **기획** 이시은 **출연** 남명렬, 지춘성, 정원조, 이종무, 전국향, 유준원, 유병훈, 백운철

김재엽의 신작 〈알리바이 연대기〉가 국립극단 '젊은 연출가전'의 이름으로 조용히 올라갔다. 국립극단 마당을 사이에 두고 대극장에서는 〈개구리〉가, 소극장에서는 〈알리바이 연대기〉가 이쪽과 저쪽에서 동시에 올라갔다. 박근형 연출의 〈개구리〉가 강한 정치 비판 주제로 공연 초반부터 언론에 오르내리면서 논란이 시끄러웠다면, 〈알리바이 연대기〉는 수면 아래의 깊은 물줄기의 흐름을 이루며 조용히 흘러갔다. 〈개구리〉가 아리스토파네스의 풍자에 기대어 우리 사회의 '상징적 아버지'인 권력자 비판에 날선 독설을 뿜어냈다면, 〈알리바이 연대기〉는 평범한 소시민으로 살아온 '실제 아버지'의 이야기를 다루고 있다.

〈알리바이 연대기〉는 김재엽 연출 본인의 아버지 이야기를 다룬 다큐멘터리 형식의 공연이다. 〈개구리〉가 저승에서의 두 시인의 논쟁이라는, 전통적인 문학적 장치인 우화와 풍자를 통해 우리 시대의 이야기를 직설화법으로 이야기하고 있다면, 〈알리바이 연대기〉는 실제 이야기를 다룬 다큐멘터리이면서 더 우화처럼 느껴졌다. 신기했다. 실제 이야기이면서 우화가 환기하는 상상력의 힘, 전복적 에너지를 느끼게 했다. 한 공간에서 서로를 마주보며 나란히 올라간 두 공연을 지켜보는 일, 흥미로웠다.

연극이 아니어도 좋은 연극? 김재엽은 작가다!

〈알리바이 연대기〉는 김재엽 연출 본인의 아버지와 형에 대한 개인사와 가족사를 다루고 있다. 김재엽의 아버지 김태용은(이하 존칭 생략) 1930년 일본 오사카 출생이다. 1945년 해방이 되어 경상북도 선산군 구미면의 고향에 돌아왔다. 그곳에서 같은 고향 사람인 박정희를 처음 만났다. 이후의 이야기는 아버지가 박정희를 세 번 만났던 실제 이야기다. '상징적 아버지'인 대통령과 '실제 아버지'의 역사를 대조하는 방식이 재밌다. 그리고 김재엽의 형 재진은 서울대 경영학과 83학번이고, 재엽은 연세대 국문학과 92학번이다. 재진과 재엽은 9년간의 나이 차이가 있고, 대학 83학번과 92학번으로 대략 10년간으로 묶이는 1980

년대 학번의 대학생활을 공유하고 있다.

염상섭의 〈삼대〉처럼, 가족의 일대기를 씨줄과 날줄로 엮는 방식은 작가들이 역사를 재현할 때 흔히 적용하는 방법이다. 그렇다면 같은 세대인 아들들은 그렇다 치고, 아버지와 아들들을 엮는 씨줄은 무엇일까? 아버지와 아들 세대를 단순히 나이순으로 사건을 나열하거나 혈연관계의 에피소드들을 집합시켜 놓는 것이 아니라 '역사적으로 중요한 사건'을 '선택'하여 연대순으로 다시 기술하는 '연대기'의 방식으로 적겠다는 것은 김재엽이 이 공연에 분명한 역사적 관점을 가지고 접근하고 있다는 것이다.

김재엽은 바로 이 지점에서 '알리바이'라는 개념을 들고 나온다. 그런데 알리바이라니? 알리바이라는 말은 범죄자의 수사현장에서나 쓰이는 말이 아니던가? 역사는 승자의 논리로 쓰여진다는 말이 있다. 그렇다면 '알리바이 연대기'라는 말은 역사의 그 승리자들이 범죄자였다는 말일까? 이렇듯 작가가 던져둔 작은 화두에 민감하게 반응하는 것은, 최근의 역사 논란들 때문이다. 어떤 역사 논란? 중국이나 일본의 이야기가 아니라 우리 이야기다. 고대사나 근대사에 대한 이야기도 아니고 최근 10년간, 더 거슬러 올라가자면 30, 40년 전 이야기다. 최근 죽은 자들의 이름이 자주 들먹거려진다. 어떤 이름은 다시 불려져 부관참시 당하기도 한다. 또 어떤 이름은 아예 머리뼈에 총탄 구멍을 드러낸 채 해골을 든 망령의 모습으로 서성이기도 한다. 아버지, 삼촌들의 역사에 아들과 딸들, 사촌들이 각자 딴말에 열심이다. 좋은 아버지였는지, 나쁜 아버지였는지, 각자 기억이 다르다. 〈개구리〉 논란이 시끄러울 수밖에 없는 이유이다.

그런데 김재엽은 이 틈새에서 묘한 구석을 찾아냈다. 〈좋은 놈, 나쁜 놈, 이상한 놈〉이라는 영화 제목이 생각난다. '좋은 놈'도, '나쁜 놈'도 아닌 '이상한 놈'의 이야기를 들고 나왔다. 좋은 놈, 나쁜 놈, 곧 영웅이거나 악당이거나 역사적으로 저명한 인물들의 이야기가 아니라 이상한 놈, 곧 거대 담론의 이데올로기에도 쉽게 수렴되지 않고 좌충우돌, 우왕좌왕, 불쑥불쑥 낯선 얼굴을 내미는 평범한 사람들, 너무 평범하고 하찮아서 누군가의 눈에는 우스워 보일 수도 있는 사람들의 이야기를 들고 나왔다. 좋은 아버지도 아니요, 나쁜 아버지도 아니요, 이상한 아버지의 이야기를 들고 나왔다.

〈알리바이 연대기〉의 아버지는 극의 처음부터 "아버지는 분명 보통 아버지는 아니었습니다"라고 소개된다. 일본에서 태어나 어렸을 때 우리말을 몰랐다는 아버지, 일본식 영어 발음을 구사하는 영어 선생님, 평생 외국어 공부에 몰두하여 아들로부터 외국사람이라는 오해를 받는 아버지, "경상도 대통령"이 줄줄이 나온 경상도 한복판 대구에서 김대중 후보 유세장을 찾은 아버지, 무엇보다도 한국전쟁 당시 형 따라 군대에 입대했다가 겁이 많아 무작정 군대에서 도망쳤다는 황당한 이야기는 흡사 〈오장군의 발톱〉의 오장군의 캐릭터를 떠올리게도 한다.

그리고 한국전쟁 당시 군대에서 탈영한 아버지의 이야기는 그 비밀을 숨기기 위한 황당한 알리바이를 만들어내면서 국가와 민족의 단일한 거대 서사에 균열을 가져온다. 이데올로기 전쟁은 어떤 명분을 가져다 붙여도 성스러운 것이기보다는 무서운 것이다. 그리고 그러한 희극적 알리바이의 역사를 한국현대사의 독재자들의 역사에 대입하는 순간 이 공연의 희극적 장치들이 강력한 힘을 발휘한다. 김재엽은 짐짓 작고 열등한 우스운 이야기를 통해 거대 서사의 비극적 감정 과잉 상태를 비꼬고 있다. 비극적 파토스를 동반한 과잉 신화들의 비논리성과 허구성을 드러내고 가볍게 그것들을 뛰어넘는다.

아리스토텔레스는 비극과 희극을 구분하는 기준을 우리보다 우월한 자를 모방하면 비극이고, 우리보다 열등한 자를 모방하면 희극이라고 했다. 물론 여기서 우월함과 열등함은 인물의 됨됨이를 말하는 것이 아니라 극적 인물의 기능을 지칭하는 말이다. 희극이 평범한 우리들의 세계에 훨씬 더 가깝다. 같은 국립극단에서 올라갔던 그리스 비극 〈오이디푸스〉나 〈안티고네〉에 비해 그리스 희극 〈개구리〉가 더 논란이 컸던 이유도 무엇이겠는가. 희극은 더 직접적으로 시시콜콜한 우리의 일상, 지리멸렬한 우리 삶의 태도를 직접적인 해부 대상으로 삼는다. 그런 면에서 보자면 〈알리바이 연대기〉 또한 희극이다. 〈알리바이 연대기〉는 역사 속 영웅 혹은 악당이 아닌, 평범한 우리 아버지들의 작은 역사(들)을 다루고 있다. 다큐적 방식으로 만들어진, 굳이 이름 붙이자면 서사극적 희극이다.

김재엽은 말한다. "직설화법이 요구되는 시대에 우화를 꾸며내기보다는 '연극이 아니어도 좋은 연극'을 만들고 싶다. 신화 속에서 꿈꾸기보다는 역사 속에서 싸우기를, 예술이라는 타이틀로 포장하기 보다는 인문사회과학의 사유로 발가벗겨지기를 소망한다"(프로그램북 작·연출의 말 중에서). 최근 젊은 연극인들은 역사와 정치에 대한 관심이 높다. 우화와 풍자의 전통적인 문학적 방식 대신 젊은 연극인들은 직접적으로 다큐적 소재를 재구성하면서 새로운 판을 만들어내고 있다. 연출가 윤한솔과 김민정, 김재엽이 그렇고, 정치적 주제는 아니지만 다큐적 속성이 강한 다원 공연 방식을 선호하는 성기웅도 그 예이다. 김재엽의 "연극이 아니어도 좋다!"는 선언은 연극 바깥에서 연극의 틀을 새롭게 짜겠다는 선언으로 들린다. 연극 자체의 진부한 반복을 부정하고, 연극 자체를 부정하면서도 무언가 할 말이 있다는 것이다. 젊은 연극인들의 부정정신이 훨씬 더 신랄하다. 〈개구리〉를 둘러싼 시시콜콜한 논란들을 훌쩍 뛰어넘는 도발을 보여준다. 김재엽은 새로운 관점의 이야기를 하기 위해 새로운 판을 짤 줄 아는 능력을 지녔다. 이제야 김재엽이 연출가일 뿐만 아니라 작가로 보인다.

희극적 알리바이의 역사, 희극적 무대의 유쾌함

〈알리바이 연대기〉는 전체 1부와 2부로 구성되어 있다. 1부는 2차 세계대전 중이던 1936년 아버지가 일본의 소학교에 처음 입학하던 당시부터 해방되어 고향인 구미로 돌아오던 때, 한국전쟁을 겪고, 4·19 이후 장면 정권 시절을 거쳐 장준하 의문사의 뉴스 보도가 흘러나오는 1975년까지의 시기를 다루고 있다. 2부는 전두환 정권 말기 대학생들의 분신 정국이 한창이던 1986년 대구의 한 경찰서에서 난동을 부린 형 재진의 이야기로부터 시작하여 1989년 고등학교 1학년이던 재엽의 학교에서 벌어진 전교조 사건, 1995년 대학 4학년이 된 재엽이 5·18 특별법 제정을 위한 한총련 집회에 참석했다가 전두환 집은 찾지 못한 채 어이없게도 서태지 집 앞에서 길을 잃은 일, 마지막 2004년 아버지의 마지막 병상을 지키던 시점까지의 일을 다루고 있다.

1부는 아버지의 연대기이고, 2부는 아들들의 연대기이다. 각각 박정희 정권 시절과 전두환·노태우 정권 시기를 초점화하고 있다. 실제로 공연이 시작되면 1부에선 박정희의 초상화가, 인터미션 이후 2부에선 전두환의 초상화가 무대 한쪽에 걸려 무대를 내려다보고 있다.

공연은 1부에서 아버지가 박정희를 세 번 만난 이야기로부터 시작해서 장준하의 죽음으로 끝나는 보다 정리된 연대기적 서술로 진행되는 반면, 2부는 재진과 재엽 두 형제의 이야기와 아버지의 병상 장면 등이 순서대로 나열되면서 다소 집중력이 떨어지기는 했지만, 극 전체를 통해서 희극적 거리감이 철저하게 유지되고 있다. 덕분에 2시간 반의 긴 공연시간이 전혀 지루하지 않았다. 여기에는 우선 아버지 역할의 남명렬의 진지하지만 속도감 있는 진행이 한몫하고 있다. "아버지는 분명 보통 아버지는 아니었습니다"라고 거듭 소개되는 아버지 역할을 남명렬은 완전히 우스꽝스럽지도 않고, 그렇다고 너무 딱딱하지도 않은 유연한 연기로 관객들이 극중 이야기에 편안하게 빨려 들어갈 수 있게 해 주었다.

그리고 서사적 양식 공연의 특성상 주인공인 아버지와 재엽 역할을 제외한 모든 배우들이 1인 다역을 맡았다. 그중에서도 아버지와 형 재진·재엽의 소년 시절 아역 역할을 맡았던 지춘성은 아이이면서 아이답지 않은 희극적 논평을 덧보태 공연이 윤택하게 흘러가게 했다. 예컨대 『조선일보』와 『동아일보』의 기사 내용에 따라 박정희와 김대중에 대해 핏대 올리며 갑론을박하는 큰아버지와 아버지 장면에서 지춘성은

"조선이나 동아나 똑같은 신문이 아니냐?"라고 현재 관점에서 끼어드는 재엽의 대사에 "믿기 힘들겠지만 예전엔 달랐어!"라는 희극적 논평을 아이가 어른스러운 목소리로 답변하는 능청을 보여준다. 그리고 아버지와 형 재진과 재엽의 관점에서 이야기가 복잡하게 얽혀감에도 아이 역할을 지춘성이 동일하게 맡음으로써 극 전체에 통일성을 부여하는 효과를 얻기도 했다.

그 외 아버지와 재진과 재엽의 서사적 해설로 정리되는 촌철살인의 여러 대사와 장면들, 특히 가까운 과거인 1986년 이후 1995년 등의 역사적 시간들은 관객들이 직접 겪었던 시간들이다. 실제로 공연이 끝난 이후 관객들은 아버지 세대의 역사적 순간들에 대해 다시 되돌아보는 시간을 가지게 되었다. 그리고 바로 그 지점에서 다큐가, 관객들이 실제로 겪었던 역사적 시간들, 정권의 교체에 따라 교과서의 내용이 달라지고 신문에 따라 다른 역사가 말해지는 것이 아니라 우리가 직접 겪고 보고 들은 역사를 똑바로 기억해야 한다는 사실을 깨닫게 해주었다. 증언으로서의 역사, 곧 다큐멘터리가 극적 장치로 들어오는 타당성이 강력하게 환기되는 순간이다.

광화문 광장에서 김수영의 시를 외치다

〈왜 나는 조그마한 일에만 분개하는가〉

일시 2014년 11월 4일~11월 30일 **장소** 남산예술센터 **제작** 극단 드림플레이 · 남산예술센터 **작 · 연출** 김재엽 **무대** 서지영 **조명** 최보윤 **의상** 오수현 **음악** 한재권 **영상** 윤민철 **소품** 서정인 **분장** 이지연 **조연출** 이지현 **기획** 이시은 **사진** 이강물 **출연** 강신일, 지춘성, 유준원, 선명균, 백운철, 정원조, 오대석, 우정국, 이갑선, 서정식, 유종연, 김원정, 윤안나

〈왜 나는 조그마한 일에만 분개하는가〉는 김재엽의 신작이다. 지난 해의 문제작 〈알리바이 연대기〉에서와 마찬가지로 이번 작품에서도 김 재엽 역할을 맡아 정원조 배우가 나온다, 촌철살인의 깨알 같은 웃음의 감초 연기를 보여주었던 지춘성 배우도 그대로 나온다. 극단 드림플레 이 배우들의 모습도 다시 볼 수 있다. 흡사 '알리바이 연대기 2'와 같은 작품이다. 〈알리바이 연대기〉가 대한민국의 '상징적 아버지'인 박정희 와 전두환 두 전직 대통령의 시대를 살아온 김재엽의 '실제 아버지'의 연대기를 병행시키고 있다면, 이번 작품에선 김재엽 자신의 이야기를 털어놓고 있다. 이번 작품의 부제는 '내 안의 김수영을 찾아서'이다.

공연은 짧은 단편영화로 시작된다. 공연이 올라가는 남산예술센터를 배경으로 김재엽이 뒤통수를 보이고 서있고 극중 김재엽 역할을 맡은 정원조 배우가 김수영의 시 한 편을 건네받으며 캐스팅 제안을 받고 있다. 이어서 김재엽은 대본 대신 시 한 편을 던져놓고 냅다 줄행랑을 치고 객석에서는 웃음이 터져 나온다. 그렇다. 이 공연은 캐스팅과 연습과정, 공연 직전까지 대본이 안 나와 전전긍긍하면서 김수영의 시와 산문을 읽으며 연습을 대신하는 실제 공연 제작과정을 그대로 노출하고 있다. 얼핏 공연 제작과정이 허술해 보이고 그야말로 제대로 공연이 올라갈 수 있을까 싶은 조마조마한 상황에서도 '내 안의 김수영'을 찾고자 하는 작가와 배우들의 고민이 생생하게 드러나면서 역설적으로 현재진행형의 김수영을 만날 수 있었다. 김재엽 특유의 만만디의 능청이 여전하다.

이 공연에서 '내 안의 김수영을 찾아서'의 실마리를 풀기 위해 선택하고 있는 또 다른 연극적 장치는, 배우 강신일이 배우 강신일의 역할 그대로 등장하고 있는 점이다. 시인 김수영이 해방 직후 좌우 대립의 혼란과 한국전쟁 당시 인민군으로 끌려갔다가 탈출한 이후 부역자 혐의로 거제도 포로수용소 생활을 했던 사실을 강신일이 출연했던 영화 〈실미도〉의 북파공작원 이야기와 극단 연우무대의 1980년대 작품 〈한씨연대기〉의 한영덕과 〈4월 9일〉의 인혁당 사건과 중첩시키고 있다. 시인 김수영이 온몸으로 자유를 노래하며 역사의 시간을 관통했던 사실을 지금 현재 무대 위에 서있는 배우 강신일의 존재와 겹쳐놓으며 지금 이 시대의 연극을 고민하고 있는 김재엽 자신의 이야기로 살려내고 있다. 이 공연은 시인 김수영과 연우무대 배우 강신일에 대한 작가 김재엽의 헌사이자 고백록과도 같은 공연이다.

더 나아가 이 공연이 김수영과 오늘의 관객들을 연결시키고 있는 지점은 바로 광화문 광장이다. 광화문 광장은 이 공연의 제목이기도 한 "왜 나는 조그마한 일에만 분개하는가"의 시 구절이 나오는 김수영의 시 〈어느 날 고궁을 나오면서〉의 실제 배경이기도 하다. 이 시는 실제 광화문 광장에서 만나 강신일에게 캐스팅을 부탁했다는 일화의 소개와 함께 낭독된다. 그리고 실제 그날의 풍경인 듯 경찰관이 따라 붙는다. 시를 읊는 배우 앞에 경찰이 다가와 제지하는 광경을 보자, 순간 세월호 유족들의 천막농성이 이어지고 있었던 광화문 광장이 환기되었다.

김수영의 공간을 지금 현재의 광화문 광장과 중첩시키고, 전쟁이 일어나자 서울시민 모두에게 "가만히 있으라"는 특별성명을 방송하고 대통령 홀로 피난을 떠나면서 한강철교를 끊고, 부정선거로 4·19혁명이 일어났던 김수영 시대의 역사적 사실들이 지금 현재의 상황들과 오버랩되면서 새삼 놀라게 된다. 그리고 광화문 한복판에서 자유에 대한 김수영의 시를 외치는 일은 지금 현재에도 여전히 불온한 일이라는 사실이 환기된다. 김수영의 시가 다시 들려오는 시대, 이번 공연에서 김재엽이 보여준 것은 바로 이것이다.

직설화법으로 말하는 후쿠시마 원전사고

〈배수의 고도〉

일시 2014년 6월 10일~7월 5일 **장소** 두산아트센터 **작** 나카츠루 아키히토 **연출** 김재엽 **번역 · 드라마 투르그** 이홍이 **무대** 여신동 **조명** 최보윤 **작곡 · 음악감독** 한재권 **영상** 정병목 **분장** 이지연 **의상** 오수현 **소품** 장경숙 **조연출** 이지현 **프로듀서** 남윤일 **출연** 선종남, 하성광, 이윤재, 선명균, 김승언, 오대석, 이종무, 김소진, 이진희, 이정수, 김시유

〈배수의 고도〉— '배수진(背水陣)'을 친 것과 같은 처지의 '외로운 섬(孤島).' 이렇게 절박한 제목이 또 있을 수 있을까. 〈배수의 고도〉는 2011년 3월 동일본 대지진으로 인한 후쿠시마 원전사고를 다룬 일본 작품이다. 초연은 원전사고의 여파가 생생한 2011년 9월에 이루어졌다. 작가 나카츠루 아키히토가 대지진 당시 가장 피해가 컸던 도호쿠 지역 미야기현의 이시노마키시를 직접 취재한 내용을 다루고 있다.

"극장의 불빛이 꺼져서는 안 된다." 대지진 이후 엘리베이터가 멈추고 전철의 배차간격이 느려지고 연극이 중단되는 사태가 속출하는 가운데 도쿄예술극장 예술감독 노다 히데끼는 대지진 나흘 만에 공연을

재개하며 이러한 선언문을 발표했다. 세월호 침몰사고 이후 일상이 멈추고 방송에서 댄스음악이 사라지고 공연 취소가 잇따랐던 우리의 상황과도 겹쳐지는 대목이다. 우리의 연극인들도 지금 우리가 무엇을 할 수 있을지 고민이 깊어지고 있다. 2014년 6월 중순, 현재 실종자 수는 12명. 선거는 끝났지만 우리는 여전히 남은 12명을 기다리고 있다.

〈배수의 고도〉의 원전사고와 세월호 침몰사고는 단순한 천재지변이거나 사고가 아니라 "국가란 무엇인가"의 근본적인 질문을 던지고 자본주의의 구조적 모순을 적나라하게 목격하게 해주었다는 점에서 우리에게 절박한 문제로 다가왔다. 〈배수의 고도〉는 동시대의 문제에 대해서 인문학적 성찰의 질문을 던지는 '두산아트센터다운' 공연이었고, 김재엽 연출 또한 '제대로 임자를 만난' 공연이었다.

무엇보다도 김재엽 연출 공연에서 가장 인상적이었던 것은 객관적 거리를 유지하고 냉정하게 공연을 바라보고자 하는 태도이다. 나카츠루 아키히토의 원작이 원전사고 직후와 10년 후의 디스토피아적 암울한 가상현실을 다룬다는 점에서 작품 자체에 과잉된 감정이 없다고는 말할 수 없다. 그런데 김재엽 연출은 원작의 격앙된 감정을 걷어내고 포장하지 않은 채 맨 목소리의 직설화법으로 관객에게 말을 건다.

먼저 주인공을 원작의 피해자 가족인 10대 소년 타이요(김시유 분)가 아니라 다큐멘터리 감독 코모토(이윤재 분)를 중심으로, 다큐멘터리 감독의 블로그의 내레이션으로 1부와 2부의 프롤로그를 시작하고 있다. 그리고 마지막 장면은 한국의 원전 상황에 대해 새로 삽입한 김재엽 연출의 에필로그로 마무리짓고 있다. 마치 액자틀 구성처럼 코모토의 내레이션을 배치하고 객관적 관찰자인 코모토의 시선으로 극을 바라보게 한다. 일본 원작의 10대 소년 타이요가 10년 후에 방사능 테러를 일으키고 친환경 태양광 발전소를 제안하는 흡사 SF만화 같은 설정을 객관화시키는 것과 동일하게 정치권·언론·재계·피폭자 모임·원전 반대 시위대 등 상반된 입장 모두를 만화경처럼 제시하고 있다. 원전반대 피폭자 단체의 10만 서명을 전달하는 자리에서 정치권의 '인증 카메라' 못지않게 반원전 단체 간부가 기계적으로 외치는 구호 또한 동시에 풍자하고 있다.

공연은, 원전사고 직후와 10년 후의 가상현실에 동일하게 등장하는 인물들로 인해 마치 1인 2역의 공연을 보는 듯한 극적 재미를 보여준다. 그 과정에서 영화보다 강력하고, 소설보다 더 거짓말 같은, 그야말로 현실이 비현실로 느껴지는 '마술적 리얼리즘'이라는 역설적인 말이 떠올랐다. 이 공연의 10년 후 가상현실의 SF만화 같은 장면은 현대판 '마술적 리얼리즘'이라 할 수 있다. 쓰나미 이재민 가족의 아버지 역의 선종남, 피폭자 노자키 역의 하성광 배우의 연기는 이 가짜 같은 상황에 실체감을 부여해주는 중요한 역할을 하고 있다.

서사의 회복을 보여주는 새로운 글쓰기

〈데모크라시〉

일시 2013년 5월 30일~6월 9일 **장소** 아르코예술극장 소극장 **제작** 극단 몽씨어터 **작** 마이클 프레인 **번역·연출** 이동선 **조연출** 임재하 **무대** 임건수 **의상** 우영주 **조명** 김상호 **분장** 장경숙 **영상** 김재연 **음향** 엄태훈 **출연** 김종태, 권태건, 선종남, 이승훈, 송영근, 이화룡, 이종무, 김하준, 황건, 차승호

10명의 남자 배우가 출연하는 3시간이 넘는 공연. 게다가 주제는 거창하게도 '데모크라시', 곧 민주주의다. 젊은 연극인들의 무대, 극단 몽씨어터의 〈데모크라시〉 공연이다. 혜화동일번지 5기 동인의 〈아름다운 동행〉·〈국가보안법〉의 일련의 작업들, 무브먼트 당당의 김민정 연출이 100명의 배우들을 한꺼번에 무대 위에 세운 〈소외〉 등 최근 젊은 연극인들의 '정치적인 것'에 대한 관심과 열기가 높다. 이 공연 또한 이러한 흐름에서 흥미롭게 읽히는 작품이다.

〈데모크라시〉는, 〈노이즈 오프〉와 〈코펜하겐〉의 작가로 유명한 영국 극작가 마이클 프레인의 2003년 작이다. 서독의 좌파 정부, 사회민

주당 출신 서독 수상 빌리 브란트의 실제 정치사를 다루고 있다. 독일 분단 이후 최초의 좌파 정당 사회민주당의 당수이자 수상 빌리 브란트는, 1990년 독일 통일의 기초를 마련하는 데 기여한 인물로 평가받고 있다. 흥미로운 것은, 빌리 브란트의 정치적 행보가, 마찬가지로 이른 바 좌파 정권으로 불리는 김대중·노무현 정권을 떠올리게 할 만큼 놀라울 정도로 흡사한 면이 많다는 점이다. 극단 몽 씨어터의 젊은 연극인들이 어떤 맥락에서 이 공연을 선택하고 있는지 가늠이 되는 부분이다. 실제로 이 공연은, 햇볕정책이나 대통령 탄핵, 촛불집회 등 우리 현대사에 대한 대입이 가능했기에 3시간이 넘는 긴 공연 시간이 지루하지 않았다.

분단과 통일의 주제는 사실 새로운 것은 아니다. 분단 이래 실향의 주제이든, 반공 이데올로기의 담론 내에서든 분단과 통일의 주제는 끊임없이 이야기되어 왔다. 그렇다면 지금 시점에서 이 공연의 새로움은 무엇일까? 이 공연은 "월드컵 경기보다 재미있는 의회 민주주의 놀이", "2개의 독일, 11개의 민주주의, 6천만 개의 독일 국민"을 이야기하고 있다. 얼핏 '분열'을 이야기하고 있는 듯하지만 '민주주의'의 정의 자체를 여러 입장의 갈등과 투쟁, 치열한 논쟁의 역사로 인정하고 있는 지점이 새롭다. '우리와 적'의 이분법적 분단 논리를 넘어 우리 내부의 이야기에 더 초점을 맞추고 있는 것이다. 우리 내부의 관점의 차이를 적극 인정하고 논쟁의 역사를 진지하게 추적하고 있다. 공연을 따라가면서 최근 15년간 우리 정치사의 쟁점들을 되짚어보게 된다. 그리하여 민주주의란 무엇인가에 대한 근본적인 질문에 마주치게 된다.

이런 지점이 이 공연이 기존의 하나의 통일된 관점, 특정한 정치적 입장을 제시하는 정치 드라마와 다른 점이자, 새로운 글쓰기의 가능성을 보여주는 점이었다. 이 공연에서는 혼란스러울 정도로 다양한 정치적 관점의 이야기들이 동시에 제시된다. 실제 무대에서 빌리 브란트의 집무실을 중심으로 네다섯 개의 시선이 동시에 얽히는 다중적인 무대 동선을 보여준다. "몽 씨어터가 현재 관심을 두고 있는 다층적인 서사에 대한 가능성"이 어떤 것인지, 앞으로 이들 젊은 연극인들의 행보에 계속해서 관심을 가지게 한다. 서사를 잘게 쪼갠 방식으로 해체시키고 있지만 빌리 브란트에게로 집중되어 재구축되는 관계망의 이야기 구조가 독특하다. 포스트모더니즘 이후 지금까지 서사의 해체와 함께 작가의 죽음이 우울하게 증언되었다면, 이 작품의 새로운 글쓰기는 서사의 회복과 함께 작가의 부활의 전조를 느끼게 한다. 전기(傳記)와 다큐멘터리와 결합된 새로운 서사(허구) 전략. 단지 정치 드라마의 주제뿐만 아니라 새로운 글쓰기와 관련해서도 주목되는 공연이다.

세상에 넘치는 분노들!

〈미국아버지〉

일시 2014년 11월 13일~11월 22일 **장소** 대학로예술극장 소극장 **제작** 창작산실 **작·연출** 장우재 **무대** 신승렬 **조명** 김성구 **의상** 오수현 **음악** 조선형 **영상** 윤민철 **분장** 장경숙 **조연출** 최윤희 **멘토** 심재찬 **드라마투르그** 박근형 **홍보마케팅** 바나나문프로젝트 **출연** 윤상화, 이동혁, 이기현, 이정미, 박기륭, 김경익, 김동규, 김정민, 강선애, 정원, 심원석, 곽정화, 강병구, 고광준

2014 창작산실 작품들이 막바지를 향해 달려가고 있다. 국립극단 삼국유사 프로젝트가 고전을 면치 못하고, 국공립 제작극장들이 노다 히데끼나 안드레이 서반 등 해외 유명 연출가의 작품이나 〈단테의 신곡〉과 입센의 〈사회의 기둥들〉 등 고전 대작을 주로 올리면서, 그동안 제작극장 작업에 바빴던 작가와 연출가들이 창작산실 공연에 집중하게 되면서 따끈따끈한 창작 신작을 쏟아놓는 창작산실 작품들에 제대로 불이 붙고 있다. 물론 이는 창작산실이 내걸고 있는 확실한 제작 지원비의 규모 덕분이기도 하다.

어쨌든 관객들은 제대로 한판 붙고 있는 작가들의 작품을 연달아 보

게 되는 행운을 누리고 있다. 덕분에 공연장을 찾는 발걸음도 바빠졌다. 이번 창작산실 작품에선 원로 이강백 작가에서부터 중견 장우재와 최치언 작가, '핫하게' 떠오르고 있는 젊은 극작가 이미경과 윤미현 작가까지 연령을 초월해서 작가들이 골고루 참여하고 있다. 연출 또한 마찬가지다. 최근 조용하지만 존재감 확실한 연출력을 보여주고 있는 윤광진 연출에서부터 이성열·최용훈·김승철 연출과 새로운 성장의 모습을 보여주고 있는 문삼화와 김수희 연출도 함께 하고 있다.

미국을 다룬 창작극 〈미국아버지〉가 말하고자 하는 것

〈미국아버지〉는, 지난 10월 이해랑예술극장에서 창작산실 공연으로 초연되었다. 그리고 11월 대학로예술극장 소극장에서 곧바로 재공연을 이어가고 있다. 이해랑예술극장의 무대가 공연에 적합하지 않다는 불만들이 들려오던 터라 이해랑예술극장에서의 초연 대신 재공연을 챙겨보게 되었다. 무대 깊이가 얕고 소리가 잘 전달되지 않아 극에 집중하기 힘들었다는 초연의 반응들에 비해 대학로예술극장 소극장 공연은 무대 조건이나 연기면에서 훨씬 안정된 상태로 진행되고 있었다.

그런데 〈미국아버지〉, 제목이 낯설다. 이 작품은 2004년 이라크 전쟁 당시 이슬람 무장세력에 의해 참수된 닉 버그의 아버지 마이클 버그의 실제 사건을 소재로 하고 있다. 실제 사건을 소재로 한 만큼 공연은 기본적으로 다큐멘터리적 방식을 채택하고 있다. 2001년 9·11, 이른바 '부시의 전쟁'으로 불리는 2003년 이라크 전쟁, 2004년 이슬람 무장세력에 의한 미국인 닉 버그 참수 사건, 이후 반전운동가로 전세계를 돌며 연설을 하는 아버지 마이클 버그의 자료 영상들이 뒷무대의 창문으로 설치된 거대한 영사막에 투사되고 있다.

자막의 활용도 적극적이다. 공연은, 이 극의 직접적인 모티브가 되었던 마이클 버그가 영국의 반전단체인 전쟁저지연합에 보내는 편지 한 통을 소개하는 장문의 자막으로부터 시작된다. 자막은 작가의 목소리로 직접 낭송되고 있고, 이후에도 작가의 목소리로 녹음된 내레이션이 등장인물의 등퇴장이나 상황을 직접 지시하고 있어 극 전체가 일종의 연극적 놀이처럼 느껴지게 한다.

예컨대 "이 이야기는 2000년 미국 뉴욕, 저지시티에서 자신의 아들, 윌에게"의 자막과 동시에 아들 역할을 맡고 있는 배우 이동혁에게 탑 조명이 떨어지고 이어지는 문장인 "잠시 엎혀살고 있는 빌"의 자막과 동시에 아버지 역할을 맡고 있는 윤상화 배우에게 탑 조명이 떨어지는 식으로 한 문장의 자막도 여러 번 분절시켜 배우를 소개하는 재치 있는 장면으로 활용하고 있다. 자막과 영상이 배우와 끊임없이 상호작용하도록 하여, 자막과 영상을 단지 다큐멘터리적 제시의 목적이 아니라 그것 자체를 연극적 장치와 재미로 적극적으로 활용하고 있다.

이 극은 미국을 배경으로 닉 버그와 마이클 버그 부자의 이야기를 소재로 하고 있지만 번역극이 아니라 창작극이다. 이름도 닉과 마이클 그대로가 아니라 윌과 빌로 바꿔 부르고 있다. 공연 초반에 자막과 조명으로 주요 배역이 소개될 때, 아들 윌의 이름은 '의지'를 뜻하는 쉬운

영어 'will'에서 따오고, 아버지 빌의 이름은 아들에게 '빌붙어' 살고 있어서 '빌'로 이름 붙인 것이 아닐까 엉뚱한 상상을 하게 할 만큼 공연 초반은 코믹하고 속도감 있게 진행된다. 10대 마약상의 이름은 의미심장하게도(?) '밥'이다. 곧 이 공연은 미국을 소재로 하고 있지만 작가 스스로 미국의 이야기를 충실히 재현하는 것에는 별 흥미가 없어 보인다. 오히려 공연은 미국적 맥락에 대한 한국식 코멘트를 적극적으로 즐기고 있고, 궁극적으로는 미국을 경유해 우리의 이야기를 하고자 하는 자기 반영적 메타적 태도를 강하게 드러내고 있다.

분노와 복수의 극,
우리는 지금 그리스 비극의 세계를 살고 있는가?

실제로 공연은 두 가지 코드로 진행된다. 첫째는 '미국', 둘째 '아버지'가 그것이다. 우선 공연은 미국과 이라크 전쟁을 시대배경으로 이라크에서의 미국인 닉 버그의 참수사건을 중심사건으로 다루고 있지만 대부분의 이야기는 미국 뉴욕의 아버지 이야기이다. 아버지 빌은 1960년대의 자유분방한 히피족이었고 월스트리트에서 잘나가다가 잘리고 현재는 마약중독자이다. 모두 허구로 재구성된 것이다. 공연은 외형상 다큐멘터리를 활용하는 등 최근 유행하는 연극적 방식을 적극 수용하고 있다. 그리고 공연의 중심은 세상에 대한 분노로 가득 차 있는 아버지, 아들의 죽음으로 무너지고 있는 한 세대의 좌절을 그리고 있다.

미국을 배경으로 "존 바에즈보다 이뻤던" 첫사랑 낸시(정원 분)가 등장하고, 히피 세대로 "자유와 정의와 평등이라는 말을 만들어냈지만" 가장 자본주의적으로 돈을 벌고 1994년 민주당에서 공화당으로 옮겨 타고 지금은 공화당 상원의원인 친구 데이빗(김경익 분)이 등장하고, 문맹율 세계 7위, 과학은 22위이지만 "인구 당 감옥에 가는 비율, 천사가 진짜라고 믿는 성인 비율, 국가방위비"는 세계 최고인 "위대한 미국"에 대해서 항상 "화난 채로" 살고 있는 아버지 빌의 이야기가 극의 중심이다. '앵그리 영 맨'이 아니라 '앵그리 어메리칸 맨'의 이야기다. 공연은 1960년대 미국 히피 문화, 세계금융시장과 자본주의의 최첨단 월스트리트의 도덕적 타락, 1980 · 90년대에 걸쳐 레이건과 부시 대통령으로 이어지는 미국 사회의 보수주의화에 대한 정치적 반감, '마약과의 전쟁'을 주요 정책으로 내세웠던 부시 정권에 대한 반발을 상징하며 '미국아버지' 빌이 극의 처음부터 끝까지 마약에 취해 있는 상황을 설정하고 있다.

공연 초반까지, 1960년대 이후 현재까지 미국사에 대한 촌철살인의 깨알 같은 논평들로 인해 극을 따라가는 재미가 있었다. 같은 시기 미국에 대한 의존도가 높아졌던 우리의 현실을 대입해보고 다시 재구성해보는 재미도 있었다. 시간차를 두고 '위대한 나라' 미국과 대한민국의 현실이 놀랍도록 똑같아졌음을 알아채는 데도 그리 오랜 시간이 걸리지 않았다. 처음부터 마약중독자이자 알콜중독자의 부정적이고 위악적인 인물로 설정된 빌의 입을 통해 끝없이 이어지는 독설에 깔려있는 분노가 생생한 현실감을 가지고 전달되었다.

문득 올해 2월 공연된 김태웅의 〈헤르메스〉에서 마찬가지로 위악적인 캐릭터인 남건이 생각났다. 남건은, "한때 노동운동도 했다는 사람"이 더 노동자를 착취하는 '갑질'이 대단하고 현재는 성인연극 제작자로 자기 작품은 "쓰레기"라고 자조하며 자기 몸에 똥을 싸달라는 변태적 인물이다. 이른바 386세대로, 가장 부정적이고 위악적인 인물을 통해 대한민국의 현실에 대해서 독설을 날리는 남건과 마찬가지로 위악적인 독설가 캐릭터인 '미국아버지' 빌이 겹쳐지는 지점에서 애초에 이 작품에서 의도했던 바가 무엇이었는지 짐작하게 한다.

〈미국아버지〉는 여기에 한 가지 상황을 더 덧붙인다. '위대한 국가'가 일으킨 성스러운 전쟁에서 어린 희생양으로 죽는 아들의 상황이 그것이다. 독설가 빌은 세상을 향한 분노와 저주를 쏟아놓고 극은 냉정하고 정확하게 독설가 빌의 저주가 하나씩 들어맞는 구조를 취하고 있다. 빌은 입버릇처럼 "세상은 망해야 돼" 저주한다. 친구 데이빗을 저주하고, 아프리카 수단으로 자원봉사활동을 떠나는 아들에게도 농담처럼 "그래, 뒈져버려라" 저주한다.

배우 윤상화가 표현하고 있는 아버지 빌은 아들보다 더 철이 없는, 위악적이나 밉지 않은 캐릭터를 자연스럽게 살려내고 있다. 그리고 뒤를 이어 9·11테러 현장에서 친구 데이빗이 죽고, 이라크 바그다드에 폭격이 시작되고, 아프리카를 거쳐 이라크로 자원봉사활동을 떠난 아들이 이슬람 무장단체에 의해 참수를 당한다. 그런데도 빌은 여전히 9·11테러에 대해서도, 친구 데이빗의 죽음에 이르기까지도 일말의 동정심도 없이 오히려 이슬람 음악을 틀어놓고 환호하며 자신의 분노에 몰두할 뿐이다.

그런데 이 작품이 이라크에서 참수된 미국인 아들의 이야기라는 것을 이미 알고 있는 관객의 입장에서는 빌의 저주의 말들이 하나씩 들어맞을 때마다, 그리고 가장 농담처럼 던진 아들에 대한 저주의 말 한마디가 곧 들어맞게 될 것이라는 사실을 깨닫게 될 때, 극도로 긴장감이 고조됐다. 시니컬한 독설로 세상에 대한 분노를 일삼고 있었던 주인공 빌은 아들의 죽음으로 인해 '진짜 분노'를 마주치게 된다. 세상에 대한 무차별적 분노는 빌 자신에게 가장 지독한 복수로 되돌아온 것이다. 관객의 입장에서도 순수한 공포와 분노를 마주치게 된 순간이었다. 그야말로 '무서운 신의 의지'가 관철된 것일까 두려움에 사로잡히게 되었다. 이 공연은 외형상 다큐멘터리와 영상의 현대적 공연 방식을 보여주고 있지만, 실제로는 그리스 비극을 보듯 주인공 한 사람에게만 집중된 행동과 감정의 고조를 통해 대단히 고전적이고 연극적인 방식을 고수하고 있다.

실제로 이 공연은 자막과 내레이션으로 들려오는 작가의 목소리, 주인공 빌의 독설로 표현되는 장문의 대사들, 빌이 환각상태에서 보게 되는 젊은 시절의 자신의 분신인 빌리(이기현 분)를 활용한 자기 독백의 대사들, 멀티로 활용되는 배우들의 코러스적 활용 등 대사와 주인공의 내면의 독백들이 중심을 이루고 있다. 복수는 복수를 불러오고, 코러스의 집단적인 군중씬 장면에서 들려 올려진 닉 버그 참수자의 잘린 목은 흡사 고통 받고 눈물 흘리는 그리스 비극의 가면처럼 느껴졌다. 아들의 죽음을 통해서 진짜 분노를 마주치게 된 아버지 빌이, 환각과 분노의 소용돌이 속에서 어떻게 자신을 구할 것인지 관심을 가지고 지켜보게 된다. 세상에 넘치는 분노 한가운데서 침몰해가는 한 아버지가 어떻게 자신을 구하고 아들의 아들인 손자를 구할지 지켜보게 된다.

그러나 공연은 후반부에서, 전반부의 비극적 무게를 제대로 지탱하지 못하고 급격하게 무너지면서 무절제한 분노 자체만을 보여주는 데에 몰두하고 있다. 극 초반부터 등장한 장총은 시시때때로 세상을 향해 겨눠지지만 총알이 없고, 환영인 빌리를 물리칠 때는 "탕! 탕! 탕!"입으로 내는 총소리가 계속 울리는 연극적 장치로 변용되다가, 드디어 나중에 아기 강보에 쌓인 총알을 발견하고 아버지 빌은 스스로 자살을 한다. 극 초반에 총알 없는 총으로 등장한 총에서 마지막 발사가 이루어진 순간 주인공은 죽음을 맞는다. 그러나 이는 세상의 분노에 대한 지극히 개인적인 해결로 관객을 어리둥절하게 만들었다. 작가는 자막에서 "실제 마이클 버그는 살아서 용기를 내서 그 편지를 썼지만 빌을 만든 우리는, 실패했다"고 말하고 아버지 빌을 위한 애도곡으로 밥 딜런의 〈원 모어 컵 오브 커피〉로 엔딩을 처리한다.

이는 급작스러운 연극적 해결로 이전까지 쌓아왔던 비극적 세계의 한복판에 세웠던 비극적 주인공을 한순간 없애버리고 대신 그 자리를 작가의 직접적인 코멘트로 채우고 있다. 작가의 말처럼 현실 속의 아버지는 이후에 반전운동을 통해 부시와의 전쟁을 계속해갔고, 한국의 김선일의 죽음에도 함께 애도했다. 그리고 관객은 그에게서 지금 현재의 다른 아버지인 '유민 아빠'의 슬픔 속에서 우리 시대의 분노의 바다 속에서 우리가 어떻게 우리 스스로를 구하고 아이들을 지킬 수 있을지 고민하게 한다. 마지막 엔딩에서 작가는 직접적인 목소리로 "우리는 실패했다"고 말하고 있지만 최소한 '미국아버지' 빌의 고민을 우리의 문제로 함께 고민하게 한 것은 성공했다.

엘리엇의 황무지와 최치언의 잔인한 4월

〈소뿔자르고주인오기전에도망가선생〉

일시 2015년 3월 12일~3월 29일 **장소** 남산예술센터 **제작** 극단 아르케 · 상상두목 · 남산예술센터 **작** 최치언 **연출** 김승철 **드라마투르그** 배선애 **무대** 박찬호 **조명** 김성구 **의상** 최윤희 **음악감독** 공양제 **분장 · 소품** 목진희 **사진 · 그래픽디자인** 김솔 **출연** 신현종, 김수현, 김성일, 이형주, 민병욱, 박완규, 한보람, 김관장, 이준혁, 박시내, 유지혁, 김민태, 한일규, 김민재, 이해미, 김동훈, 임지성, 유혜원, 황세희

최치언의 신작 〈소뿔자르고주인오기전에도망가선생〉이 남산예술센터에 올라갔다. 제목이 길다. 띄어쓰기도 없는 불친절한 제목이다. 최치언은 시인이다. 시인답게(?) '시적 허용'의 특권을 마구 남용 중이다. 공연은 의도적 B급 코드를 표방하고 있다. 이름하여 '무협 액션 판타지 장르'란다. 일단 주인공들의 면면이 그렇다. 〈슬램덩크〉의 강백호와 홍콩 무협영화 〈황비홍〉을 합성시킨 주인공 황백호가 나온다. 〈변강쇠〉의 옹녀와 성인 포르노물에서 금지된 욕망을 자극시키는 제복 입은 여자를 연상시키는 경찰관 옹양도 등장한다. 황백호의 낡은 바바리코트는 〈영웅본색〉의 주윤발을 패러디한 것이며, 주윤발이 항상 입에 물고

다니는 성냥개비 대신 백치미의 여배우 장미는 핫도그를 들고 황백호를 따라다닌다. "오빠 내 핫도그야!" 핫도그는 황백호의 마초적 남성성을 상징하면서 아동용 만화영화 같은 유치함으로 최치언식 B급 코드를 완성한다.

"이번 공연은 기존의 연극들처럼 억지로 주제의식 막 우겨넣고 뭔가 있는 척하는 그런 연극 아닙니다. 골 비어 보여도 좋으니까, 그냥 재밌게만 하세요. 재미가 주젭니다!" 극중 공연감독의 말이다. 공연은 전국적으로 소뿔이 잘려나가는 사건을 수사하기 위해 급파된 형사들의 이야기가 삼중의 극중극 장치로 전개된다. 그러나 극중 황백호가 용의자를 취조하면서 "대한민국 민주경찰은 사람 안 때린다. 말로 때린다!"라고 말하고 실제로 용의자는 무대 위의 사각 링 안에 갇혀서 이리저리 쓰러지고 나뒹구는 것처럼 이 극의 주제가 '재미'라고 순진하게 믿으면 안 된다. "속지 마라. 속이는 놈은 항상 처음부터 속인다." 두 번째 극중극에 등장하는 수사관K가 친절하게 힌트를 알려준다. 그런가 하면 남산예술센터 극장밖에는 노란 폴리스 라인이 칭칭 감겨져 있다. "골 빈 놈"처럼 재미나 던져주면 받아먹는 곳이 극장이냐는 최치언식 독설이 곳곳에서 강펀치처럼 날라 온다. 삼중의 극중극 장치는 결국 현실에 대한 강력한 소환이 목적인 것이다.

제목인 "소뿔자르고"에서 알 수 있듯이 원래 이 공연은 미국산 소고기 수입과 촛불집회 당시 쓰였다가 이런저런 사정으로 뒤늦게 공연이 올라가게 되었다. 그런데 이것이 이 작품의 운명인 것일까? 어느 5월 누군가의 죽음 이후 수사관들이 "논두렁" 시인이 되고, "이 아이의 아버지는 누구인가?" 출생의 비밀을 다루는 삼류 소설을 쓰는 시대가 되었다.[1] 극중 공연감독은 말한다. "이 시대는 기자가 작가다!" 세 번째 극중극에 등장하는 진짜 수사관A도 말한다. "국민 모두가 작가고 기자다!" 황백호의 스승 나진팔도 환영처럼 말한다. "죽을 수 있을 때 죽어라. 그것이 비참해지지 않는 길이다. 그러나 죽을 수 있을 때 죽지마라. 그것이 비극이 되지 않는 길이다." 절벽 위의 누군가의 죽음은 비극으로 끝났지만, 여전히 살아있는 황백호는 "이제 나는 사랑 대신 정이다!" 자조한다. 이제 우리는 위대한 사랑을 꿈꾸는 대신 세속적인 치정만으로 이 세상을 견뎌야 하는 것일까? 핫도그 하나 달랑 들고?

"그대 위선적인 민중이여! 나의 동포여! 나의 형제여!" 황백호의 이 대사는 엘리엇의 시 〈황무지〉에 나오는 "그대! 위선적인 독자여! 나의 형제여!"를 변형시킨 것이다. 〈황무지〉는 황백호가 등장하면서 들고 나온 시집이자, 동시에 진짜 수사관A가 집어던져버리는 시집이다. 엘리엇의 〈황무지〉는 단테의 〈신곡〉의 지옥의 상상력을 기반으로 하고 있다. 최치언은, 지금 우리의 현실을 엘리엇의 〈황무지〉, 곧 단테의 지옥의 묵시록으로 압축하고 있다. "4월은 가장 잔인한 달", 세월호의 죽음을 지나오면서 우리는 잔인한 4월의 이야기를 가지게 되었다. 또다시 4월이 지나간다. 극장 밖에 살고 있는 우리는 정말 살아있는가? 밥 딜런의 〈노킹 온 헤븐스 도어〉의 라이브 밴드 음악과 함께 극장 문을 열고 밖으로 나간 황백호는 다시 위대한 사랑을 찾을 수 있을까?

---

1 2009년 노무현 전 대통령 수사 당시 국정원의 이른바 '논두렁 시계 공작', 2014년 국정원 선거개입 사건 당시 혼외자 논란으로 사퇴한 채동욱 검찰총장 사찰 사건은 이명박·박근혜 정권 당시 검찰과 보수언론의 유착상태를 보여주었다.

상복을 입은 마리나

〈마리나 츠베타예바의 초상〉

일시 2015년 8월 28일~9월 6일 **장소** 동숭아트센터 꼭두소극장 **제작** 극단 풍경 **작** 소피아 로마 **번역** 마리아 심 **연출** 박정희 **드라마투르그** 마리아 심 **무대** 신승렬 **조명** 김창기 **의상** 이윤정 **음악** 장영규 · 김선 **분장** 백지영 **움직임** 최수진 **소품** 장경숙 **영상** 윤민철 **조연출** 변혜훈 **무대감독** 김상엽 **기획홍보** 코르 코르디움 **출연** 서이숙, 이해성, 이서림, 김기범, 정혜선

〈마리나 츠베타예바의 초상〉은 극단 풍경의 신작이다. 마리나 츠베타예바(1882~1941)는 러시아의 여성 시인이다. 여성 예술가의 주제로는 박정희 연출의 또 다른 공연인 사라 케인의 〈새벽 4시 48분〉(2006)의 연장선상에 있는 작품이다. 그리고 죽음의 의식이라는 양식면에서 보면 장 주네의 〈하녀들〉(2009)과 스트린드베리의 〈죽음의 춤2〉(2012)의 연장선상에 있다. 이 공연들은 〈새벽 4시 48분〉의 김호정, 〈하녀들〉의 문경희, 〈죽음의 춤2〉의 김성미 등 여배우들의 존재감이 강력하게 부각되는 공연이었다. 〈마리나 츠베타예바의 초상〉 또한 마찬가지이다. 이번엔 서이숙 배우가 러시아 혁명의 격동기에 처한 여성 예술가의

초상을 그리고 있다. 젊은 예술가의 초상, 특히 여성 예술가의 주제는 여성 연출가 박정희를 자극하고 움직이는 강렬한 주제처럼 보인다. 매번 박정희 연출 공연에 몰리는 젊은 여성 관객들에게도 동일한 분위기의 강한 동질감이 느껴진다.

그런데 마리나 츠베타예바의 이름이 낯설다. 공연 안내 전단에 의하면, 라이너 마리아 릴케와 영혼의 친구로 서로 편지를 주고받았고, 〈닥터 지바고〉의 보리스 파스테르나크와 교류했던 여성 시인이라고 한다. 그렇다면 왜 지금 마리나 츠베타예바의 이야기일까? 공연은 릴케 역의 이해성 배우가 서사적 해설자로 관객들에게 마리나의 시를 한 편 읊어주고 인사를 하면서 시작된다. "나의 고향은 러시아지만 나의 영혼의 고향은 독일이다." 마리나의 말처럼 국경을 넘나들어 교류하고 정신적 교감을 나누었던 1920년대 유럽의 코스모폴리탄 예술가들의 풍경이 생생하다.

작품은 마리나가 러시아 혁명에 대한 반감으로 유럽 망명길에 떠났다가 남편과 함께 다시 소련에 돌아와 생활고에 시달리는 한편 부르주아 예술가로 비난받으며 자살에 이르는 말년의 이야기를 다루고 있다. 무대는 죽음에 이르는 마리나의 내면세계를 표현하기 위해 상징적으로 처리되고 있다. 무대 한쪽에는 피아노가 놓여 있고 허공에는 밧줄이 매달려 있다. 무대 오른쪽의 반 정도를 숲속의 나무 혹은 건물의 기둥처럼 보이는 긴 막대 구조물들이 가득 채우고 있다. 무대 가운데 마리나의 책상을 둘러싼 공간을 중심으로 불쑥불쑥 기억이 튀어나오듯 마리나의 유년시절의 어머니가 피아노를 치고 있고, 마리나의 분신이자 어릴 때 죽은 딸이 밧줄 주위를 서성인다. 러시아 혁명 와중에 몰락해가는 이전의 부르주아 예술가들을 감시하고 탄압하는 비밀경찰이, 또 때로는 "허허허" 웃으며 이전 시대의 시는 부르주아를 위한 감상주의요 탕녀였다고 비난하는 새로운 시대의 사회주의 리얼리즘을 신봉하게 된 동료 시인 오시프가 검은 숲속의 기둥들 사이를 어른거린다. 마리나의 검은 옷과 마리나의 분신인 뮤즈의 흰옷처럼 흑백의 대비도 분명하고 죽음의 이미지가 강하다.

그러나 시대의 변화 앞에 좌절하는 여성 예술가의 죽음의 이미지에 너무 긴박 돼서일까? 마리나의 환상 속의 인물들의 옷이 오히려 자연 색깔인 것에 반해 마리나의 옷은 처음부터 검은 상복이다. 극은 처음부터 죽음의 이미지가 강하게 제시된 채 시작된다. 죽음이라는 결말이 처음부터 명확하게 제시된 채 시작되지만 마리나의 좌절과 몰락의 구체적인 과정은 제대로 보이지 않는다. 마리나를 제외하고 모든 인물들이 일인다역을 하고 있는 것도 공연의 의도적 콘셉트라 하겠는데, 서사적 해설자인 릴케 역할의 이해성 배우가 새로운 시대의 문학이념인 사회주의 리얼리즘을 옹호하는 오시프라는 정반대의 역할을 맡는 것은 의아했다. 이서림 배우가 어머니와 동성연애 상대였던 젊은 소피아 파르녹 역할을 동시에 맡고, 정혜선 배우가 마리나의 분신인 뮤즈 역할과 어릴 적에 죽은 딸 역할을 동시에 맡는 이유도 논리적으로 충분히 납득이 가지 않았다. 서사적 해설자와 분신은 일종의 메타적 극적 장치로 등장인물로 등장하는 다른 배역들과 달리 독립적으로 기능해야 하는 것은 아니었을까?

이 작품은 동시대 미국 여성 작가의 신작을 새롭게 소개하는 미덕이 큰 공연이지만, 번역된 대사들이 매끄럽지 못한 점도 걸린다. 전체적으로 마리나의 죽음의 의식 같은 양식성이 강한 공연인데도 때때로 너무 일상적인 대사들이 튀어나와 전체적인 조율이 아직은 미흡하다. 마리나의 내면으로 무섭게 집중하는 서이숙 배우에 비해 간혹 현대적 일상어법의 말을 내뱉는 이해성 배우의 대사톤은 작품의 큰 뼈대를 이루는 릴케의 중심축의 하중을 제대로 받쳐주고 있지 못하다.

그럼에도 결국 왜 지금 마리나 츠베타예바의 이야기였을까의 애초의 질문에 대한 응답으로 보이는 장면들은 선명하다. 스탈린 혁명의 와중에 몰락해간 이전의 부르주아 예술가들의 낙인찍힌 삶, "시는 부르주아 창녀다"라고 비난하는 동료 예술가 오시프에게 "트로이 전쟁에 헬레나가 있었기 때문에 그 전쟁은 신화가 되고 역사가 되었다"고 끝까지 항변하는 마리나의 예술관, 새로운 문학이념인 사회주의 리얼리즘의 입장에서는 분명 반동적 예술가로 몰릴 수밖에 없었겠지만 3살 때 글을 떼고 6살 때부터 시를 쓰기 시작했다는 천재 예술가에게 밀려왔던 사회주의 혁명의 파괴의 흔적은 무섭고 리얼하다. 어린 딸의 굶주림과 죽음에도 무력하고, 어머니의 죽음에도 무력하고, 오로지 글만 쓸 줄 아는 여성 예술가가 죽음의 문턱에서 만나는 문학적 영혼의 동지가 조국 러시아가 아니라 영혼의 고향 독일의 시인 릴케라는 점은 시사적이다.

결국 이 공연은, 사회주의 혁명이 아닌 신자유주의의 시대적 질주 속에서 또 다른 소외를 겪고 있는 예술가들의 이야기, 동시대 예술가로서 박정희 연출의 혼란스러운 내면의 독백을 들려준다. 공연 내내 검은 상복을 입고 있었던 마리나의 모습에서 여러 풍경들이 겹쳐진다. 혼란스럽고 거칠지만 속살의 이야기들이 선명하게 들려오는 공연이었다. 더불어 오래간만에 무대에서 다시 보는 마리나 서이숙의 예민하고 집중력 강한 모습 또한 인상적이었다. 최근 중견 연출가들이 줄줄이 국공립 제작극장 작업에만 치중하는 흐름 속에서, 꾸준히 자기만의 목소리를 간직하고 유지해가는 박정희 연출의 행보에 신뢰가 느껴진다. 지금 현재, 박정희 연출과 극단 풍경은 한국연극의 여성 연출가의 연극에서 중요한 한 흐름을 이어가고 있다. 박정희 연출의 공연은 여전히 현재진행형이다.

흰 돌과 검은 돌, 백석우화와 윤택우화

〈백석우화〉

일시 2015년 10월 12일~11월 1일 **장소** 게릴라극장 **제작** 대전예술의전당 · 연희단거리패 **작 · 연출** 이윤택 **작곡 · 음악감독** 권선욱 **작창** 이자람 **작창협력** 이지숙 **서도소리** 강효주 **정가** 박진희 **안무** 박소연 **무대제작** 김경수 **조명** 조인곤 **무대감독** 김한솔 **기획진행** 노심동 **홍보디자인** 손청강, 허가예 **출연** 오동식, 김미숙, 이승헌, 강호석, 김아라나, 이동준, 신명은, 이혜선, 허가예, 황근복

이윤택의 신작이 올라갔다. "북한에선 쓰기를 거부당하고, 남한에선 읽기를 거부당한 천재 시인 백석"에 관한 공연이다. 예술의 정치적 검열에 대한 연극인들의 우려와 비판이 높아지고 있는 때이다. 검열 의혹의 대표적 사례로 언급되고 있는 박근형과 이윤택의 신작이 나란히 올라갔다. 박근형의 〈엄사장은 살아있다〉와 이윤택의 〈백석우화〉가 그것이다. 두 작가는 지금 현재 자신들만의 이야기로 시대를 정면 돌파하고 있다.

〈백석우화〉의 부제는 '남신의주 유동 박시봉방'이다. 백석의 시 제목이다. 1939년 친일단체인 조선문인협회가 결성되자 백석은 재직하

던 조선일보사에 사직서를 던지고 만주로 떠났다. 1940년대의 많은 문인들이 창씨개명도 하고 활동을 계속하던 시절, 백석은 만주로 떠나 창씨개명도 하지 않았고 시도 쓰지 않았다. 백석은 차츰 잊혀진 작가가 되었다. 해방 이후 고향인 평안도로 돌아왔으나 김일성을 찬양하는 북한사회에 또다시 절망한다. 이윤택은 이 장면을, 백석의 세 번째 부인인 피아니스트 문경옥이 김일성을 찬양하는 의미에서 쇼팽의 〈혁명〉을 연주하고 그 옆에서 대파를 다듬고 있는 백석의 장면으로 연출하고 있다. 〈남신의주 유동 박시봉방〉은 해방 후 백석의 신작으로, 대파를 들고 있는 우스꽝스러운 시인의 근황 사진과 함께 남한의 잡지에 실렸다. 유머와 페이소스가 담긴 인상 깊은 장면이다. 이 시에는 "남쪽 시인들에게 열등감을 안겨준 명시"라는 시인이자 작가인 이윤택의 질투 섞인 촌철살인의 말도 뒤따른다.

"백석이 살아낸 정점의 순간들을 대본으로 구성하고 그의 절창 서른세 편에 몇 줄의 사족을 붙여 보았다." 작가 이윤택의 말이다. "몇 줄의 사족"이라고 하지만 백석의 행적을 더듬는 이윤택의 작가적 시선이 예사롭지 않다. 백석은 단지 고향에 머물렀을 뿐인데 남한에서는 좌익 작가로, 북한에서는 사상성이 부족한 작가로 탄압을 당했다. 공연은 이 모든 과정을 요란하지도 소란스럽지도 않게 절제된 시선으로 보여준다. 이미 그 모든 것에 초탈한 듯 시 한 편, 한 편을 두고 백석과 이윤택이 주거니 받거니 나누는 한 잔 술 같다. 주거니 받거니 흰 돌 검은 돌 놓는 바둑판처럼 하나씩 또 다른 세계들이 열린다. 놀라운 광경이다. 백석의 시를 읊는 순간순간 지금 현재의 상황들이 생생하게 겹쳐 보인다.

월북 소설가 한설야와의 문학논쟁, 사회주의 검열, 삼수갑산 협동농장으로의 유배, 북한의 선전목적에 동원되어 남한 문인들에게 보내는 선동적인 글을 발표하면서 백석은 점차 창작의지를 버린다. 이때 백석은 자신의 얼굴에 흰 분칠을 하고 새빨간 입술을 그려 넣고 광대가 된다. 배우 오동식의 얼굴을 지우고 광대 백석이 되었다가, 다시 분칠을 씻어내고 어둠 속에서 백석은 한 줄기 제문처럼 시를 태운다. 시대는 바뀌고 1995년 삼수갑산 협동농장을 찾아온 친구 문인의 아들에 의해 백석의 생존사실이 알려지기까지 백석은 남과 북 모두에서 철저히 지워진 작가였다. 매일 시를 쓰지만 모든 시를 불쏘시개로 태워버렸다는 백석의 말, 제문을 태우듯 시를 태우는 마지막 장면은 묵직한 여운을 준다.

"그 드물다는 굳고 정한 갈매나무라는 나무를 생각하는 것이다." 〈남신의주 유동 박시봉방〉의 마지막 구절이다. 공연을 보고 난 후 갈매나무를 생각하며, 머리가 말개진다. 박근형의 〈경숙이 경숙아버지〉에서 말했던 배롱나무도 생각난다. 백석과 이윤택, 시인과 시인, 예술가와 예술가의 대화의 결이 곱다. 굳고 정하다. 백석의 고향인 평안도 서도소리에 맞춰 부르는 시들, 정가의 단아한 노래에 얹혀진 백석의 시들이 가슴을 단단하게 여며준다. 한여름 오랜 풀무질에 흐트러진 마음들을 단단하게 모아 뭉쳐준다. 이자람의 작창, 연희단거리패 배우장 김미숙의 시창과 판소리, 연희단거리패 신구세대 배우들의 앙상블도 감동적이다. 이윤택의 모든 것을 보여주면서 이윤택을 뛰어넘는 공연을 보여주고 있다.

백조와 흑조, 저주받은 공주와 작가

〈백조의 호수〉

일시 2015년 11월 27일~12월 13일 **장소** 대학로 아름다운극장 **제작** 극단 골목길 **작 · 연출** 박근형 **조연출** 이은준 **무대감독** 나영범 **무대** 이현직 **조명** 성노진 **홍보** 김근영 **음악** 박민수 **작곡** 백현일 **의상** 최찬엽 **소품** 남선우 **분장** 심재현 **기획** 안소영 **출연** 이승훈, 강지은, 계미경, 이원재, 이호열, 김은우, 김동원, 조지승

〈백조의 호수〉는 박근형의 신작이다. 〈백조의 호수〉는 동화의 제목이기도 하다. 등장인물로 백조, 흑조, 청조, 홍조, 타조, 불사조에 이르기까지 온갖 조류들이 나온다. 개화기의 『금수회의록』처럼 격변기마다 동물우화가 인기다. 그런가 하면 공연 시작 전 하우스 음악으로 온갖 군가가 나온다. "어제의 용사들이 다시 뭉쳤다. 우리는 무적의 향토예비군!" 군가 메들리와 함께 극이 시작된다. "모든 아버지들은 불쌍하다." 혹은 "모든 아들들은 불쌍하다." 대사도 나온다. 검열 논란의 바로 그 작품 〈모든 군인은 불쌍하다〉를 박근형 스스로 패러디하고 있는 것일까? 아이러니다. 아무도 보지 못했고 볼 수 없는 작품 〈모든 군인은

불쌍하다〉는 제목만으로 가장 유명한 작품이 되었다.[1]

동화에 의하면 백조는 저주받은 공주이다. 공연은 1945년 시점에서 시작된다. "1945년 내 조국이 반란군의 손에 넘어갔다." 공연은 저주 받은 공주 백조와 그녀의 남동생 청조의 내레이션으로 진행된다. 어느 날 갑자기 억울하게 나라를 빼앗기고 반란군을 피해 도망가는 공주의 이야기는 가상의 역사공간을 배경으로 하고 있다. 쫓기는 공주 일행을 돕는 노인은 붉은 조끼를 입었다. 식인 상어떼가 출몰하는 무서운 바다를 건너 도착한 섬의 망명객들은 신분증으로 붉은 완장을 찼다. 동시에 이들은 모두 노랑머리에 카우보이 조끼와 나팔바지 차림이다. 이들은 암살을 모의하며 도시락 폭탄을 준비한다. 비장하게 단지(斷指)의식을 치르고 검은 일장기를 배경으로 기념사진까지 찍는다. 단지의식의 기념일자는 1945년 10월 26일이다. 해방 이후 청산되지 못한 식민 잔재와 미국의 신질서와 군사정권의 현대사를 과감하게 한데 섞어 몽타주로 제시하고 있다. 마지막엔 시침 뚝 떼고 말한다. "이 모든 일이 1945년 그 해에 다 일어났다."

〈백조의 호수〉의 동화를 웃음기 하나 없는 비장한 코미디로 완성시키고 있는 것은 무엇보다 '박근형의 배우들' 덕분이다. 그날의 고통을 잊지 않기 위해 등에 '배신'의 두 글자를 칼로 깊숙이 새겨 넣는 백조

---

1 〈모든 군인은 불쌍하다〉는 2015 창작산실 지원작으로 선정되었다가, 지원포기를 강요받고 지원에서 배제된 대표적인 검열작이다. 이후 이 작품은, 박근형의 〈개구리〉와 함께 블랙리스트 검열에 대한 연극인들의 저항의 기폭제가 되었다. 〈모든 군인은 불쌍하다〉는 관객들의 비상한 관심과 함께 2016년 3월 남산예술센터에서 공연되었고, 개막 당일부터 매진사례를 기록하며, 성공적으로 공연되었다. 이 작품은 2016년 동아연극상, 연극평론가협회 올해의 연극 베스트 3, 월간 한국연극의 올해의 공연 베스트 7을 수상하였으며, 페스티벌 / 도쿄 2016 공식 초청작으로 일본에서도 공연되면서 국내외적인 관심의 대상이 되었다.

강지은 배우, "깨깨깨깨" 비명을 지르며 극장의 벽에 온몸을 부딪치는 타조 김동원 배우, '환상의 밀가루'와 사랑에 취해가는 청조 이원재 배우와 홍조 조지승 배우, 흑조 장군 이승훈 배우, 불사조 계미경 배우, 모든 배우들이 자기 색깔이 분명하고 박근형 연극의 색깔을 제대로 내고 있다. 이들이 만들어내는 서정적 광기와 연민과 울분이 묘하게 뒤섞이는 장면들은 엄청난 질량으로 공간에 구멍을 내버리는 블랙홀처럼 강력한 흡인력을 발휘한다. '빨간 다라이' 하나를 배라고 우기고 십자가 돛대 하나 달고 식인 상어 떼의 무서운 바다를 건너는 처참한 공포를 느끼게 하는 극단이 어디에 또 있을까.

"이 모든 일이 1945년 그 해에 다 일어났다." 이 우격다짐이 곧이곧대로 들리는 것도 이러한 광기와 연극성 덕분이다. 이 공연을 통해 박근형은 대한민국의 현재 시간이 1945년에 멈춰있다는 메타적 시선을 분명히 보여주고 있다. 박근형이 동시대 작가로 관객과 현재진행형의 시간을 함께 살고 있음을 분명히 보여주고 있다.

그러나 동시에 바로 그 지점에서 한계가 느껴진다. 박근형의 시계는 언제나 현재진행형이고, 작가로서 분명히 자기 몫을 다하고 있다. 그런데 그 시계가 아무리 열심히 돌아도 1부터 12까지의 숫자에 갇혀있다면, 마치 백조와 청조의 시간이 아무리 흘러도 1945년 1년 12달 안에 갇혀 있듯이, 그렇다면 우리는 역사 속에서 미래라는 출구를 어떻게 찾을 수 있을까? 이전의 박근형이 우리를 놀라게 한 것은 〈청춘예찬〉의 동화를 생짜의 현실로 보여주었기 때문이다. 잔혹동화의 현실을 생짜의 현실로 간단명료하게 보여주었기 때문이다. 그런데 이제 박근형은 현실을 자꾸만 동화로 보여준다. 박근형은 저주받은 시대의 저주받은

작가로만 남을 것인가. 우리는 우리 시대의 작가를 마녀의 저주로 잃고
싶지 않다.

2장
자본주의와 일상, 자본주의의
뒷골목과 노동자의 맨몸

금룡반점, 세계화의 뒷골목

〈황금용〉

일시 2013년 4월 6일~4월 14일 **장소** 대학로예술극장 대극장 **제작** 극단 공연제작센터 **작** 롤란트 시멜페니히 **번역** 이원양 **연출** 윤광진 **예술감독** 이태섭 **무대·소품** 박은혜 **조명** 조인곤 **의상** 김상희 **음악** 미스미 시니치 **안무** 허유미 **분장** 신주연 **조연출** 이채경 **출연** 이호성, 남미정, 이동근, 한덕호, 방현숙

현대 독일연극 2편을 연속해서 봤다. 클라우스 폴의 〈아름다운 낯선 여인〉(함건수 연출, 극단 봄, 예술공간 서울, 2013.3.23~3.31)과 롤란트 시멜페니히의 〈황금용〉(윤광진 연출, 공연제작센터, 대학로예술극장 대극장, 2013.4. 6~4.14)이 그것이다. 두 작품 모두 독일 통일 이후를 배경으로 하고 있다. 〈아름다운 낯선 여인〉은 독일 통일 직후인 1991년 작이고, 〈황금용〉은 2009년 작이다. 〈아름다운 낯선 여인〉에서는 독일 통일 직후 그와 맞물린 유럽의 경제적 몰락이 가져온 모습들이 적나라하고 신랄하게 풍자되고 있다. 인종주의와 신나치즘의 부활이 두려울 정도로 극단적으로 묘사되고 있다. 여러모로 착잡한 문제들을 과감하게 다루고 있다. 우리

또한 신자유주의의 경제위기와 이주 노동자의 문제로부터 자유롭지 않다. 세계화의 짙은 그림자가 바로 눈앞에서 매일매일 실감되고 있다. 검은 세계화, 블랙 글로벌 시대다.

〈황금용〉은 그보다 더 나아진 것도 없고, 나아질 것도 없어 보이는 현재 시점을 다루고 있다. 2008년 세계경제 위기 이후 세계화의 위기는 일상 속에 깊게 가라앉아 있다. 〈황금용〉은 식당에서, 전철에서, 같은 아파트 건물에서 만나는 세계화의 현재 모습을 이야기하고 있다. "황금용"은 아시아 요리사 5명이 비좁은 타일 바닥에서 하루 종일 일하고 있는 간이식당 이름이다. "타이-차이나-베트남 식당 황금용", 우리 식으로 말하자면 "금룡반점(金龍飯店)"이다. "타이-차이나-베트남" 동남아시아 요리사들은 유럽 한복판, 낯선 도시 베를린의 노동자들이다. 이주 노동자이거나 불법체류자인 가난한 노동자들이다. 이전의 오리엔탈리즘의 대립구도에서 보여주었던 '메이저 유럽'에 대한 환상도, '마이너 아시아'에 대한 환상도 없다. 노동자의 현실에선 세계 어디를 가나 똑같은 열악한 노동조건만이 있을 뿐이다.

두 작품 모두 냉전 이후 가속화된 세계화의 문제를 다루고 있다. 독일연극이 얼마나 동시대의 삶의 문제에 민감하게 반응하고 있는지 알 수 있는 흥미로운 기회였다. 또한 세계화의 맥락에서는 독일이든 우리든 똑같은 삶의 조건에서 살아가고 있을 뿐이라는 사실 또한 새삼 다시 확인하게 되었다. 〈아름다운 낯선 여인〉이 독일적 맥락이 강한 이야기라면, 〈황금용〉은 훨씬 보편적이고 유연한 글쓰기의 태도를 보여주고 있어 흥미로웠다. 〈황금용〉, 곧 금룡반점은 세계화의 뒷골목을 냉정하게, 그리고 응축된 형태로 제시하고 있다.

"오늘날은 극작품을 쓰기에 흥미로운 시대이다."

"오늘날은 극작품을 쓰기에 흥미로운 시대이다." 〈황금용〉의 작가 롤란트 시멜페니히의 말이다. "농축된 삶의 순간들." 연출가 윤광진의 말이다. 이 작품에는, 세계화 시대에 반응하는 작가의 새로운 글쓰기와 "무대의 새로운 가능성"을 발견하고자 하는 연출가의 직관이 섬세하게 작용하고 있다. 이 작품은 원래 작가 자신의 연출로 2009년 빈의 부르크테아터에서 초연되었다. 윤광진 연출의 설명이 뒤따른다. "극은 48개의 파편적인 장면으로 분산되면서 연기자들은 역할의 나이와 몸, 성(性)과 충돌하고 대사와 해설, 지문이 부딪히고 현재와 과거가 중첩되지만 작가의 목표는 분산보다는 모으는 것이다." 작가 또한 거듭 강조하고 있다. "〈황금용〉과 같은 극작품이 급격히 방향을 바꾸고 장면 전환이 숨 가쁘게 진행되면 — 계속해 등장하고 퇴장하고, 끊임없이 역할이 바뀌면서 지속적으로 새로운 상황이 벌어지고, 항상 발사 준비가 되어 있다면 — 그러면 연극은 이것이 연극이며 다른 것이 아니라는 것을 보여줍니다. 어떤 면에서 이것이 환상의 종말입니다. 이를 위해서는 다시금 하나의 연출 방식을 찾아내야 합니다."(프로그램북 참고)

사실 이 공연에서 가장 먼저 눈에 뜨이는 것은 독특한 공연 방식이다. 관객 입장이 시작되어 객석에 앉으면, 빈 무대가 눈에 들어온다. 대학로예술극장 대극장의 뒷무대까지 완전히 노출한 무대다. 텅 빈 뒷무대에는 외로운 가로등 하나가 서있다. 대부분의 공연에서 어떻게 하면 대극장 무대를 채울까 고심하는 데 반해 아무런 무대 장치 없이 공연이 시작된다.

모두 다 비웠으면서도 도발적이다. 대신, 어쩌면 당연하게도, 조명·의상·소품·음악·음향 등 공연의 모든 요소들이 총동원된다. 배우들은 언제라도 다른 옷으로 갈아입고 튀어나올 준비가 되어 있다. 새로운 장면으로 총알처럼 날아간다. 자칫 극의 템포를 놓치면 극을 못 따라갈 정도다. 그런데도 아랑곳하지 않고 과감하게 극을 진행시킨다. 공연 자체가 "항상 발사 준비가 되어 있다"는 말이 빈 말이 아니다.

극의 처음은 베짱이 한 마리가 폴짝폴짝 뛰어나오면서 시작된다. 베짱이는 어두운 도시 뒷골목의 쓰레기통을 뒤지고 있다. 하얀 앞치마를 두른 식당 점원이 나와 중국어처럼 들리는 소리를 외치며 베짱이를 쫓아낸다. 다음 순간 무대 앞쪽의 조명이 밝혀지며 도마소리와 식기 부딪치는 소리가 요란해진다. 타이-차이나-베트남 식당 황금용의 주방이다. "타이-차이나-베트남 간이식당의 비좁은 주방에서 아시아인 다섯 명이 일하고 있습니다." '남자' 역할 배우(이동근)의 서사적 해설의 대사와 함께 다섯 명의 요리사들이 어깨를 부딪치며 서서 좁은 공간을 만들어 바로바로 "비좁은 주방"을 보여준다. 곧이어 '젊은 여인' 역할을 맡은 배우(방현숙)가 "중국인 청년이 이가 아파서 쩔쩔맵니다"라고 자기 배역을 소개하면서 "아, 아一!" 소리를 지른다. 끔찍한 치통이다.

이야기는 단순하다. 타이-차이나-베트남 식당 황금용의 젊은 중국인 요리사는 치통을 앓지만 치과에 갈 수 없다. 불법 체류자이기 때문이다. 치통은 점점 심해지고 동료 요리사들이 파이프 렌치 스패너로 충치를 뽑아주지만 결국 중국인 청년은 과다출혈로 죽는다. 거두절미하고 극이 바로 시작된다. 설명하기 위해 우물쭈물하는 장면도 없다. 좀 전까지 깃털 2개 달린 더듬이 머리띠를 쓰고 베짱이 역할을 했던 '젊은 남자' 역할의 배우(한덕호)가 어느새 하얀 요리사 가운을 걸치고 치통 때문에 소리를 지르는 꼬마에게 다가가 "울지 마, 울지 마" 달랜다. '60세가 넘은 남자' 역할을 맡은 배우(이호성)는 "우리는 타이-차이나-베트남 식당의 비좁은 주방에서 꼬마를 둘러싸고 있습니다"라고 말하며 치통을 앓는 배우를 돌아보고, '60세가 넘은 여자' 역할의 배우(남미정)는 난데없이 "83번, 빽 타이 가이, 달걀, 야채, 닭고기와 매콤한 피넛 소스를 곁들인 볶음 쌀국수, 약간 매운 맛" 긴 주문 메뉴를 숨 가쁘게 외친다.

시작과 함께 동시에 여러 상황이 눈 깜짝할 사이에 지나간다. 베짱이였던 배우는 눈앞에서 옷을 바꿔 입고 요리사가 되고, 여자 배우는 "중국인 청년" 역할을 맡는다. 젊은 남자 배우는 나이든 할아버지 역할을 맡는다. '60세가 넘은 남자와 여자' 역할인 이호성과 남미정은 몸을 배배 꼬며 원치 않는 임신을 하게 된 19세 미만 젊은 연인 역할을 천연덕스럽게 해낸다. 수염을 기른 이호성과 배가 나온 이동근은 밤색과 금발의 가발을 뒤집어쓰고 젊고 아름다운 스튜어디스 에바와 잉가 역할을 맡는다.

5명의 배우들이 17개의 역할을 넘나들며 일사불란하게 대사와 큐를 주고받으며 극을 진행한다. 나이와 성(性)을 의도적으로 전도시켜 보여줌으로써 극적 재미를 증폭시키는 한편 중첩되고 쌓이는 효과를 극대화시키고 있다. 한 배우가 이질적인 성격의 서너 가지 역할을 동시에 맡는 일인다역의 공연이다. 여간 노련하지 않으면 소화하기 힘든 공연이다. 배우들의 역량에 전적으로 기대고 있는 공연이다. 실제로 배우들이 던져주는 깨알 같은 재미를 즐기며 객석에서는 시종 웃음이 터져 나온다. 이 배우들을 보면서 관객들이 행복해하는 것이 느껴진다.

그런 어느 순간, 한 배우의 몸에 여러 인물의 역할이 중첩되어 있는 것처럼(중심역할은 중국인 요리사들이지만 동시에 백인 독일인의 역할을 돌려가며 맡는다), 우리가 아무리 익명성의 시대에 산다 할지라도(이 공연의 등장인물들 또한 모두 익명이다) '세계화'라는 낯선 국제도시의 하루하루 속에서 서로 뒤섞여 살아가고 있음이, 사실은 우리 모두는 서로 연결되어 있음이 강력하게 환기된다. 사실 인터넷과 세계화만큼 세계가 그물망처럼 촘촘히 연결되어 있음을 바로 알려주는 것이 또 있을까. 전체 48장의 빠른 장면 전환은 우리 모두 가깝게 연결되어 있음을 장면 전환의 속도 그 자체로 보여주고자 함이 아니었을까, 생각하게 된다.

피 묻은 충치와 6번 타이 수프,
혹은 탐욕스런 개미와 베짱이 우화

세계화와 치통. 세계화의 문제를 이토록 쉽고 단순하고 정확하게 말할 수 있을까. 동남아계 식당의 비좁은 주방의 불법 이주 노동자들의 현실에선 치통처럼 작은 일도 곧바로 심각한 재앙으로 돌변할 수 있다. 중국인 청년 요리사는 치통에 시달리면서도 치과에 갈 수 없고 고통은 점점 더 심해진다. 그러면서도 극은 고통에 대해서 질질 짜면서 이야기하지 않는다. 중국인 청년의 치통이 심해질수록 31번과 17번, 25번과

6번의 상세한 메뉴 이름들이 길게 외쳐질 뿐이다. 중국인 청년의 고통에 찬 외침은 더 크게 외쳐지는 주문 메뉴 소리들에 자주 묻힌다. 황금용 식당 주방에서 건조하고 지루하게 반복되는 메뉴들은 치통을 설명하는 고통의 언어들을 대신한다. 비정할 정도로 냉정한 태도이다.

고통이 없는 것이 아니라 고통을 느끼는 감각을 마비시킨 채 일만 하면서 살아가야 하는 비정한 현실이 환기된다. 아파도 아프다는 말 한마디 없이 직장으로 향해야 하는 현실이 어디 불법 체류 노동자들만의 일일까. 고용불안과 정리해고의 불안에 상시적으로 노출된 비정규직 노동자들의 일상도 마찬가지다. 세계화는 다국적 노동자들의 값싼 노동력의 불법 유통 문제뿐만 아니라 불법 노동의 조건 또한 묵인하고 있다. 불법 노동의 조건은 세계적으로 확산되고 있다. 기술이 발달되어 무통분만이 가능해진 것처럼, 세계화 또한 열악한 노동 조건의 고통을 신경을 마비시켜 무감각하게 만들고 있다. 감각이 마비된 '무통' 노동의 시대다. 노동자는 아프지도 말아야 한다.

"6번 요리, 닭고기, 코코아유, 타이 생강을 넣은 타이 수프, 매운맛" 중국인 청년에게서 뽑아낸 썩은 이빨이 우연히 날아가 떨어진 수프 그릇이다. 이 수프 그릇은 금발의 스튜어디스 잉가에게 서빙되고, 잉가는 수프 그릇 밑바닥에서 피 묻은 이빨을 발견한다. 집으로 돌아온 잉가는 이빨을 입에 넣어본다. 이빨에 남아있는 타이 수프 맛도 느껴보고, 피 맛도 느껴보고, 모르는 사람의 이빨에 난 충치 구멍을 혀로 느껴보고, 이빨 주인의 통증이 얼마나 심했을까 느껴본다. 극 중간에 중국인 청년의 썩은 이빨은 잉가에게로 옮겨간다.

음식점의 수프 그릇에서 발견된 썩은 이빨을 집으로 가져와 음미해

본다는 설정은 사실 자연스러운 것은 아니다. 그렇기 때문에 이 부분은 명백히 작가의 의도가 들어가 있는 장면으로 읽힌다. 썩은 이빨을 통해 중국인 청년의 치통과 독일인 스튜어스가 연결되고, 고통에 대한 공감을 매개로 다른 누군가와 서로 연결되는 순간 판타지가 작동하기 시작한다. 비좁은 주방의 타일 바닥에서 의식을 잃고 쓰러진 중국인 청년에게서 뽑아낸 이빨 자리를 들여다보는 요리사들에게 중국인 청년의 고향집 식구들의 환상이 보이고, 강물 속에 던져진 중국인 청년의 시체는 강물을 따라 바다로, 북해로, 북극해로, 베링해협을 지나, 일본을 지나, 중국으로, 고향으로 돌아간다.

이 과정은 중국인 청년 역할을 맡은 젊은 여인 방현숙 배우에 의해서 서사적 해설의 긴 독백체로 서술된다. "귀국 여행은 완전히 공짜"이고 "아주 멀고 먼 여행"으로 중국인 청년은 뼈만 남은 모습으로 고향에 돌아간다. 중국인 청년이 북극해의 얼음 바다 밑을 지나 고향으로 돌아가는 판타지의 장면은 거대한 비닐로 무대 전체를 뒤덮는 시각적인 이미지로 표현하고 있다.

아, 얼마나 고향으로 돌아가고 싶었을까! 강물에 던져진 시체가 바닷물에 쓸려 뼈만 남은 상태로 고향으로 다시 돌아간다는 설정은 분명 판타지이지만, 현실을 넘어선 다른 장면을 보여주고자 하는 판타지의 전복적인 영역을 보여준다. 그리고 중국인 청년의 시체가 강물에 던져진 바로 그 자리에 스튜어디스 잉가가 식당에서 주운 썩은 이빨을 버리려고 찾아온다. 잉가는 다시 한번 썩은 이빨을 음미한 후 "수박씨 뱉듯" 강물에 버린다. 극중 현실 속에서 중국인 청년과 잉가는 서로 알지도 만나지도 못하지만, 관객은 썩은 이빨을 통해 수프 그릇 밑바닥에서 그리고 다리 위에서 중국인 청년과 잉가가 거듭 만나고 있는 것을 본다. 그 두 사람이 극적으로 강력하게 연결되어 있는 것을 본다.

스튜어디스의 설정은 비행기가 국가간 이동의 수단, 세계화의 직접적인 시각적 이미지를 환기시킨다. 표면상 스튜어디스는 바비 인형처럼 예쁘게 생긴 여자들의 서비스 업종을 떠올리게 한다. 그러나 바비 인형들의 근무지는 3만 3천 피트 상공의 밀폐된 기내이고 식사를 나눠주는 단순 노동을 반복하는 것이다. 구름 위에서 바라보는 "찢어지고, 구부러지고, 눌러 터진 새벽"이 기이하지만 "얼마나 아름다운가" 보여주는 것처럼 겉보기엔 멀쩡하지만 그녀들 또한 반복되는 단순 노동과 장거리 비행에 피곤한 노동자들일 뿐이다. 이호성이 커다란 덩치의 몸을 구부리고 공손하게 연기하는 스튜어디스 에바는 '바비 퍼커'라는 별명으로 불리는 파일럿 애인을 가지고 있지만, 에바는 그에게 자신이 "너무 젊음"을, 그의 몸에 닿을 때마다 "그의 나이"가 느껴짐을 느낀다. 에바는 늙은 남자의 젊은 애인이다.

개미와 베짱이의 우화가 연결되는 지점도 바로 여기다. 맨 처음 개미와 베짱이의 우화는 단순하게 시작한다. 근면한 개미는 열심히 일하고 베짱이는 논다. 그러나 겨울이 오고 착한 개미는 더 이상 착하지 않다. 구걸하는 베짱이에게 개미는 먹을 것을 얻기 위해서는 일을 하라고 말한다. "비축은 중요하다. 비축은 중요한 것 그 이상이다." 개미는 집안 가득 물건을 쌓아놓은 식료품 가게 주인이다. 개미는 탐욕스런 자본가다. 개미와 베짱이의 우화가 현실로 내려앉는 순간이다. 개미와 베짱이의 이야기는 자본주의적 삶에 대한 새로운 우화가 된다.

그리고 또 한 번의 변형이 일어난다. 개미가 베짱이에게 시킨 일은 성매매이다. 이제 베짱이는 "서툰 억양"의 아시아 여자다. 베짱이는 다시 젊어지고 싶은 노인의 성적 욕망을 채워주지 못하자 노인의 "부당한 폭력"에 의해 더듬이 하나를 뽑힌다. 그리고 동거녀가 임신 중인 젊은 남자에 의해서는 "돈 주고 샀기 때문에 망가져도 괜찮은 물건" 취급을 당한다. 이혼남 줄무늬 셔츠의 남자에게는 분풀이 살인의 대상이 된다. 일인다역의 모든 남자 등장인물들이 베짱이의 손님이 된다. 살해 순간 베짱이는 "중국, 만리장성, 자금성, 10억의 중국인"의 하나로 불린다. 베짱이는 중국 여성이었던 것이다. 마지막 순간에 베짱이는 치통으로 죽은 중국인 청년이 찾고 있었던 여동생임이 암시된다.

불법 이주 노동자 중국인 청년은 치통으로 죽고, 여동생 또한 죽는다. 숨 가쁘게 이어져오던 2개의 이야기가 하나로 만나는 순간이다. 황금용 식당이 있는 같은 건물에서 벌어진 일이지만 두 사람은 서로를 만나지 못한 채 죽는다. 중국인 청년과 스튜어디스 잉가는 서로 모르는 사람들이지만 이빨을 통해 연결되고 있는 것처럼, 중국인 청년과 여동생은 현실에서는 서로 만나고 있지 못하지만 판타지와 우화를 통해서 발견되고 만난다. 그리고 관객은 그 모든 과정을 지켜보는 증인이 된다. 또한 2개의 이야기가 만나면서 늙은 유럽의 탐욕스럽고 추한 몸과 동남아시아 이주 노동자의 값싼 몸이 한순간에 대비되면서 연결된다. 탐욕스런 늙은 유럽과 아시아 이주 노동자의 적나라한 현실이 치통처럼 뿌리 깊은 신경을 건드린다. 베짱이의 우화는 현실에 가까워 끔찍하고, 중국인 청년의 긴 항해와 귀향의 판타지는 현실을 넘어서고자 하는 간절함 때문에 아름답다.

공연은 우화와 현실을 오가면서도 적절한 균형감을 잃지 않고 숨 가쁘지만 냉정하게 진행된다. 모든 인물들이 그물처럼 연결되면서 남녀 갈등·세대갈등·인종갈등·계급갈등들이 촘촘히 드러난다. 중국인 청년과 스튜어디스 잉가가 연결되고 있고, 노인과 중국 베짱이 여자와 스튜어디스 바비와 바비퍼커가 상대화되어 연결되어 있다. 장면마다 연출가 윤광진의 혜안이 조용히 빛을 발한다. 〈못생긴 남자〉, 〈아메리칸 환갑〉에 이어 조용하지만 인상 깊은 행보를 보여주고 있다. 배우들의 노련하고 매끄러운 연기력이 과한 감상 없이 극을 차분하게 바라보며 생각에 잠기게 한다. 이 공연은 브레히트의 전통에 따르면서도 지금 현실에 대한 새로운 글쓰기를 과감하게 시도하고 있다. 브레히트는 여전히 유효함을 증명하고 있다.

'벗는 연극' 혹은 벌거벗은 자본주의

〈헤르메스〉

일시 2014년 2월 4일~3월 30일 **장소** 대학로 나온씨어터 **작·연출** 김태웅 **제작** 극단 우인 **조연출** 최지예, 이연주 **무대** 남경식 **조명** 피예경 **음악** 김성준 **미술감독** 강재홍 **분장** 문은경 **홍보마케팅** 한강아트컴퍼니 **출연** 이승훈·김영필, 강말금, 이안나·김유진, 이한님·김보희, 이재훈·김문성

작가들이 귀환하고 있다. 작가들의 열전(熱戰)이 이어지고 있다. 지난해 김재엽의 〈알리바이 연대기〉와 이윤택의 〈혜경궁 홍씨〉에 이어 2014년 2월 박근형의 〈동백아저씨〉와 김태웅의 〈헤르메스〉가 나란히 올라갔다. 〈동백아저씨〉는 〈개구리〉 이후 처음으로 무대에서 입을 여는 박근형의 신작이다. 〈헤르메스〉는 김태웅의 오랜만의 신작이다. 두 작품 모두 대학로 중심가에서 멀리 떨어진 외진 곳, 선돌극장과 나온씨어터에서 올라갔다.

대학로 중심가의 가로등 전봇대마다 붙어 있는 김태웅의 〈헤르메스〉 포스터는 온통 벌겋다. 대놓고 '벗는 연극'을 표방하고 있다. 김태웅의

신작이 올라가고 있다는 말을 전하면 사람들은 그 작품이 김태웅의 것이었느냐고 되묻는다. 내용이 자본주의가 낳은 똥에 대한 이야기, 자본으로 점점 더러워지는 자기 혐오감에 자기 몸에 똥을 싸달라고 요구하는 변태적 성인연극 제작자에 관한 이야기인 걸 알면 더더욱 발걸음을 주저하게 될 지도 모르겠다.

주인공의 이름은 남건이다. '남로당 건설 당담'의 줄임말이란다. 남건은 성인연극 제작자이다. 그러나 기대와 달리 그는 전혀 에로틱하지 않다. 자신과 함께 일하는 여배우가 임금인상을 요구하자 철저히 묵살한다. "노동운동도 했다는 사람이 노동자 입장은 전혀 고려 안 한다"는 항변에 "나는 갑이고 너는 을이다. 너는 내가 고용한 노동자다." 남건은 위악적 캐릭터이다. 입이 독하다. 시쳇말로 '갑질'이 대단하시다.

남건과 에로 여배우, 남건과 여자 맹인 안마사, 남건과 해고 노동자 선배, 남건과 콜걸…… 공연은 극 중반에 이를 때까지 배우 둘만 나오는 이인극 형식으로 진행된다. 슬며시 웃음이 나온다. '벗는 연극'을 표방하고 있지만 자본의 논리와 자본주의 사회에 대한 김태웅식 블랙 유머다. 철저히 착취하다가 쓸모없으면 담뱃재처럼 떨어버리는 사람들의 이야기가 난무한다.

남건이 장기 투숙하고 있는 이곳은 호텔이다. 그것도 매일매일 촛불집회가 열리는 광장이 훤히 내려다보이는 호텔이다. 남건은 두껍게 커튼을 내리고 광장을 외면한다. 광장에는 분식집 아저씨, 파출부 아줌마, 청소부 아저씨, 편의점 알바생, 술집 언니들, 외국인 노동자, 목사님, 신부님, 스님, 대학생, 탤런트, 개그맨, 농부들, 매일매일 사람들이 가득하다. 맹인 안마사가 촛불집회가 보고 싶다고 두꺼운 커튼을 열어

젖히면 광장의 함성소리가 밀려들어온다. 촛불집회 광장에선 또다시 해고 노동자가 분신자살하고, 남건에게 해고된 여배우도 극장에서 홀로 목을 맨다.

그런데도 남건은 시니컬하다. "여기까지 올라오는 데 20년 걸렸다." "왜 죽고들 지랄이야!" 악을 쓴다. "갑질 한번 해보지도 못하고 죽어?" 발악을 한다. 같이 일하던 동료였던 여배우의 죽음에도 "너의 연기는 천박해. 죽음도." 위악적으로 반응한다. 남건은 스스로에게 가장 위악적으로 독기를 내뿜는다. 자신이 만드는 연극에 대해 "이 작품은 누가 해도 천해. 쓰레기야."

김태웅의 극단 이름은 우인, 곧 광대이다. 김태웅 자신이 천상 광대이다. 광대란 무릇 철저히 희극 배우이어야 하는데, 김태웅 본인은 불에 덴 화상환자처럼 몸부림치고 있다. 희극 배우가 우리 시대의 비극에서 빠져나오지 못하고 있다. 분신자살의 불과 라이타 불의 모티브는 이미 김태웅의 초기작 〈불티나〉(2001)에서도 나왔던 것이다. 〈헤르메스〉에는 촛불광장의 촛불 100만개와 해고 노동자의 분신자살의 불이 있다. 십년, 이십년이 지나도록 사람들은 여전히 죽고 있다. "왜 죽고들 지랄이야! 그만들 좀 죽어!" 김태웅의 마지막 발악에서 정신이 확 든다. 박근형의 〈동백아저씨〉의 마지막 장면도 불이다. 누군가의 몸에 붙은 불로 얼굴이 뜨겁고 드디어 발기되는 남자 주인공처럼 생각들이 송곳처럼 일어선다. 김태웅도, 박근형도 우리 시대의 작가들이다. 이 작가들이 있어 우리는 외롭지 않다.

미국식 자본주의와 정신적 파산 상태의 인물들

〈베키 쇼〉

일시 2014년 4월 1일~4월 26일 **장소** 두산아트센터 **제작** 두산아트센터 **작** 지나 지온프리도 **연출** 박근형 **번역** 이은정 **무대** 오필영 **조명** 고희선 **음악·음향** 박천휘 **분장** 김숙희 **의상** 권미경 **소품** 최혜진 **출연** 이연규, 박윤희, 강지은, 신덕호, 김도영

　박근형의 신작이 '두산인문극장 2014 불신시대'의 첫 작품으로 올라갔다. 지나 지온프리도의 2008년 작품 〈베키 쇼〉가 그것이다. 지나 지온프리도는 미국 인기 드라마 〈CSI 과학수사대〉와 같은 과학 수사물 〈콜드 케이스〉의 작가이기도 하다. 〈콜드 케이스〉의 주인공이 미모의 여자 수사관이고, 이번 작품 〈베키 쇼〉에서도 미스터리한 미모의 여주인공이 나온다. 여자 주인공을 중심으로 빠른 장면전환과 촌철살인의 대사감각으로 미국 드라마 특유의 '드라이'한 맛을 보여준다. 박근형은 일명 '조용한 연극'의 히라타 오리자의 작품 〈잠 못 드는 밤은 없다〉에서도 박근형만의 스타일로 재해석한 '박근형표 일상극'을 보여준 적이

있다. 이번 작품의 관전 포인트도 바로 이것이다. 자본주의의 최극단, 풍요로운 미국 시민의 일상의 드라마를 박근형식 밑바닥 정서로 어떤 식으로 보여줄지 궁금했다.

결과는 흥미로웠다. 심리학 박사과정의 상담치료사가 등장하고 뉴욕과 보스턴을 오가며 고객들의 거액의 돈을 관리하는 자산관리사가 등장하는 일명 뉴요커의 도시 생활을 배경으로 하고 있지만 배우들의 연기는 우리에게 익숙한 일상의 감각으로 전달된다. 베키와 앤드류가 테이크아웃 커피잔을 양손에 들고 반복해서 포옹하는 장면이나, 냉혹하고 비열한 맥스가 베키를 회유하는 장면에서 수세에 몰려있던 베키가 빨대로 쭉쭉 빨아먹던 쥬스잔은 그 장면이 끝날 때 밑바닥을 드러내며 베키의 밑바닥까지 함께 드러낸다.

수지의 엄마 수잔이 다발성 경화증을 앓으며 목발을 짚고 다니면서도 딸 또래의 젊은 남자와의 사랑에 뻔뻔할 정도로 당당한 모습은 흡사 박근형의 〈경숙이, 경숙아버지〉에서 "인생 평생 외로운 거다!" 퉁명스럽게 내뱉는 경숙아버지의 모습과 겹쳐진다. 수잔 역할의 이연규는 심리적으로 허약한 딸 세대의 인물들과는 다른 통찰력과 독설로 극의 중심에 확고부동하게 버티고 서있다.

극은 어린시절 한 집안에서 형제처럼 자란 수지와 맥스가 친구와 연인 사이 그 어디쯤 애매한 관계를 유지하는 한편 수지는 앤드류와 결혼하고, 맥스에게 앤드류의 회사 동료 '베키 쇼'를 소개하면서 시작된다. 수지는 상담치료사이고, 맥스는 수지 집안의 자산관리사이다. 앤드류는 마마보이 기질이 다분하고, 베키는 심리적으로 불안한 상태다. 베키는 예쁘지만 돈도 없고 직장도 불안한 임시직이다. 맥스가 까칠하게 말하듯이 베키는 맥스에게 어울리지 않는 부류의 사람이다.

그런데 문제는 베키가 맥스를 원한다는 것이다. 맥스는 자꾸 자신과 얽히게 되는 베키를 "남자를 잡으려고 안달 난 사이코"라고 진저리친다. 실제로 공연에서 베키 역의 강지은은 예쁘지만 미스터리하고, 때로는 편집증적 집착을 드러내지만 귀엽고 코믹한 대사로 객석에서 끊임없이 웃음을 끌어낸다. 베키는 반복적으로 "난 건강보험이 없어요!"라고 외치고 관객들은 어김없이 웃는다.

극은 영리하게도 두 명의 부정적 인물인 맥스와 베키를 중심으로 코믹 코드를 적극적으로 활용하고 있다. 맥스 역의 신덕호는 이전에는 보지 못했던 차갑고 이기적이면서 자기연민에 빠진 다중적인 모습을 보여주면서 매력적으로 다가온다. 신덕호의 독특한 질감은 박근형의 '경숙아버지'와 '동백아저씨'의 사이 그 어디쯤의 묘한 지점을 건드린다. 자본주의 도시 뉴욕과 보스톤 한복판에서 정신적 파산에 이르는 맥스에게서 박근형식 남루함이 느껴진다. 지나 지온프리도의 직설화법, 묘하게 박근형과 어울린다.

실업률 제로의 완전한 세상, 노동천국의 불안

〈히에론, 완전한 세상〉

일시 2014년 11월 8일~11월 16일 **장소** 선돌극장 **제작** 극단 여행자 **작** 마리오 살라자르 **연출** 양정웅 **번역** 윤꽃방실 **드라마투르기** 이단비 **무대** 이은규 **조명** 김성구 **음악** 허안 **영상** 김장연 **무대감독** 김동균 **사진** 이강물 **일러스트** 송준영 **기획홍보** 코르코르디움 **출연** 김대진, 김상보, 전중용, 김은희, 장지아, 남윤호

〈히에론, 완전한 세상〉은 극단 여행자의 신작이다. 독일의 젊은 작가 마리오 살라자르의 작품으로, 2013년 8월 도이체스 테아터에서 초연되었다. 이 작품이 동시대의 가장 빠른 독일 현대 작품이라는 점에서 무엇보다도 놀라웠던 것은, 거의 실시간이라 할 수 있는 독일의 상황이 우리의 삶의 구조와 너무나 똑같다는 점이다. 〈히에론, 완전한 세상〉은 노동천국, 실업률 제로의 '완전한 세상'을 꿈꾸는 신자유주의 시대의 대표적인 거짓공약의 현실을 풍자하고 있다.

직접적인 현실 풍자의 뻑뻑함을 고대 그리스 시대에 실제로 존재했던 독재자 히에론(김대진 분)과 그의 책사인 시인 시모니데스(김상보 분)

의 이야기로 치환하고, 고대 지배자들이 통치 수단으로 삼았던 '선물'의 통치술, 이른바 포틀래치 경제 이론을 현대로 가져와 현대 정치 지도자들이 대중을 통치하는 가장 효과적인 수단이 '노동', 곧 '일자리 제공'이라는 점에 착안해 실업률 제로의 노동천국의 가상현실을 배경으로 하고 있다.

이를 바탕으로 노동현실이 불안할수록, 정리해고와 실직의 위험이 높을수록 대중들은 더더욱 통치자에게 복종하게 된다는 역설을 신랄하게 보여주고 있다. 노동이 삶의 최고 가치이고, 그렇기에 실업률 제로의 노동천국인 '완전한 세상'의 이상향을 만들기 위한 방법이 노동자들이 실직되는 순간 처형해버린다는 설정은 우리 시대에 대한 가장 잔인하고 끔찍한 상상력이기도 하다. 말 안 듣는 노동자들은 죽여 버리면 된다는 극중 설정이 단순한 극적 허구로 들리지 않을 만큼 수많은 죽음을 목격하고 있기에 관객 또한 공연에 집중하게 된다. 현대의 통치자들은 일자리를 '선물'처럼 내려주는 은혜로운 존재이자 히에론처럼 신격화된 존재이고, 자본가들에게는 노동자를 하늘의 비처럼 내려주는 자애로운 존재이기도 하다. 비정규직, 계약직, 파견근로, 시간제 알바 등 노동시장에 매일 쏟아져 나오는 신상품으로 구매할 수 있는 값싸고 편리한 노동 상품의 쇼핑 목록은 점점 더 화려하고 길어지고 있다. 유통기한이 다된 노동자들은 진열대에서 치워질 뿐이다.

이렇듯 공연의 기본 정조는 기본적으로 풍자, 곧 코미디이다. 실제로 극 중간에 관객을 무대로 불러내어 실직자 처형 광장의 처형자들의 역할을 맡긴 것 또한 극적 긴장을 이완시키고 관객의 관심을 환기시키는 이화효과이자 희극적 장치로 보인다. 시모니데스는 참여의사를 밝힌 관객에게 독약을 마시라고 지시하면서 사실은 암바사라고 밝혀 안심시키고 관객에게 쓰러져 죽는 연기를 주문한다. 실제 관객이 암바사를 마시고 천연덕스럽게 쓰러져 죽는 '연기'를 바라보는 장면은 희극적 효과와 함께 묘하게 가슴을 울리는 장면이었다. 그리고 곧이어 실제 앳된 여배우가 등장해 눈물을 철철 흘리며 독약을 마시고 쓰러지는 장면을 중첩시켜 주제적 장면을 강조하고 있다.

그리고 평범한 가장인 알렉산더(전중용 분)의 딸 막다(장지아 분)가 다음 달 광장에서 처형될 것이라는 사실을 예고하며 이중삼중으로 처형의 현실을 환기하고 있다. 딸의 처형 소식에도 아무 동요 없이 계속 일을 할 수 있기를 비는 엄마 카트린(김은희 분)의 통치자에 대한 맹목적 신념, 정반대로 어떤 상황에도 놀라지 않고 침묵하는 어린 아들 유리(남윤호 분)는 이미 말을 잃어버린 세대, 더 철저히 기계인형으로 길들여진 세대처럼 보인다. 작가는 유리가 그린 그림을 통해 마지막 저항의 의미를 전달하고자 했다고 전하고 있으나, 한국적 현실에서 젊은 세대인 유리의 침묵에서 '저항'의 의미를 읽을 수 있는 사람들은 과연 얼마나 될까.

무대의 활용 또한 인상 깊었다. 무대를 가운데에 두고 객석 양쪽에서 관객들이 서로 마주 보고 무대를 바라보는 구조는 공연 중 계속 무대 한쪽 벽면에 투사되었던 CCTV의 관찰의 시선처럼 관객과 배우 모두를 서로 교차해서 바라보는 시선의 교차점을 이루고 있다. 배우들은 CCTV 모니터의 감시와 통제의 대상으로 실시간으로 무대에 비춰지고 있고, 통치자와 국민들은 각자의 하얀 공간, 각자의 방에 갇힌 채, 양극화된 세계 맞은편에서 서로를 바라만 볼 뿐 아무 말도 걸지 않고 만나

지도 못하고 있는 현실을 보여주는 듯해 섬뜩했다.

　다만, 영상과 무대 활용 등 여러 극적 장치로 극의 '주제'는 명확히
전달했던 반면 전반적으로 경직되어 있는 연기톤은 한 가지 아쉬운 점
이었다. 마찬가지로 독일 현대극의 국내 번역극 공연이었던 〈황금용〉
의 경우에서와 같은 경쾌한 속도감과 풍자적 웃음의 유연한 태도가 아
쉽다. 최근 국내에 소개되고 있는 독일 현대극들, 예컨대 시멜페니히의
〈황금용〉(2009), 데아 로어의 〈도둑들〉(2010) 등의 관극 경험에서도 알
수 있듯이, 한국 관객은 충분히 웃으면서도 비판적 주제를 놓치지 않을
정도로 웃음과 해학에 대한 신축성이 높다. 직수입 공연이었던 독일팀
의 〈도둑들〉이 독일에서는 관객들을 웃겼다는데, 공연 속도가 너무 느
리고 웃음의 강도 또한 약해서 한국 관객들을 웃기지는 못했다. 〈히에
론, 완전한 세상〉 또한 독일 번역극 공연이지만, 한국 관객과의 교감
면에서 관객과 함께 공연을 유연하게 바라볼 수 있도록 배려하는 연출
의 기지가 아쉬웠다.

노동자의 자본주의

〈게공선〉

일시 2015년 7월 22일~8월 2일 **장소** 인디아트홀 공 **제작** 극단 동 **원작** 고바야시 다카지 **연출** 강량원 **코디네이터** 김유진 **무대** 박상봉 **조명** 최보윤 **음악** 장영규 **안무** 금배섭 **의상** 강기정 **분장 · 소품** 장경숙 **무대감독** 박효진 **조연출** 이지현 **출연** 최용진, 최태용, 권택기, 김석주, 김진복, 윤민웅, 이재호, 김광표, 임주현, 김용희

올해 제17회 서울변방연극제의 이슈가 절박하다. 최근 변방연극제는 공공지원기금의 편파성에 항의하기 위하여 정부지원금을 신청하지 않고 연극제를 진행하겠다고 선언했다. 변방연극제 임인자 예술감독은 이를 "스스로 곡기를 끊은 행위"라고 표현하고 있다. 그만큼 연극의 공공성 문제가 뜨거운 화두이다. 폭염보다 뜨거운 여름을 보내고 있는 연극계의 풍경이다.

마침 극단 동의 〈게공선〉이 변방연극제와 혜화동1번지 6기동인 기획초청공연에 연달아 올라가 찾아가 보았다. 이번 혜화동1번지 기획초청공연의 주제는 '세월호'이다. 혜화동1번지 또한 정부지원금에 대한

기대를 접고 기획전을 마련하고 있다. 이번 공연을 통해 혜화동1번지는 '극장의 공공성'에 대한 질문을 던지며 정면돌파를 선택하고 있다. 국공립 제작극장에서 정치적 이슈가 실종되고, 서울연극제 대관탈락과 극장폐쇄에 따른 연극인들의 위기의식이 연극의 공공성에 대한 화두로 모아지고 있다.

〈게공선〉 공연장인 인디아트홀 공은 영등포구 양평동의 금형공장 골목에 위치한 실제 공장 건물이다. 대학로를 떠난 낯선 공연장이다. 뜨거운 쇳물을 끓이는 금형공장의 굴뚝이 이제는 예술가들을 모여들게 하는 새로운 깃발이 되고 있다. 공연 또한 뜨거웠다. 〈게공선〉은 1920년대 일본의 대표적인 프롤레타리아 문학의 고전이다. 고바야시 다카지의 1929년 원작소설을 극단 동이 신체행동을 중심으로 재구성했다.

'게공선'이란 게를 잡아 통조림으로 가공하는 공장선박이다. 그런데 게공선은 공장으로도, 선박으로도 취급되지 않아 공장법과 항해법 모두에 적용받지 않는 법의 사각지대에 있고 어업노동자들에 대한 착취도 심각하다. 러시아 캄차카 영해에까지 들어가 조업하지만 국가의 보호도 받지 않는다. 게공선들 대부분은 러일전쟁에서 파손된 고물배로, 애초부터 노동자들의 안전 따위는 안중에도 없었다. 대신 막대한 보험금이 걸려있는 고물선들을 침몰시키는 것이 경제적으로 더 이득이라는 사실도 밝혀진다. 비정한 자본주의다.

북해도 저 멀리 먼 바다 위에 흔들리는 배 위, 땅바닥조차 밟지 못하고 사는 어린 노동자들의 흔들리는 다리, 배 밑바닥에 웅크린 채 잠드는 동안에도 배의 진동으로 근육의 경련이 멈추지 않는다. 이것이 이 공연의 단 하나의 이미지다. 먼 바다에 내던져진 자본주의의 모습이다.

"어이, 지옥으로 가는 거야!" 소설 원작의 첫 문장이다. 80년, 90년, 100년이 지나도 노동자들의 삶은 변한 것이 없다. 못가진 자, 프롤레타리아는 여전히 민족이나 국가의 논리로 포섭되지 못하는 먼 곳에 던져져 있다. 못가진 자와 노동자는 국민도 아니다. 식민지 조선 노동자들은 벌레를 눌러 죽이는 것보다 더 쉽게 죽일 수 있다는 현실도 함께 고발된다. 노동의 현실과 식민지의 현실 모두를 노동자의 관점에서 잡아내고 있는 어느 젊은 일본 작가의 시선이 예사롭지 않다. 김우진의 〈이영녀〉(1925)와 같은 시대다. 1920년대와 현재가 놀랍도록 똑같다. 1920년대와는 또 다른 프롤레타리아, 비정규직 노동자들의 현실이 그렇다. 일본에서도 최근 이 작품에 대한 관심이 급증하여 2009년엔 영화 〈가니코센〉으로 개봉되기도 했다.

무대는 빈 무대에 형광등 조명이다. 멀리 뱃고동소리와 파도소리만 들리는 음향 등 극도로 절제된 무대 위에서 배우들은 그물코를 꿰고, 밧줄을 잡아당기고, 통조림 뚜껑을 닫는 단순노동을 끊임없이 반복한다. 고무바닥 하나 깔린 무대 위에 공연 1시간 반 동안 땀방울이 뚝뚝 떨어진다. 남자 배우 10명이 등장해서 장면별로 1명, 2명, 5명씩 집단적 군중장면의 신체 이미지를 반복한다. 서로서로 주고받는 소리는 "밧줄 올려! 내려!" "어이—"의 신호음이 다이다. 인간들 사이의 '대화'는 없고 '신호'만 남아있다. 대신 인물들의 이야기는 화자의 내레이션으로 전달된다. 다만 공연에서 기계적인 동작의 재현에만 충실하고 자본주의의 구조적 모순에 대한 전체적인 시각을 때때로 놓치고 있는 것은 가장 큰 아쉬움이다. 게공선의 현실을 정직하게 몸으로 재현한 공연, 정직함이 미덕이자 한계인 공연이다. 배우들의 땀이라는 소금만 쳤다.

3부

고전과 새로운 글쓰기의 자극

.
.
.
.
.

1장
제작극장의 명작 레퍼토리와
고전의 낯설게 읽기

나는 자유다

〈라오지앙후 최막심〉

일시 2013년 5월 8일~6월 2일 장소 명동예술극장 원작 니코스 카잔차키스 〈그리스인 조르바〉 번안 배삼식 연출 양정웅 작곡·음악감독 하찌 무대 이윤수 조명 여국군 의상 김영지 분장 채송화 소품 이은규 안무 강미선 무술감독 이국호 조연출 김수희 출연 남경읍, 한윤춘, 오미연, 유순철, 이용이, 지춘성, 안태랑, 박호석, 천정하, 전중용, 김대진, 한철훈, 박하진, 계지현, 강보라, 이현균, 김리나, 김수정, 김호준 연주 하찌

    명동예술극장이 고전극장으로서의 면모를 확실히 다지고 있다. 재개관 원년에 올린 〈밤으로의 긴 여로〉와 〈베니스의 상인〉을 비롯해서 〈한여름밤의 꿈〉, 〈유랑극단 쇼팔로비치〉, 〈돈키호테〉, 〈헤다 가블러〉, 〈아워타운〉에 이르기까지 고전 명작 공연들이 해를 거듭할수록 탄력을 받고 있다. 최근에는 〈광부화가들〉, 〈예술하는 습관〉, 〈그을린 사랑〉 등 무게감 있는 해외 신작 공연과 균형을 맞추는 한편 고전 레파토리 선정에 점점 더 과감해지고 있다. 이번 공연 〈라오지앙후 최막심〉은 니코스 카잔차키스의 소설 「그리스인 조르바」가 원작이다. 그리스 현대

문학을 대표하는 카잔차키스의 대표작 〈그리스인 조르바〉를 배삼식이 한국적 상황으로 번안·각색하여 〈라오지앙후 최막심〉이라는 작품으로 다시 썼다. 연출은 감각적이고 섬세한 무대를 보여주는 양정웅이 맡았다.

자유인 조르바, 톨스토이와 고리키 시대의 오디세우스

전 세계적으로 고전이 다시 인기다. 뮤지컬 영화 〈레미제라블〉이 흥행에 성공했고 톨스토이의 〈안나 까레니나〉, 피츠제랄드의 〈위대한 개츠비〉도 영화로 만들어져 개봉을 앞두고 있다. 사막의 밤에 별빛 하나에 의지해 길을 찾거나, 격랑 속에서 등대 불빛 하나에만 의지하게 되는 것처럼 삶이 혼란스러울수록 단순한 원리를 찾게 된다. 최근 영화화되고 있는 고전들이 주로 근대 초기 사실주의 소설들이라는 점에서 "자본주의의 막장을 지나고 있는 지금" 시점에서의 겹쳐 읽기를 시도하고 있는 평자도 있다. 인문학 저서들이 다시 베스트셀러 목록에 오르고 있는가 하면 전세계적으로 전환기의 징후가 뚜렷하다.

〈그리스인 조르바〉 또한 마찬가지다. 책이 처음 출간된 것은 1947년이지만 카잔차키스가 소설 속의 실제 모델인 조르바를 만난 것은 1917년이다. 〈그리스인 조르바〉는 터키 지배 아래 있는 그리스 독립운동 시기와 러시아 혁명기를 배경으로 유럽과 아시아, 시베리아의 국경

선들을 횡단하고 떠도는 이야기이다. 카잔차키스 자신이 조국인 그리스를 비롯해서 프랑스, 영국, 독일, 이탈리아, 러시아, 중국, 일본, 팔레스타인, 이집트를 떠돌며 평생 글을 쓴 "20세기의 오디세우스"이다. 조르바 역시 민족과 국가의 경계선을 넘어 온몸으로 자유인의 삶을 산 오디세우스였다. 카잔차키스와 조르바는 톨스토이와 고리키 시대의 오디세우스들이다.

실제로 카잔차키스는 젊은 시절 톨스토이를 읽고 "톨스토이가 멈춘 곳에서 다시 시작"할 것을 맹세한 적이 있으며, 고리키의 신념을 품고 터키 지배하의 그리스 독립운동의 전쟁터로 떠난 친구의 이야기를 〈그리스인 조르바〉의 첫 출발지점으로 삼고 있다. 〈그리스인 조르바〉는 고리키의 신념을 따르는 친구 스타브리다키가 조국 해방의 전쟁터에서 죽음을 맞고, "정신적 낙태" 상태에서 단테 문고판을 들고 여행을 떠난 지식인 주인공이 고대 그리스인의 원형에 가까운 조르바를 만나 깨달음을 얻는 과정의 세 축을 중심으로 삼고 있다.

"나는 자유다", 민족과 국가로부터의 자유도 가능한가?

조르바는 말한다. "두목, 나는 당신이 들으면 머리카락이 쭈뼛할 짓도 조국을 위해서랍시고 태연하게 했습니다. 나는 사람의 멱을 따고 마을에 불도 지르고 강도짓도 하고 강간도 하고 일가족을 몰살하기도 했습니다. 왜요? 불가리아 놈, 아니면 터키 놈이기 때문이지요. 요새 와서는 이 사람은 좋은 사람, 저 사람은 나쁜 놈, 이런 식입니다. 그리스인이든, 불가리아인이든 터키인이든 상관하지 않습니다. 좋은 사람이든 나쁜 놈이든 나는 그것들이 불쌍해요. 모두가 한가집니다. 불쌍한 것! 우리는 모두 한 형제간이지. 모두가 구더기 밥이니까."

그리스 비정규 무장단체에서 민족과 조국의 이름으로 약탈과 살인을 일삼았던 조르바는 자신이 살해한 신부의 아이들이 비참하게 구걸하고 있는 것을 목격하고 "조국이 있는 한 인간은 짐승 신세를 벗어나지 못함"을 깨닫는다. 그리고 이 모든 것으로부터 도망치기로 한다. 자유인 조르바의 '자유'는 낭만주의의 자유보다는 아나키즘의 자유 개념에 더 가깝다.

"그런데 여자라면 …… 젠장, 눈이 빠지게 울고 싶어집니다요. 두목, 당신은 내가 여자를 너무 좋아한다고 놀리지요. 내가 어떻게 이것들을 좋아하지 않을 수 있겠어요? 젖통만 쥐면 무슨 짓을 하는지도 모르고 손을 들어 버리는 이 가엾은 것들을 말입니다." 조르바는 정직하게는 두 번, 비양심적으로 치자면 천 번, 이천 번, 삼천 번 결혼했다고 너스레를 떤다. 한술 더 떠 그리스 신화의 제우스까지 끌고 들어와, 암양들을 한꺼번에 네댓 마리 해치운 "가엾은 숫양"이라고 변호한다. 자신 또한 제우스와 같은 "위대한 순교자"라고 강변한다. 그렇게 제우스는 여자들에게 마지막 한 방울까지 남김없이 빨아 먹혀 죽어버리고 그 뒤를 이어 그리스도가 이 땅에 내려와 "여자를 조심할지니!"라고 말하게 되었다고 그리스 신화를 자유자재로 변형시켜 떠벌린다.

그런가 하면 성(性)해방을 통한 종교 비판 또한 서슴지 않는다. 조르바의 성에 대한 태도가 건강한 것에 비해 수도원 수도승들은 동성애에 얽힌 살인을 자행하고 있다. 카잔차키스는 신성 모독의 이유로 교회로부터 끊임없이 위협당하기도 했다. 민족과 국가와 종교로부터 자유로운 카잔차키스의 모습 자체가 철저한 자유인의 모습이다. 카잔차키스의 묘비명은 "나는 아무것도 바라지 않는다. 나는 아무것도 두려워하지 않는다. 나는 자유다"이다.

라오지앙후 최막심, 배삼식의 제2의 노마드적 인물

여자와 과일을 익게 하는 아프리카로부터 불어오는 바람, 제우스, 그리고 조르바. 신성성과 해학이 유쾌하게 뒤섞이는 해방적 에너지. 그리스(인)를 다시 묻는 것은 인간의 삶이란 어떤 것이어야 하는가를 근원적으로, 아무런 금기(禁忌) 없이 다시 묻는 일이기도 하다. 이것이 오랜 세월 이 작품이 사람들의 가슴을 뛰게 한 이유가 아닐까. 민족과 국가의 경계를 넘어, 인간과 동물의 경계를 넘어, 대지에 두 발을 굳게 딛고 서있는 수컷 그 자체의 자유를 말하는 〈그리스인 조르바〉. 과연 이 작품은 지금 현재, 우리의 현실에서 어떻게 다시 살아날 수 있을까? 배삼식의 새로운 대본 〈라오지앙후 최막심〉을 받아들고 첫 번째로 들었던 궁금함이다.

〈그리스인 조르바〉는 이미 유명한 고전이고, 1964년에 안소니 퀸

주연의 영화로 만들어져 대중적으로도 잘 알려져 있다. 최근엔 '니코스 카잔차키스를 품고 그리스를 가다'라는 부제가 붙은 그리스 기행문 『문명의 배꼽, 그리스』(박경철, 리더스북, 2013)가 출간되기도 했다. 텔레비전 모 프로그램에서 소개된 이후 작년 한 해 베스트셀러 10위 안에 계속 오르내리기도 했다. 한국적 상황으로의 번안뿐만 아니라 각색의 부담 또한 만만치 않아 보인다.

그런데도 배삼식의 싸움은 가뜬해보인다. 1941년 러시아 연해주 조선인 집단 거주지 앵화촌, 주인공 김이문과 최막심, 월남 하노이 출신 여관 주인 오르땅스와 러시아 혼혈인 젊은 과부 로사, 독립군 무장단체의 비밀자금을 마련하기 위해 집단적으로 재배하는 아편 농사와 촌노 조선달과 아편중독의 무당 진펄댁 등 의외의 설정과 기상천외한 인물들이 거침없이 등장한다. 원작의 방대한 양의 에피소드들이 동네 바보 천보에게까지 골고루 분산되어 대사 분량도 적절히 안배되어 있다. 중국어와 러시아어가 함께 섞여서 들려오고, 1930·40년대 대중가요들이 손풍금과 기타, 우쿨렐레, 발랄라이카, 사물과 함께 흘러나온다.

'라오지앙후 최막심', 제목 또한 예사롭지 않다. '라오지앙후'는 '떠돌이'라는 뜻의 중국어라고 한다. 그리고 한국판 조르바인 '최막심'의 이름 '막심'은 어머니가 날 낳고 후회가 막심했다, "일생일대로 최고로 후회 막심한 일이다"라는 너스레와 함께 소개되는 한편 〈밤주막〉과 〈어머니〉의 막심 고리키로부터 따온 이름이라는 작가의 설명이 덧붙여져 있다. 중국어로 불리는 떠돌이 라오지앙후, 조선 이름 최가, 막심 고리키의 막심이라…… 배삼식의 입담이 여간 여문 것이 아니다.

배삼식의 자유로운 횡단과 유희본능, 그러고 보니 배삼식에게는 꽤나 익숙한 모습이기도 하다. 〈열하일기만보〉의 그 배삼식이다. 〈열하일기만보〉에는 연암 박지원이 우울증 걸린 말하는 나귀로 등장한다. 그 외에도 욕정도 죄의식도 없는 건강한 성의 쾌락을 보여주는 만만의 사랑 이야기, 온갖 이질적인 것들이 섞이고 기이한 이야기들이 가득했다. 〈라오지앙후 최막심〉의 최막심은, 〈열하일기만보〉의 나귀 연암에 이은 배삼식의 제2의 노마드적 인물이다. 카잔차키스와 조르바와 최막심과 배삼식이 만나고 있는 참으로 절묘한 지점이다.

세대를 아우르는 공감과 치유의 공연

"〈그리스인 조르바〉는 어머니의 애독서이자 서가에서 가장 잘 보이는 곳에 꽂혀져 있는 책이었다." 연습실에서 만난 연출가 양정웅에게 〈그리스인 조르바〉에 대한 인연을 묻자 되돌아온 답변이다. 더불어 청소년기에 어떤 책을 좋아했느냐는 질문에, 톨스토이의 〈부활〉을 고등학교 때 내내 옆구리에 끼고 다녔다고 한다. 청소년기에 읽었던 고전들이 지금도 좋다고 말하며 살짝 흥분한 듯 말을 이어간다. 지금은 예전에 비해 훨씬 풍요로운 시대지만 더 혼란스럽고 우울하고 힘들어하는 사람들이 많은데, 고전은 그런 우리 삶의 본질을 꿰뚫어 보여주는 힘이 있다는 말도 함께 덧붙인다. 이 작품을 통해서 관객들이 명작을 다시 읽고 생각하는 계기가 되었으면 좋겠다는 바람도 전한다.

배삼식 작가와 양정웅 연출가와의 만남은 이번이 처음이다. 양정웅 연출은 배삼식 작가를 "다루고자 하는 문제를 피해가지 않고, 정직하게 밀고 나가는 힘이 있다"고 소개한다. 양정웅 연출 스스로는 "시적 압축과 생략의 양식성과 미니멀리즘이 강한 연극성을 추구해 왔다"고 자평한다. 그리고 배삼식 작가와의 만남은 다른 스타일과 감성을 수용하는 과정이었다고 말한다. 연극성과 음악성을 중시하는 연출답게 이번에도 배우들이 직접 악기를 연주하는 유랑 악단 스타일의 단순하고 어쿠스틱한 음악을 시도하고 있다. 음악감독으로는 대중음악계에서 활동 중인 일본 음악가 하찌가 참여하고 있다. 양정웅 하면 떠오르는 감각적인 무대가 배삼식의 단단함과 어떤 조화를 보여줄지 기대되는 대목이다.

한국판 조르바 최막심을 통해 일제말 민족과 국가의 경계에서 일탈과 카타르시스를 경험하는 사람들에 대한 묵직한 주제의식을 던지고 있는 배삼식과, "건강하고 짐승 같은 삶의 본능으로" 문제를 돌파해나간 최막심을 무대에서 현재화시켜서 보여주는 양정웅. 〈그리스인 조르바〉라는 고전을 매개로 이전의 부모세대와 지금의 젊은 세대가 함께 공감을 이루고, 지금 우리의 현실의 문제를 다른 시대와 공간의 이야기를 통해 반추하고 해결할 수 있는 실마리를 얻을 수 있는 공연을 기대해본다.

촛불과 달빛의 냉정한 비극의 세계

〈유리동물원〉

일시 2014년 8월 6일~8월 30일 **장소** 명동예술극장 **작** 테네시 윌리엄스 **연출** 한태숙 **드라마투르그** 강태경 **무대** 윤정섭 **조명** 김창기 **의상** 김우성 **소품** 강민숙 **분장** 백지영 **음악감독** 박승원 **안무** 이경은 **출연** 김성녀, 이승주, 정운선, 심완준

"이 작품이 이렇게 재미있는 작품이었어?" 공연이 끝나고 극장을 나서는 젊은 관객들이 이구동성으로 하는 말이다. 고전 〈유리동물원〉을 이토록 재미있게 본 자신들이 놀랍다는 반응을 보이는 젊은 관객들이 오히려 더 재밌다. 명동예술극장의 〈유리동물원〉은 고전 대작을 연거푸 올리고 있는 연출가 한태숙의 작품이다. 최근 〈오이디푸스〉, 〈아워타운〉, 〈단테의 신곡〉 등이 한태숙의 연출적 감각을 보여주는 '강한' 공연들이라면, 〈유리동물원〉은 '힘을 뺀' 경쾌하고 유머에 가득 찬 공연이다. 장면의 속도도 빠르다. 2시간 30분의 공연 시간이 순식간에 지나간다. 한태숙은 고전에 강한 연출가로 확고하게 안착하고 있다.

무엇보다도 이를 가능하게 했던 것은 배우 김성녀의 공이 크다. 연출가 한태숙의 〈유리동물원〉은 어머니 아만다에게 초점을 맞춘 공연이다. 김성녀의 아만다는 과거에 대한 향수와 환영으로 도피하는 병적인 인물이 아니라 나이 들었어도 여전히 "남부 소녀다운 생기발랄함"을 지니고 있으며 달을 보고 소원을 비는 소박하고 건강한 인물로 나온다. 김성녀의 아만다는 〈욕망이라는 이름의 전차〉의 블랑쉬이기도 하고, 〈바람과 함께 사라지다〉의 스칼렛 오하라이기도 하지만, 한국의 '극성 엄마'의 모습이 더 강하다.

덕분에 아만다와 티격태격 신경전을 벌이는 시니컬한 몽상가 아들 톰과의 장면도 두툼하게 살아났다. 머리빗을 들고 달려들어 아들 머리를 자기 맘에 들게 빗겨놓고야 마는 극성 엄마와 다시 머리를 헝클어뜨리는 철부지 아들의 모습은 우리에게도 익숙한 엄마와 아들의 모습이다. 아침 식사 자리에서 "꼭꼭 씹어 먹어라" 잔소리가 끝나지 않는 모습도 너무나 익숙해서 웃음이 난다. 아만다 김성녀와 톰 이승주 배우의 앙상블이 제대로 살아 있다. 아만다와 톰이 나오는 외화 더빙을 연상시키는 번역투의 대사들을 벗어나 우리말 감각을 자연스럽고 능청스럽게 살린 번역과 '대본 어레인지'의 깨알 같은 노력들이 돋보인다.

이 공연의 가장 큰 미덕은 원작 그대로에 충실하다는 점이다. 〈유리동물원〉은 테네시 윌리엄스의 초기 대표작이자 세계적인 명성의 작품이다. 이 극은 작가의 분신인 톰의 독백으로 시작해서 끝나는 회상극이다. 1930년대 대공황과 1940년대 제2차 세계대전으로 치닫고 있었던 세계정세가 톰의 시니컬한 독설로 전달된다. 대공황으로 중산층은 몰락하고, 아만다처럼 과거의 모습으로 살아가는 사람들은 도태되고, 삶의 불안에 시달리고 있다. 1930년대 대공황의 미국 풍경은 지금 현재 신자유주의 경제 위기에 처한 우리의 모습과 다르지 않다.

아만다의 리얼리티가 제대로 살아난 덕분에 과거의 시대를 대변하는 아만다와 로라, 미래의 시대를 대변하는 짐, 그리고 이 집으로부터 탈출을 꿈꾸는 톰의 세계가 냉정한 균형감을 갖춘 채 제시된다. 어머니 아만다가 젊은 시절 말라리아에 걸려서도 계속 파티에 나가 춤을 추며 젊음에 들떠 있었듯이, 톰은 마치 관(棺) 같은 이 집을 벗어나 새로운 세계로 떠날 생각에 들떠 있다. "스페인에서는 혁명뿐 아니라 게르니카 대폭격까지 있는데, 여긴 그저 질펀한 스윙음악과 술, 댄스홀과 빠, 영화관과 섹스가 세상을 뒤덮고 있다!" 톰은 "바람과 함께 사라진" 아버지처럼 세상 속으로 떠나고 싶어 한다. 구두공장 물류창고에서 일하는 톰은 구두상자 위에 시를 쓰다가 해고의 위험에 처해있다. 그의 시 쓰기는 새로운 세상에 대한 모험과 여행을 향한 항해 티켓이다. 그는 결국 떠난다.

절름발이 딸 로라도 가련한 운명의 희생자처럼 청승맞지 않다. 연출가 한태숙은 로라 역의 정운선 배우에 대해서 "강한 무대집중력과 미숙하면서도 조숙함이 함께 있는 묘한 느낌"을 가진 배우라고 소개한다. 로라는 마치 유리조각처럼 언제든 깨질 듯 연약하지만 유리조각의 빛처럼 자기만의 내면의 빛을 가진 인물이다. "현실세계에서 온 손님"인 짐이 환기하는 집밖의 현실이 눈부신 미래의 모습, 곧 웅변과 연설, 텔레비전 시대의 도래, 자본주의의 발전 등 미래로만 달려가는 기관차와 같은 삶이라면, 아만다와 로라가 머물러 있는 집안은 뿔 달린 멸종동물 유니콘의 유리동물 조각과 촛불과 달빛의 세계이다.

이승주의 톰과 정운선의 로라는 신경질적인 성격의 괴팍한 시인과 불구의 비련의 여주인공이라는 특수한 개인의 모습이 아니라 지극히 평범한 보통 사람들의 모습을 보여주고 있고, 보통 사람들이 몰락하는 '일상의 비극'의 설득력을 높여주고 있다. 아버지가 부재한 집에 남겨진 가족들은 마땅히 먹고 살 대책도 없고 전기도 끊겼다. 매일 밤 영화관에는 그레타 가르보도 있고 미키 마우스도 있고, 박람회와 과학관에는 '미국의 미래'도 있지만, 이들은 전기도 끊긴 낮고 어두운 집에서 촛불과 달빛 아래 몰락하고 있는 자신들의 모습을 본다.

로라는 절름발이고 공황장애가 있고 현실에 적응할 가능성이 전혀 없다는 냉정한 현실이 모두 확인된 다음에야 "현실세계에서 온 손님"인 짐이 도착한다. 로라와 톰은 앞날이 불안하고 불투명한 스물셋, 넷의 평범한 젊은이들이다. 젊은 세대의 앞날이 불안한 우리의 현실과 겹쳐지면서 로라와 톰의 현실은 더 냉정하게 전달된다. 그런데도 그들이 서로에 대한 연민과 사랑을 끝까지 간직하고 있기에 그들의 현실은 단순한 현실을 넘어 비극이 된다.

실제로 무대는 마치 관(棺) 같다. 무대는 세인트루이스의 빈민가 연립주택의 한 집이다. 천장은 낮고, 비좁은 골목엔 물웅덩이가 고여 있다. 예전에 살았던 남부식 대저택의 흔적 따위는 느껴볼 수 없는 가파른 비상계단이 현관을 대신하고 있다. 높이 솟은 전신주에는 전깃줄이 어지럽게 매달려 있다. 마지막 장면에서 로라는 촛불을 불어 끄면서 마치 영원한 어둠의 관 속에 묻히는 듯하다. 그러나 동시에 이 장면에서 가장 인상 깊은 것은 톰이 로라의 촛불을 마지막까지 함께 지켜본다는 점이다.

작가 테네시 윌리엄스는 과거 세계의 아만다와 로라에 대해 감상에 젖지도 않지만, 미래의 눈부신 빛 속의 환상에 맹목적으로 눈이 멀지도 않는다. 여리디 여린 감성과 시적 서정성의 세계로 대변되는 테네시 윌리엄스가 한태숙을 만나 현실적 고통 속에서 인간이 어떻게 마지막 불꽃 하나를 지키며 자신을 지키는지 냉정한 비극의 세계로 재해석되고 있다. 고전을 단지 하나의 '문화상품'이 아니라 삶의 두꺼운 일상의 한 단면으로 살려내는 것은 어쨌든 예술가들의 힘이다. 관객은 그 힘 속에서 삶의 문제를 생각할 스스로의 힘을 얻는다.

"심심한데 목이나 매달까?"
구원의 밤과 부활

〈고도를 기다리며〉

일시 2015년 3월 12일~5월 17일 **장소** 산울림 소극장 **제작** 극단 산울림 **작** 베케트 **연출** 임영웅 **번역 · 기획** 오증자 **극장장 · 기획** 임수진 **예술감독** 임수현 **무대** 박동우, **조명** 김종호, **의상** 박항치 **분장** 김유선 **조연출** 박혜선 **무대감독** 연태양 **출연** 블라디미르 정동환 · 송영창 · 한명구, 에스트라공 박용수 · 안석환 · 박상종, 포조 이호성 · 이영석 · 김명국, 럭키 정재진 · 정나진 · 박윤석, 소년 김형복

〈고도를 기다리며〉가 소극장 산울림 개관 30주년 기념공연으로 다시 올라갔다. 45년의 공연 역사를 기념하며 그동안 출연했던 명배우 13인이 출연하는 흥미로운 기획이다. 프로그램북에 자세히 정리되어 소개되고 있는 〈고도를 기다리며〉 역대 출연진 명단과 캐스팅별 배우들의 과거와 현재의 모습을 나란히 보여주고 있는 지면은 그 자체로 감동을 안겨준다.

한 시대의 역사를 품을 수 있는 공연이 또 얼마나 될까? 언제 이 공연을 처음 봤는지 기억이 가물가물할 정도인데, 한 자리에서 오랫동안 자신의 자리를 묵묵히 지키고 있는 공연을 지켜보는 느낌이 특별했다.

이미 걸작임을 인정하고 다시 보는 공연이었고, 그렇기에 시간의 흐름과 함께 이 공연이 어떻게 숙성해갔는지, 혹은 지금 현재적 맥락에서 이 공연이 또 어떻게 다르게 읽힐지 궁금함을 안고 관극에 임했다. 관람한 공연은 블라디미르(디디) 송영창, 에스트라공(고고) 안석환, 포조 이호성, 럭키 정재진, 소년 김형복이 출연하는 무대였다.

텅 빈 무대에 나무 한 그루. 지친 방랑자들이자 어릿광대인 두 배우. 한 배우는 애써 구두를 벗고 있고, 한 배우는 "심심한데 목이나 매달까?" 심드렁하다. 〈고도를 기다리며〉는 1953년 프랑스 파리 바빌론 소극장에서 초연되었다. 연극학자 마틴 에슬린에 의해 '부조리극'이라고 명명된 이후 부조리극의 대명사로 일컬어지고 있다. 임영웅 연출가에 의한 한국 초연이 1969년이었고, 1960·70년대 한국연극사에서 부조리극을 대표하는 공연으로 거듭 무대에 올랐다. 〈고도를 기다리며〉의 두 주인공이 고도를 기다렸을 만큼 오랜 시간이 흘러 다시 보게 된 이 공연의 첫 번째 인상은 '고도를 기다리며'의 기다림의 행위가 죽음의 의미를 짙게 띠면서 더 이상 '구원의 밤'과 '부활'이 불가능한 현대 세계에 대한 묵시록적 의미와 종교적 의미가 훨씬 더 강화되어 있다는 점이다.

객석에 앉아 맨 먼저 눈에 띈, 박동우 무대에 의해 매우 추상적으로 표현된 나무를 보면서 문득 "정말 목매달기 딱 좋은 나무로군!"이라는 생각이 들었다. 그리고 이어지는 대사들, 예수와 함께 십자가에 매달렸던 두 도둑의 이야기는 끊임없이 이 나무 주위를 떠나지 못하고 고도를 기다리는 고고와 디디의 모습 같다는 생각이 들면서, 극 전체가 예수와 두 도둑 이야기, 예수의 부활이 이루어지는 구원의 밤에 대한 이야기가 아닐까하는 생각에까지 이르게 되었다. 극 중반에 등장하는 포조와 럭키 장면에서 럭키 목에 매달려 있었던 밧줄 또한 죄수들의 목을 매달았던 밧줄로 느껴진다. 고고와 디디는 장난스럽게 포조와 럭키를 아벨과 카인이라 부르며 이들이 "인류 전체다!" 외친다. 구원의 밤, 부활은 이루어지지 않고, 인류 전체의 구원은 사라지고 죽음만이 남았다. 죽음만을 기다리는 사람들의 잔인한 이야기.

"개 한 마리 국자로 때려 죽였다네." 2부의 첫 시작 장면에서 디디가 부르는 노래이다. 이 장면은, 구원자를 때려죽인 이야기이다. 이 장면은 구원도 없고, 부활도 없고, 2차 세계대전 이후 시체 더미와 남겨진 사람들을 환기시킨다. 그리고 공연 중 객석에 조명이 들어오며 디디는 객석을 가리키며 말한다. "이 시체들은 다 어디서 온 것일까?" 오늘도 우리는 고고와 디디처럼, 여전히 죽음을 견디며 살아가고 있음이 한순간 환기된다. 종교적이고 철학적인 주제의 진지한 극이었음에도 젊은 관객으로 꽉 찬 객석의 열기는 뜨거웠다. 극이 후반으로 흘러가면서 더더욱 객석의 집중이 높아지는 것을 피부로 느끼며, 이 작품이 가지고 있는 통찰력과 예언자적 메시지가 얼마나 순도와 강도가 높은 것인지 새삼 다시 확인하게 되었다.

고고와 디디의 구두 벗기, 럭키의 모자 뺏기, 등장인물 모두 드러누운 채 시체놀이를 하는 장면들 등 시간을 견디는 끝없는 일상의 놀이들의 사실성이 살면서, 이 공연은 단지 1960년대의 부조리극이 아니라 지금 현재 동시대의 현대극으로도 모자람이 없다는 생각마저 들었다. 물론 여기에는 2시간 50분, 거의 3시간에 육박하는 긴 공연시간에도 불구하고 한 치의 빈틈도 허용하지 않고 관객의 몰입을 이끌어냈던 배우들의 탁월한 연기가 탄탄하게 밑받침되고 있다. 우리 시대의 명배우 열전을 확인하게 된 공연에 대해서 감탄에 감탄을 거듭하게 되었다.

2부의 후반부에서 럭키의 '생각하는 모자'를 뒤집어쓴 디디가 던지는 질문들, "남들이 괴로워하는 동안에 나는 자고 있었을까? 지금도 나는 자고 있는 것일까?" "이 모든 게 다 사실일까?" "사람들은 서서히 늙어가고 하늘은 우리의 외침으로 가득하구나. 하지만 습관은 우리의 귀를 틀어막지." 이번 공연에서 새롭게 들렸던 질문들이다. 그리고 지금 현재 동시대의 현대극으로서 〈고도를 기다리며〉가 여전히 현재진행형으로 공연되어야 할 이유를 찾게 된 장면이다. 〈고도를 기다리며〉는 단지 오랜 시간을 버틴 공연이 아니라 훨씬 깊어진 시선과 명확한 의미로 거듭나고 있다. 45년 동안 공연되고 있는 〈고도를 기다리며〉를 지금도 봐야하는 이유가 더 명확해진 공연이었다.

캐주얼과 모던함

〈페리클레스〉

일시 2015년 5월 12일~5월 31일 장소 예술의전당 토월극장 제작 예술의전당 작 셰익스피어 각색 양정웅 · 김세한 연출 양정웅 미술감독 임일진 조명 여국군 의상 도연 소품 이은규 분장 전주영 음악 장영규 무술감독 이국호 영상 김장연 음향 곽동열, 한국란 기술감독 윤대성 무대감독 송민경 드라마투르그 이현우 조연출 이대웅, 이현애 출연 유인촌, 남윤호, 최우리, 김은희, 이국호, 전중용, 한윤춘, 김대진, 정제우, 장현석, 김진곤, 조찬희, 장지아, 김도완, 한인수, 김상보, 이화정, 김호준, 정원창, 김범진, 서동오

2015년 4월 국립극단과 명동예술극장이 통합되어 국공립 제작극장 2기 체제를 맞고 있다. 지금 현재 제작극장 체제에서 〈3월의 눈〉, 〈단테의 신곡〉 등 레퍼토리 정착, 큰 무대에 서는 '배우 파워'의 확인 외에 무엇보다 눈에 띄는 것은 전쟁을 방불케 하는 무대 스펙터클의 경쟁이다. 명동예술극장 〈리어왕〉(윤광진 연출, 이태섭 무대)의 폭풍 장면에 쏟아부은 2톤의 물이 화제더니, 예술의전당 〈페리클레스〉(양정웅 연출, 임일진 무대)에서는 50톤의 모래를 무대에 깔았다.

〈페리클레스〉는 셰익스피어 후기 낭만극으로, 지중해 연안의 시리

아, 레바논, 터키를 배경으로 영웅의 모험과 고난의 이야기를 다루고 있다. 아라비아와 페르시아 고대 도시의 이국성과 천상의 목소리로 사람들의 마음을 치유하는 세헤라자데와 같은 신비로운 여성 주인공, 달의 여신의 신전 등 온갖 신기한 이야기가 가득한 작품이다. 〈페리클레스〉는 셰익스피어 당대에 가장 인기 있었던 작품이나 거대한 스케일로 그동안 공연이 쉽지 않았다고 한다.

양정웅 연출은 셰익스피어 원작의 대중성을 현대적으로 살리는 전략을 적극적으로 구사한다. 해설자 가우어와 늙은 페리클레스를 유인촌에게 맡기고, 신비로운 노래를 부르는 마리나에 뮤지컬 배우 최우리를 캐스팅했다. 이른바 '골든 캐스팅'이다. 무대의 스펙터클은 임일진 무대디자이너에 의해 초현실적인 무대가 완성되었다. 토월극장 뒷무대까지 완전히 개방해 무대 전체에 모래를 깔고, 거대한 대리석 석상의 다이아나 여신의 머리가 모래바닥에 누워있다. 무대 뒤쪽에는 야자수 몇 그루와 거대한 달이 박혀있다.

극단 여행자의 배우들은 무대 끝에서 끝까지 마치 100미터 달리기를 하듯 전력질주를 하는가 하면, 깊은 바닷물 속으로 사라지는 사람들을 연기한다. 의상은 터번과 차도르를 둘러 이국성을 강조하고 있지만, 찢어진 청바지와 짚업 후드티의 현대 캐주얼 복장들이다. 사막의 달밤, 낯선 이방인의 도시, 향과 양탄자, 심플하면서 가슴 깊이 울려오는 기타 반주의 음악 등 양정웅 연출의 캐주얼하면서 모던한 미적 감각이 쾌감을 안겨준다. 양정웅 연출과 임일진 무대미술, 장영규 음악감독이 〈페르귄트〉 이후에 만들어낸 또 하나의 캐주얼하고 모던한 고전 대작이다.

"이 희망 속에서 나는 살아간다." 양정웅 연출이 공연을 통해서 전하고자 했던 단 한마디이다. 페리클레스는 아름다운 공주를 얻기 위한 수수께끼에 숨겨진 위험을 피해 방랑을 시작한다. 그는 고향에 돌아가지 못하고 바다에서 표류하다 아내도 얻고 딸도 얻지만, 바다 위에서 모두 잃는다. 온갖 모험이 가득한 1부의 이야기에 비해 2부의 이야기는 모든 것을 잃고 말조차 잃은 페리클레스가 바다를 떠도는 이야기이다. 대작의 스케일에 비해 텅 빈 듯 보이는 2부의 시간을 유인촌이 지탱해준다.

혹자는 이 공연의 주인공이 인간이 아니라 시간이라고 했듯이, 이 작품은 인물들의 스토리나 드라마에 충실하기보다는 그야말로 무자비한 시간의 흐름 속에서 한 인간이 얼마나 망가져 가는지, 아내와 딸, 모든 것을 다 잃은 자가 다시 바다로 나가 무엇을 붙잡으려고 하는지 등의 질문을 묵직하게 던진다. 그렇기 때문에 바로 그 늙은 페리클레스의 역할에 유인촌 전 문화부 장관이 캐스팅된 것에 대해 불편해하는 관객이 많다. 〈페리클레스〉는 역사가 만든 아이러니의 공연이 되었다.

우리에게도 깊은 바닷물에 잃어버린 어린 딸이 다시 살아오길 간절히 기다리고 있는 늙은 아비들이 있다. 페리클레스처럼 말을 잃었으면서 여전히 그 바다를 떠도는 늙은 아비들이 있다. 눈먼 아비 심봉사와 심청이의 상봉처럼, 늙은 아비 페리클레스와 바다에서 살아 돌아온 딸 마리나의 상봉처럼, 이는 우리가 얼마나 간절히 바라는 일인가. 심청이의 인당수, 페리클레스의 지중해, 세월호의 팽목항, 이 폭풍 속에서 우리는 끝까지 어떤 희망을 가져야 할까. 깊은 바다 속 잠긴 문 안에서 우린 어떤 희망을 만들어야 할까. "이 희망 속에서 우리는 살아간다."

가장 낯선 방식으로 말하는 '인간'

〈1984〉

일시 2014년 9월 23일~10월 18일 **장소** 두산아트센터 **제작** 두산아트센터 **작** 조지 오웰 **글쓰기** 김민 승 **연출** 윤한솔 **조명** 최보윤 **작곡 · 연주 · 음향** 민경현 **의상** 이유선, 김경희 **소품** 그린피그 **영상** 김제민 **조연출** 박현지 **무대감독** 김민국 **프로듀서** 김요안, 신가은 **출연** 곽동현, 김효영, 박기원, 신재환, 이필 주, 임정희, 전선우, 정양아, 황미영

윤한솔 연출의 〈1984〉를 보고 나오는데 웃음이 났다. 원작이야 어 떻든 '윤한솔 공연'으로 바꿔놓는 악동기질이 여전하다. 윤한솔 연출 은, 해방기 작품인 진우촌의 〈두뇌수술〉을 발굴해서 1940년대 신파영 화처럼 과장되게 보여주거나, 고재귀 작가의 〈사람은 사람에게 늑대〉 라는 작품에선 공연이 끝나고 관객이 나간 후에 에필로그 장면을 공연 해서 나갔던 관객이 다시 돌아와 공연을 마저 보게 만들기도 했다. 올 해 봄 혜화동1번지 5기 동인 페스티벌 작품으로 올라간 〈이야기의 방 식, 노래의 방식〉에서는 "전화기의 벨, 진동이 터지는 순간 공연을 종 료합니다"라는 경고문을 무대 뒷배경에 떡하니 써놓고 공연하다가 실

제로 객석에서 핸드폰 벨소리가 울리자 20분 만에 공연을 중단한 전무후무한 사건도 있었다.

이번 공연은 조지 오웰의 소설 『1984』가 원작이다. 포스터가 무시무시하다. 누군가 바리깡을 들고 꿇어 엎드린 사람의 머리를 밀고 있다. 반항기 다분한 포스터다. 실제 공연에서도 배우들이 전원 삭발한 채 나온다. 공연장 밖에서 어슬렁거리고 있는 윤한솔 연출도 삭발이다. 조지 오웰의 소설 원작이 담고 있는 미래세계의 디스토피아적 이미지를 표현한 것이다.

공연은 1984년 1월 1일 인공위성을 통해 전 세계에 텔레비전으로 방송된 백남준의 비디오 아트 〈굿모닝 미스터 오웰〉 영상과 함께 시작된다. 무대 뒷면에 10여 대의 스크린이 나란히 서있고, 한쪽엔 전자 기타리스트가 라이브로 음악을 연주하고 있다. 흡사 백남준의 비디오 아트 전시장에 들어선 것 같다. 스크린에 형형색색의 영상이 비춰지자 바벨탑을 연상시키는 백남준의 비디오 아트 설치물 〈다다익선〉이 생각났다. 실제로 바벨탑 건설에 관한 카프카의 소설 일부분이 낭독되면서 공연이 시작된다. 조지 오웰에게는 미래였던, 그리고 백남준에게는 실시간 현재였고, 윤한솔에게는 과거인 '1984년'에 대한 다양한 문화 역사적 기억을 공연의 콘텍스트로 적극적으로 활용하고 있는 기지와 재치가 가득한 공연이다.

그리고 여기에 마지막 '신의 한 수'가 덧붙여진다. 주인공 윈스턴 스미스와 줄리아가 빅 브라더의 텔레스크린의 감시와 통제에서 벗어나 사랑을 나누는 침대방 한쪽 구석에 놓인 텔레비전에서 1984년 강변가요제에서 불렀던 이선희의 노래 〈J에게〉가 나온다. 이 노래는 윈스턴 스미스가 총살당할 때 노래방에서 불렀던 마지막 노래이기도 하다. 윈스턴 스미스가 빅 브라더를 완전히 사랑하도록 세뇌당한 순간 노래방 스크린에 한 글자씩 지나가는 "J 난 너를 못 잊어, J 난 너를 사랑해"의 가사가 빅 브라더에 대한 찬양가로 울린다. 조지 오웰의 '디스토피아 1984년'에 대한민국 군부독재의 역사를 겹쳐놓으면서 어떤 '불온한 상상력'을 건드린다. J는 공연에 대한 메타적 관점에서 조지 오웰에 대한 찬양가이자, 전두환에 대한 찬양가처럼 들린다. '불온한 상상력'은 윤한솔 연출의 극단 그린피그의 슬로건이다.

공연은 시종일관 '윤한솔 식으로' 유쾌하게 흘러간다. 무대 앞에 설치된 컨베이어벨트는 출퇴근을 반복하는 배우들을 마치 상품처럼 실어 나른다. 배우들은 서류를 넘기고 빵을 씹는 일상의 패턴화된 동작을 반복한다. 윈스턴 스미스와 줄리아의 성행위는 기계적인 냉정함으로 그리고 동물적인 흥분으로 의도적으로 반복된다. 무대에는 처음부터 테이블과 식탁과 침대가 설치되어있고, 마치 서치라이트처럼 조명이 무대 이곳저곳을 비추면 장면전환 없이 곧바로 사무실과 식당과 고문실로 넘어간다.

수술로 얼굴을 바꾼 윈스턴 스미스를 박기원과 이필주 배우 2명이 연기하게 한 것은 전작 〈두뇌수술〉에 대한 패러디이자 조크이다. 줄리아 역의 정양아의 집중력 있는 연기도 인상적이다. 윈스턴 스미스는 어머니의 사랑을 기억할 땐 인간이었지만, 줄리아의 사랑을 잊을 땐 돼지가 되었다. 그린피그는 가장 낯선 방식으로 '인간'을 말하고 있다.

체호프와 나와 공포

〈공포〉(재)

일시 2014년 9월 25일~10월 5일 장소 서강대 메리홀 대극장 제작 극단 그린피그 작 고재귀 연출 박상현 드라마투르그 마정화 무대 박상봉 조명 남경식 의상 윤보라 음악 민경현 화술지도 김선애 분장 이동민, 최정현, 김주현 무대감독 김명환 조연출 유옥주 기획 드림아트펀드 출연 김태근, 이동영, 김수안, 신덕호, 오대석, 최지연, 전박찬, 박하늘

〈공포〉는 체호프의 단편소설 「공포」를 원안으로 해서 고재귀 작가가 재창작한 작품이다. 체호프의 소설 「공포」는 체호프가 취재여행을 위해서 사할린 섬의 유형지를 여행하고 돌아와 발표한 짧은 단편소설이다. 소설 원작은 "삶이란 유령이나 저승의 이야기보다도 더 이해할 수 없으니까 무서운 것이다"라는 생각을 가진 채 '공포'에 중독된 채 살아가는 '한 친구의 이야기'를 그리고 있다. 대학을 나왔으나 도시의 삶을 거부하고 시골로 내려가 농장주로 살아가는 한 친구를 방문하는 '나'의 이야기를 그리고 있는 작품으로, 근대 전환기 러시아를 시대적 배경으로 체호프 자신의 자전적 체취가 강하게 느껴지는 작품이다.

고재귀 작가는 소설 원작에 나오는 '나'를 체호프로 해석하면서 체호프의 사할린 취재여행과 러시아 혁명 직전 지식인들의 내면의 공포를 적극적으로 재해석하여 또 다른 작품으로 재창작해냈다. 소설 「공포」 원작의 지식인 인물들을 중심축으로 원작에서 살짝 지나가는 술주정뱅이 하인 에피소드에 하녀의 이야기를 추가해서 이중플롯으로 만들었다. 그리고 원작에서 말하는 알 수 없는 인생의 냉정함과 가혹함 외에 시베리아 유형지에서 만나게 된 인간의 고통과 인간의 고통에 무감각한 신의 세계를 대비시키는 신학적 주제를 적극적으로 보완하고 있다. 체호프의 전체 작품세계에 대한 고재귀 작가의 충실한 이해와 애정이 느껴지는 대목이다. 연극 〈공포〉는 체호프의 소설을 원안으로 하고 있다는 점에서 순전한 창작물이라 하기는 어렵지만, 소설 「공포」를 재해석하고 재창작한 고재귀 작가의 역량이 충분히 드러나 있는 작품이다.

〈공포〉는 지난해에 초연되었고, 이번에 다시 공연되었다. 2013년은 특별한 페스티벌이나 기획전이 아니면서도 일 년 내내 체호프 극들이 대극장과 소극장에서 줄줄이 올라간 특별한 해였다. 작년 봄 LG아트센터에서 올라간 레프 도진의 〈세 자매〉에 이어 명동예술극장의 〈바냐 아저씨〉(이성열 연출), 예술의전당의 〈세 자매〉(문삼화 연출) 등을 비롯해서 극단 맨씨어터의 〈14인 체홉〉(오경택 연출), 극단 아르케의 〈벚나무 그늘 아래에서 벌어진 한 가문의 몰락사〉(김승철 연출), 두산아트센터의 〈가모메〉(성기웅 재창작, 타다 준노스케 연출) 등에 이르기까지 체호프 극에 대한 고전적 해석으로부터 실험적 해석에 이르기까지 다양한 체호프 극들이 무대에 올랐다.

극단 그린피그의 〈공포〉는 그러한 흐름의 연장선상에서 주목을 받았던 작품이자, 체호프 드라마를 무대에 충실히 그리는 것을 넘어서 체호프에 대한 적극적인 '대화'를 시도하고 있다는 점에서 흥미로운 작품이었다. 프롤로그 장면에서 자살을 시도하는 체호프의 장면으로 시작해서 중간 중간에 끼어드는 시베리아 유형지에서의 인간의 고통과 신의 냉정함, 일상적 공간에서 술과 성욕에 쉽게 굴복하는 인간 존재의 하찮음과 돼지우리 같은 인간 세상에 대한 시니컬한 태도 등 체호프를 충실히 그려내면서 지금 현재 우리의 삶을 되돌아보게 하는 작가의 메시지가 묵직하게 다가왔다. 그리고 그러한 작가의 메시지를 충실히 전달하는 조력자 박상현 연출가의 연출력이 든든하게 밑받침된 공연이었다.

이번에 재공연된 〈공포〉에서 기대되었던 점도 바로 그러한 부분이었다. 지난해 초연 당시 다소 산만하고 이해가 쉽지 않았던 부분들을 재음미하는 기회가 될 것이라는 기대가 있었다. 그런데 이번 재공연은 중심 서사가 보다 선명하게 정리되고 각각의 인물들의 감정선이 보다 분명하게 표현되면서 초연의 혼란스러움은 많이 정리되었지만, 정작 살았어야 하는 초연 당시의 문제의식도 함께 사라진 듯해 당혹스러웠다. 초연 당시 인상 깊게 보았던 하녀 까짜(박하늘 분)의 비중이 적어지고, 서사의 중심축이라고 할 수 있는 체호프(김태근 분)와 친구 드리트리 페트로비치(이동영 분), 그의 부인 마리야 세르게예브나(김수안 분)의 삼각관계가 도드라지면서 대중적 멜로드라마의 성격이 강화되었다. 유머소설, 꽁트 작가로 출발한 체호프 작품세계 전반에서 찾아볼 수 있는 대중적 속성이 더욱 선명하게 드러나면서 고재귀 작가가 천착하고자 했던 문제의식이 사라진 것은 못내 아쉬웠다.

한태숙의 창극 실험이 남긴 것들

〈장화홍련〉

일시 2014년 4월 1일~4월 5일 **장소** 국립극장 해오름극장 **제작** 국립창극단 **작** 정복근 **연출** 한태숙 **작창** 왕기석 **작곡** 홍정의 **안무** 이경은 **무대** 이태섭 **조명** 김창기 **영상** 김정연 **의상** 김우성, 김상희 **소품** 강민숙 **분장** 백지영 **조연출** 김정, 강소희 **출연** 왕기철, 김미진, 정은혜, 김차경, 민은경, 김금미, 이시웅, 윤제원, 황성대, 서정금, 이광원, 김형철, 우지용, 고승조, 왕윤정, 송나영, 심완준, 황순미, 권령은, 최순진, 우정원 **연주** 월드뮤직밴드 AUX 박세라, 최혜림, 홍정의, 한두수, 최순호, 이우성

한태숙 연출의 창극이 논쟁을 불러일으키고 있다. 한태숙의 창극 〈장화홍련〉(2012), 〈단테의 신곡〉(2013)은 모두 국립창극단 작품이다. 한국 고전을 창(소리)으로 풀어가는 전통적 공연방식을 유지해온 기존의 창극과는 달리 현대 공포극으로 풀어가거나 아예 서양 고전을 무대화하는 등 '파격'의 연속을 보여주고 있다. 명칭 자체도 '스릴러 창극'을 표방하고 있는 〈장화홍련〉이 그 기폭제가 되었다. 연극 연출가인 서재형의 〈메디아〉(2013)에 이어 한태숙의 〈단테의 신곡〉(2013)에 이르기까지 국립창극단의 '창극의 현대화'의 실험에 가속도가 붙으면서 실험의 의의에 대한

논란도 분분하다.

 "호러 창극 〈장화홍련〉 신선한가, 무리였나?",[1] "극찬 받는 창극 〈메디아〉의 실험은 정당한가?—실험도 기본을 유지해야 정당성을 얻는다"[2]는 우려와 함께 "국립창극단 〈장화홍련〉—반(反) 창극으로서의 가치"[3]가 있다는 옹호의 목소리도 동시에 들려온다. 우려하는 쪽에선 창극의 핵심인 소리가 약화되는 대신 무대 연출력만이 강화되는 현실을 비판하고 있다. 그러나 오히려 그렇기 때문에 "창극 백 년 역사에 처음"으로 "장단에 의지하지 않는 창극"이 만들어졌으며, 창극의 새로운 가능성으로 나아갈 수 있는 "반(反) 창극"으로서의 가치를 적극 인정해야한다는 반론도 만만치 않다.

한태숙의 창극 〈장화홍련〉, 익숙한 연극적 문법

 한태숙은 무대의 시각성이 강한 연출가이다. 한태숙의 초기작인 〈레이디 맥베스〉(1998)를 비롯해서 〈서안화차〉(2003), 〈고양이늪〉(2005), 〈짐〉(2007) 등과 최근작인 〈오이디푸스〉(2011), 〈아워 타운〉(2012)에 이르기까지 무대 전체를 시각적 언어로 재해석해내는 극장성이 강한 연출가이다.

---

1   유석재 기자, 『조선일보』, 2014.4.3.
2   이동연 한국예술종합학교 교수, 『프레시안』, 2013.5.26.
3   윤중강 음악평론가, 『객석』, 2013.1.

초기작부터 대극장을 중심으로 시적 응축력이 강한 무대를 만들어온 것도 이러한 성향이 반영된 결과다. 언어 중심의 사실적인 연기 대신 무용이나 음악 등을 총체적으로 활용하여 무대 전체의 시적 통합을 중시하고, 무대와 객석의 위치를 뒤집어 사용하거나 무대 위에 아예 가설 객석을 올리는 등 무대와 극장의 관습 자체를 부정하는 방식도 이미 오래 전부터 시도되고 있는 한태숙만의 고유한 특징이다.

창극 〈장화홍련〉도 마찬가지다. 국립극장 해오름극장의 대극장 무대 위에 객석을 만들고, 관객이 무대 너머 깊은 심연 같은 호수로 설정된 객석을 바라보도록 하였다. 관객 입장이 시작되면 관객은 기존의 출입구가 아닌 옆무대 쪽 통로를 통해 무대 위에 마련된 객석으로 안내된다. 물에 빠져 죽어 귀신이 된 〈장화홍련〉 이야기가 귀신 이야기라는 점에서, 관객 입장에서부터 관객들의 일상적 체험의 공간 자체를 뒤집어 놓은 채 공연이 시작된다. 귀신은 옷을 뒤집어 입는다는 속설이 생각나는 재미있는 발상이다.

그리고 객석에 앉은 관객이 맨 처음 눈앞에 마주하게 되는 것은, 거대한 스크린 배경막에 작품의 배경이 되는 검은 숲이 음산하게 일렁이고 혼탁한 부유물들이 떠다니는 거대한 영상이다. 그런가 하면 허공에 매달린 다리에 초월적 존재처럼 표현된 도창자의 출몰이나, 이층으로 올라가는 계단에 장화와 홍련의 귀신이 내려올까 말까 서성이는 장면 등을 통해 극장 전체를 통해 '스릴러'와 '호러'를 충실히 구현하고 있다. 무대와 영상과 조명, 그리고 월드뮤직밴드 AUX의 음악이 완벽하게 결합된 총체적인 공연이다.

한태숙 창극의 새로움은 무엇인가?

그렇기 때문에 공연이 시작되면서 소리라는 청각적 특성이 강한 창극과 한태숙의 시각적 특성이 강한 극장주의적 연극 문법이 어떤 조합을 이룰지 궁금함이 앞설 수밖에 없었다. 2013년 〈단테의 신곡〉 초연이 규모에 비해 미완성에 그치고 만 것에 비해, 올해 〈장화홍련〉 재공연은 그 완성도 면에서 제대로 창극의 새로운 가능성을 점검해볼 수 있는 작품이다. 사실 창극 〈장화홍련〉은, 2001년 정복근 작가와 한태숙 연출의 연극 〈배장화 배홍련〉이 원작이다. 이 작품은 어느 정도 연극적 실험과 완성도에 대한 검증을 마친 작품이다.

연극 〈배장화 배홍련〉에서 아버지 배무룡은 배우 정동환이었고, 정동환의 흰 옷과 흰 얼굴에 장화와 홍련의 죽은 귀신의 영상을 투사해서 기괴한 이미지를 만들어내는가 하면 아르코예술극장 소극장의 무대와 객석을 뒤집어 사용하여 공간에 대한 이질감과 궁금증을 증폭시켰던 것도 동일하다. 대신 규모면에서 이번 창극 공연은 훨씬 스케일이 크고 기술면에서 더 정교해졌다. 이번 창극 〈장화홍련〉은 가장 익숙한 한태숙의 정점을 보여주고 있고 그렇기 때문에 역설적으로 한태숙의 창극 혹은 한태숙의 새로움은 무엇인가 궁금하게 한다.

연극 〈배장화 배홍련〉은, 고전소설 『장화홍련전』을 섬세한 현대 심리극으로 풀어간 공연이었고, 고전을 현대적으로 해석한 과감함이 돋보인다. 그리고 그 중심에 작가 정복근의 마치 목에 걸리는 가시와 같은 예리한 대사의 힘이 자리 잡고 있다. 그러한 면모는 이번 창극 〈장화홍련〉에서도 유감없이 발휘되고 있다. 특히 극 후반에 귀신 장화와 홍련이 파출소장 눈에 목격되고 파출소장은 자기 눈으로 직접 확인한 대로 아이들의 실종사건을 종결짓고 퇴장한 이후 그야말로 귀신의 조화와 함정에 빠져 파멸해가는 계모 허씨와 아버지의 반전은 소름끼칠 정도로 무섭고도 놀라운 반전이다. 극 자체의 이야기의 설득력은 강력했다.

그런데 문제는 이러한 전개가 창극이라는 양식과 어떻게 결합되고 있는가이다. 실제로 공연 전반부에서 정복근의 간결하고 시적인 대사들은 짧은 구음과 단발마적 대사들로 살인사건의 공포의 분위기를 환기시키며 빠른 장면전환을 가능하게 하여 기존의 창극 공연에서 보지 못하던 빠른 속도감으로 새롭고 파격적인 창극의 면모를 보여주는 데에 성공하고 있다. 그러나 극 후반으로 가면서 정서를 축적하고 에너지를 집중해서 몰고 나가야 할 지점에서 현대 심리극 특유의 간결하고 예리한 대사들이 장면을 잘게 쪼개면서 계속 관객을 긴장시키고 충분히 감정에 집중할 만한 여유를 주지 않았다. 장화홍련 실종사건의 수사극 형식으로 진행되는 극의 흐름상, 극 후반부에 사건을 풀기 위한 새로운 단서와 정보들이 계속 들어오면서 실제로 정서적 반응의 흐름이 자주 끊겼던 것도 후반부 관극의 몰입에 어려움으로 작용했다. 무리하게 연극적 대사와 창을 섞었다는 반응들이 주로 나오는 것도 후반부에 대한 불만들로 보인다.

현대극이라면 분명히 놀랍고 도발적인 반전이었을 장화홍련 자매의 재산문제와 이기적인 행동, 역설적으로 가련한 처지에 놓인 계모 허씨에 관한 '발견'도 극 후반부에 한꺼번에 배치되어 있어서 극을 쫓아가기에 너무 급해서 충분히 공감하며 함께 따라가지 못했다. 장화와 홍련이 착한 귀신이 아니라 사악한 귀신이고 귀신에게 복수당하는 불쌍한 계모 허 씨의 결말은 일순 관객들을 당황시켰다. 우리 모두의 내면에 있는 보편적인 사악하고 어두운 본성을 운운하기에는 후반부의 결말이 너무 급박하여 충분히 음미할 만한 시간이 모자랐다. 장화와 홍련의 본모습(?)에 당혹스러워하며 극장을 빠져나오는 관객들도 적지 않았다.

'스릴러'와 '호러', 곧 공포와 연민은 비극의 가장 근원적인 감정이고 강력한 카타르시스를 동반한다. 창극 〈장화홍련〉의 비극은 현대비극의 고립된 개인의 결말로 끝났다. 창극 〈장화홍련〉은, 고전 〈장화홍련전〉이 아니라 현대극 〈배장화 배홍련〉을 원작으로 하고 있는 현대극이다. 창극이라는 고전적 공연양식과 현대비극의 구조가 충돌하고 있고, 현대극으로의 변화를 모색하고 있는 창극이 앞으로도 계속 고민해야 할 과제로 남아있다.

꼭두각시극, 현대극의 가능성

〈돌아온 박첨지〉(재)

일시 2014년 11월 12일~11월 30일 **장소** 대학로예술극장 3관 **제작** 극단 사니너머 **각색 · 연출** 김학수 **드라마투르그** 배선애 **무대** 손호성 **조명** 노명준 **의상** 이수원, 박인선 **노래지도** 최유송 **인형제작** 박용태, 손호성 **사진** 이은경 **조연출** 김현지 **제작진행** 이선연, 황재희 **기획홍보** 코르코르디움 **출연** 강학수(산받이), 조하석, 조원종(홍동지), 윤현호, 김현중(박첨지), 김기태, 허유미, 서익상, 신은경, 김현지, 송진아, 유정훈, 김일강

극단 사니너머의 꼭두각시극 〈돌아온 박첨지〉가 지난해 연말 예술공간 서울에서의 초연 이후 이번에는 공연장을 바꿔 대학로예술극장 3관에서 재공연되었다. 공연장에 들어서니 유난히 어린이와 가족 단위의 관객들, 그리고 어르신 관객들이 많다. 극단측의 설명에 의하면 모두 일반 관객들이라고 한다. 재공연을 하게 되니 입소문이 나서인지 일반 관객들이 훨씬 더 많아졌다는 것이다. 실제로 전문적인 악사가 등장하고 흥겨운 장단과 함께 하는 전통극인 꼭두각시극에 함께 박수치고 장단을 맞추며 흥겨워하는 관객들을 보는 일은 흐뭇했다.

그런가 하면 대학생 관객들로 보이는 젊은 관객들도 눈에 많이 띄었다. 공연이 끝나고 돌아가는 길에, 마지막 장면의 '절 짓고 허무는 거리'의 의미에 관해 학교 교양수업 시간에 들었다는 이야기를 적용해 설명하는 등 낯선 방식의 전통극 공연을 적극적으로 해석하고 즐기고자 하는 태도도 인상 깊었다. 공연을 보고 나온 아이들은 잠바 옷소매를 흔들며 꼭두각시 인형의 움직임을 흉내 내며 즐거워하고 있었다. 전통극공연 기회가 없었을 뿐이지, 막상 현장에서는 전통극 공연을 알고 적극적으로 즐기고자 하는 욕구가 강함을 직접 확인할 수 있는 기회였다.

지난해 공연이 초연의 성격에 맞게 '원형의 재현'에 보다 충실한 공연이었다면, 이번 〈돌아온 박첨지〉 재공연은 현대 공연으로서의 '가능성 모색'에 좀 더 초점이 맞춰져 있다. 실제 전통극 연희자이자 연출가인 김학수가 직접 각색한 공연에는 동시대의 현실에 대한 예술가의 태도가 더 직접적으로 반영되어 있다. 무엇보다도 풍자의 메시지가 강해졌다. 원래 민중들의 놀이판에서 행해지던 전통 재담은 풍자의 성격이 강하다. 웃통 벗어부치고 새빨간 알몸뚱이로 세상과 맞장 뜨는 홍동지의 캐릭터 자체가 풍자와 저항의 의미가 강하다. 이번 공연에서도 흥겨운 놀이판의 특성을 유지하면서 풍자와 해학의 장면들이 강화되었다.

예컨대 마을의 재앙을 상징하는 '이시미 장면'의 첫 장면은 세월호를 연상시키는 거대한 배가 침몰하면서 시작된다. 계속해서 이시미는 물속에서 박첨지의 아들도 잡아먹고, 딸내미들도 잡아먹고, 홍백가도 잡아먹고, 바바리맨 제주지검장도 잡아먹고, 박첨지도 잡아먹는다. 그리고 드디어 나타난 홍동지는 나쁜 괴물 이시미를 시원하게 때려잡고 사람들을 살려내고 바다 속에 가라앉은 세월호도 건져낸다. 원래 꼭두각시극 원형에 존재하는 이시미 거리의 대사들을 지금 현재의 상황에 빗대어 시원하게 풍자하고 있다. 이어지는 '평안감사 매사냥 거리', '상여 거리'에서도 풍자의 성격은 강화되어 있다.

이렇듯 이번 공연은, 극 후반부의 민중들의 저항의식과 풍자의 성격이 강한 장면들이 더 길어지고 보완된 반면에 극 초반 '꼭두각시와 덜머리집 거리'는 대폭 축소되었다. 그래서인지 전반적으로 초연 때 느꼈던 꼭두각시극 특유의 활력과 흥겨움, 긍정적 에너지가 다소 떨어지고 퍽퍽해진 느낌도 있다. 이번 공연은, 산받이 강학수, 홍백가 조하석, 홍동지 조원종, 박첨지 김현중 배우와 전문 악사 윤현호와 김기태 등 악사와 주요 배역의 인형 조종에는 베테랑 전문 연희자와 배우들이 참여하는 대신 극단 사니머너 신입단원들이 대거 참여하면서 오랜 전승과정과 기술 연마가 밑받침되어야 하는 전통연희극의 곰삭은 맛은 덜해진 듯하다.

전통극 공연의 특성상, 단순한 장단 한 가락, 어깨춤 하나도 전통연희자가 몸으로 익힌 오랜 역사를 따라갈 수는 없는 법이다. 대신 이번 공연은 극단 사니너머가 전통극 극단으로 본격적인 체제를 갖추고 젊은 배우들을 중심으로 새로운 시도와 실험에 적극적이다. 결과적으로 이번 공연은, 원래 인형극 특유의 시적 비유와 단순화·여백·제의적 세계가 약화되고 훨씬 산문적이고 비판적·서사적·현실적 특성이 강해졌다. 다양한 시도와 실험을 통해서 극단 사니너머만의 새로운 전통극이 탄생할 수 있기를 기대해본다.

2장
젊은 세대의 일상감각 혹은
새로운 글쓰기

1930년대, 체호프, 갈매기

〈가모메〉

일시 2013년 10월 1일~10월 26일 **장소** 두산아트센터 **제작** 두산아트센터 **작** 체호프 **각색** 성기웅 **연출** 타다 준노스케 **통역·드라마투르기** 이홍이 **번역** 이시카와 쥬리 **조연출** 윤성호 **무대감독** 안수환 **무대** 박상봉 **조명** 이와키 타모츠 **의상** 김지연 **소품·분장** 장경숙 **기술감독** 윤민철 **출연** 성여진, 이윤재, 권택기, 나츠메 신야, 사토 마코토, 오민정, 허정도, 사야마 이즈미, 마노 리츠코, 전수지, 김유리, 허지원

성기웅의 특별한 연극 한 편이 무대에 올라간다. 두산아트센터가 제작하고 제12언어연극스튜디오의 연출가 성기웅과 일본 극단 도쿄데쓰락의 연출가 타다 준노스케가 함께 참여하는 〈가모메〉가 그것이다. 가모메? 제목이 낯설다. 일본어로 '갈매기'란 뜻이란다. 안톤 체호프의 〈갈매기〉를 한국의 1930년대 버전으로 새롭게 각색한 극이다. 성기웅이 각색을, 타다 준노스케가 연출을 맡았다. 이번 공연은 한국 공연 이후 일본 공연으로까지 이어가는 장기적인 계획 아래 진행되고 있다. 한국 공연 제목은 일본어 '가모메'로, 일본 공연은 한국어 '갈매기'를 일본식으로 발음하는 'KARUMEGI'로 표기할 것이라고 한다.

성기웅 연출은, 2006년부터 2009년까지 히라타 오리자의 〈과학하는 마음〉 삼부작 시리즈를 연달아 공연했다. 2011년에도 〈과학하는 마음〉의 새로운 버전인 〈숲의 심연〉을 각색 연출하여 2011 대한민국연극대상 작품상을 수상했다. 타다 준노스케와의 인연도 히라타 오리자를 통해서 이루어졌다. 타다 준노스케는 히라타 오리자의 극단 청년단 연출부 출신이다. 타다 준노스케는 2008년 아시아연출가전에서 〈로미오와 줄리엣〉을 통해 이미 한국 무대에도 소개된 바가 있다. 성기웅 연출은 현재 한일 연극교류의 중심 연결고리 중의 하나이고, 현대 일본 연극의 소개뿐만 아니라 자신의 작품을 일본 공연까지 추진하고 있는 것이다.

한일 연극교류의 맥락에서 보자면, 2008년 예술의전당과 일본 신국립극장의 한일 공동제작 공연 〈야끼니꾸 드래곤〉 이후 강력한 존재감으로 한국과 일본에서 동시에 활발한 활동을 펼치고 있는 작가 겸 연출가 정의신을 대표 주자로 꼽을 수 있다. 이번 공연은, 성기웅이 제12언어연극스튜디오와 일본 극단 도쿄데쓰락과, 그리고 민간 제작극장 두산아트센터가 제작하는 민간 차원에서의 한일 연극교류라는 점에서 뜻깊다.

1930년대를 사랑하는 연출가 성기웅,
체호프의 〈갈매기〉도 1930년대 버전으로!

〈가모메〉의 극중 배경은 1936년과 1938년이다. 〈갈매기〉 원작 자체에 1·2·3막과 4막 사이에 2년간의 시간 차이가 있다. 3막 이후에 2년의 시간이 흘러 그때 그 사람들이 처음 그 장소에 다시 모이게 된다. 2년의 시간은 흘렀을 뿐이고 다만 사람들만이 변하거나 변하지 않고 남겨진 상태이다. 그런데 〈가모메〉의 1936년과 1938년 사이의 시간의 흐름은 그런 자연스러운 것이 아니다. 1936년과 1938년 사이에는 1937년, 곧 중일전쟁이 자리 잡고 있다. 실제로 3막과 4막 사이 막간에는 당시 유행했던 서양 영화를 밀어내며 중일전쟁의 영상이 흘러나오고 누군가는 조선인 지원병으로 떠나간다. 성기웅은 체호프의 〈갈매기〉를 1930년대 조선으로 가져오면서 의도적으로 1937년 중일전쟁 전후의 상황을 앞뒤로 배치하고 있다.

성기웅에게는 '1930년대를 사랑하는 연출가'라는 별명이 붙어 있다. 〈소설가 구보씨와 경성 사람들〉(2007), 〈깃븐우리절믄날〉(2008), 그리고 〈소설가 구보씨의 1일〉(2010; 2012) 모두 1930년대를 배경으로 하고 있다. 특히 1930년대 모던보이 소설가 구보 박태원에 대한 성기웅의 사랑은 각별하다. 최근작 〈다정도 병인양 하여〉(2012)에서는 아예 1930년대 모던보이·예술가들의 새로운 사랑의 방식이었던 '자유연애' 개념을 현대로 가져와 새로운 사랑의 방식인 '폴리 아모르', 곧 '다중연애' 이야기를 성기웅 본인의 캐릭터인 '기웅'을 직접 무대 위에 세워 다큐멘타리 방식으로 풀어가고 있다. 흡사 소설가 박태원이 자신의 호를 딴 구보라는 캐릭터를 소설 속에 직접 등장시켜 1930년대 경성의 풍경을 스케치하고 있는 것과 마찬가지 방식이다.

그동안 일련의 구보씨 시리즈가 1933년부터 1935년까지, 주로 1930년대 전반을 배경으로 자유연애와 예술가의 초상, 명랑과 우울의 정서, '모던 근대'의 감각적 새로움에 집중했던 반면에, 이번 작품은 전 세계가 제2차 세계대전으로 치닫는 1930년대 말을 다루고 있다. 일상의 연극을 담담하게 그려내는 체호프를 1930년대 말, 1940년대 초의 일제 말기로 옮겨왔다. 그리고 보니 젊은 연극인에 의해 한국적 버전으로 각색된 또 다른 〈갈매기〉가 생각난다. 지난 해 공연된 김은성의 〈뻘〉이 그것이다. 〈뻘〉은 1981년 벌교가 배경이다. 1980년 5·18 광주 인근의 벌교 이야기를 그리고 있다. 김은성의 〈뻘〉에서 신구 세대 예술가들의 대립을 보여주는 어머니와 아들은 각각 뽕짝 가수와 사회 비판 성격이 강한 록음악 가수로 나온다. 성기웅의 〈가모메〉에서 어머니와 아들은 신파 여배우와 신극 운동가로 사사건건 대립하고 있다.

문득 이런 생각이 든다. 이전 세대에게 '영원한 청년'의 아이콘이 햄릿이었다면, 지금 젊은 세대가 동일시하는 '젊은 예술가'의 초상은 뜨레쁠레프인 것일까? 적어도 이것 한 가지만은 확실한 것 같다. 지금 젊은 세대에게는 셰익스피어보다는 체호프가 훨씬 가깝게 느껴지고 있다는 사실이 그것이다. 실제로 2013년은 크고 작은 체호프 공연이 연달아 올라간 특별한 한 해이다. 이중에서 유난히 눈에 띄는 것은 젊은 연극인들의 각별한 체호프 사랑이다. 성기웅의 〈가모메〉 외에도 신인 작가 윤성호가 〈바냐 아저씨〉를 현대 버전으로 재창작한 〈외로운 사람,

힘든 사람, 슬픈 사람〉이 얼마 전 혜화동1번지 소극장 무대에 올랐다. 이중에서 김은성의 〈뻘〉과, 성기웅의 〈가모메〉처럼, 유독 〈갈매기〉만이 시대상과 밀접한 관련을 맺으면서 젊은 연극인들과 만나고 있는 지점은 흥미롭다.

셰익스피어로부터 체호프에게로! 정치적 주제가 강했던 셰익스피어로부터 일상적 차원에서 시대의 변화에 맞서 살아가는 혹은 도태되어 가는 인물들을 복잡한 인간관계를 통해 세밀하게 복원해내는 체호프적 감성이 젊은 세대에게 동일한 진동음으로 강하게 울려 나오고 있음이 느껴진다. 사실 체호프는 러시아 혁명이라는 거대한 역사적 흐름을 고리키나 톨스토이와는 다른 방식으로 그려냈던 작가가 아니었던가. 체호프에게서 일상 연극의 디테일이나 시적 정서뿐만 아니라 역사 변혁의 진동음을 함께 감지해내고 있는 젊은 연극인들의 감각적인 본능의 촉수가 놀랍다.

1930년대 말, 더욱 정교해진 성기웅표 이중언어 연극

공연 22일 전, 〈가모메〉의 연습이 진행되고 있는 두산아트센터의 지하 연습실을 찾았다. 연습실 문을 열고 들어서자 각색자인 성기웅과 연출가인 타다 준노스케가 나란히 앉아 있는 모습이 먼저 눈에 들어온다. 동시에 한국어와 일본어를 섞어서 대화하는 배우들의 목소리가 들려온다. 이른바 조선어와 내지어, 한국어와 일본어가 함께 쓰였던 식민지 시기의 이중언어의 활용은 성기웅의 공연을 보아온 관객이라면 이미 익숙할 것이다.

이번 공연에선, 기존에 한국 배우들이 일본어를 사용하는 데에서 한 발 더 나아가 일본 배우들이 직접 참여하고 있다. 한국어만을 이해하는 인물과 한국어와 일본어를 동시에 구사하는 젊은 인물들, 실제 일본 배우들이 구사하는 한국어, 한국어를 이해하지 못하고 일본어만을 구사하는 일본 인물 등 이중언어의 상황이 훨씬 더 복잡해졌다. 게다가 한국어 대사는 황해도 사투리를 쓰는 인물들과 경성 말을 쓰는 인물들까지 같은 한국어라도 대사마다의 질감을 달리하고 있다. 언어의 감각에 민감한 성기웅답다. 그리고 대사마다 일련번호를 붙이고 엑셀파일로 정리한 꼼꼼한 성기웅표 대본은 한쪽 면은 일본어 대사로, 다른 쪽 면은 한국어 대사로 적혀있어 한국과 일본 배우 모두 함께 볼 수 있도록 친절하게 정리되어 있다.

이번 공연에는 한국 배우 8명과 일본 배우 4명이 참여하고 있다. 한국 배우로 원작의 아르까지나에 해당하는 차능희 역에는 성여진, 뜨레플레프에 해당하는 류기혁 역에는 허지원, 영지 관리인 샤므라예프에 해당하는 이준구 역에는 이윤재가, 마샤 이애자 역에는 전수지 등이 참여하고 있다. 일본 배우로는 원작의 뜨리고린에 해당하는 쓰카구치 지로 역에 사토 마코토, 교사 메드베젠꼬에 해당하는 미타라이 역에 나츠메 신야, 새롭게 추가된 역할인 간호부 이사코 역에 사야마 이즈미 등이 출연하고 있다. 이중 사야마 이즈미는 지난 해 히라타 오리자의 극단 청년단 내한공연 〈혁명일기〉 당시 출연했던 배우이다.

원작과 다른 각색의 내용에서 먼저 눈에 띄는 것은 어머니 차능희를 1930년대 당시 고등 신파의 여배우로, 아들 류기혁을 새로운 연극을 꿈꾸는 신극 운동의 연극인으로 설정한 것이다. 어머니 차능희는 어느 정도 성공한 여배우로 일본 도쿄를 오가며 생활하고 있고, 그곳에서 "내지의 소설가" 쓰카구치 지로를 만난 것으로 설정하고 있다. 아들 류기혁의 연극에 출연하기도 했던 젊은 연인 손순임이 쓰카구치 지로 소설의 팬이며 그를 따라 고향을 떠나 도쿄로 가 연극배우가 되는 등 커다란 흐름은 원작의 내용을 그대로 따르고 있다.

그러나 1930년대 문학과 연극의 문화사적 사실들에 관심을 가져온 성기웅이 중심인물들에게 부여한 구체적인 디테일에서 관극의 흥미는 배가된다. 새로운 연극을 꿈꾸는 류기혁이 폐병장이에다 계급주의 문학의 성향을 가지고 있으며, 악령과의 싸움에서 좌절하는 초현실주의 혹은 염세주의적 희곡을 쓰고 있으며 연인의 문제로 자살하는 결말은 1926년 이른 나이에 자살한 신극운동가이자 극작가인 김우진을 떠올리게 한다. 그리고 소설가가 된 류기혁이 조선어로만 작품을 쓰면서 일본어로는 번역이 어려운 조선의 식물과 동물 이름을 나열한 글들을 쓰고 있는 상황은 일제 말기까지 조선어 글쓰기를 고집했던 소설가 박태원의 상황을 떠올리게 한다.

또한 "내지의 소설가"로 설정된 쓰카구치의 전력을 계급주의 문학에서 전향해서 심경소설을 쓰다가 현재는 3류 연애 연재소설이나 쓰는 작가로, 시가 나오야의 소설보다 못하고 재미로는 기쿠치 칸보다 못한 어정쩡한 작가로 소개하는 부분은 1930년대 말 일본 문단의 흐름을 반영하고 있다. 군국주의가 맹위를 떨쳤던 1930년대 말에는 조선의 작가이든 일본의 작가이든 사상적 자유를 탄압당했던 역사를 가지고 있다. 4막에서 다시 조선에 들어온 쓰카구치가 조선과 만주의 작가방문단 취재차 방문한 설정이나 일본의 내선일체와 대동아의 논리를 수긍하는 모습은 전시 총동원 체제에 동원된 작가들의 존재를 리얼하게 드러내고 있다. 결말에서 농약을 먹으며 자살하는 기혁이 "이 대단한 조선 신파적 리얼리티"를 읊조리는 것이나, 유명 소설가 쓰카구치가 대동아의 일본 군국주의 논리에 순응해가는 모습이나 모두 씁쓸한 풍경들이다.

그런가 하면 무정부주의자 의사인 닥터 강이 조용히 상해로 갈 계획을 세우는 것이나, 그 뒤를 조선에서 태어난 일본인 간호부 이사코가 동행하는 것, 일본으로 건너가 배우가 된 손순임이 발음 문제로 정식 배우가 되지 못하고 도쿄 신주쿠 무랑루즈의 막간 무희 신세로 전락한 것 등 실제로 한국과 일본에 흩어져 살았던 다양한 인물 군상들에 대한 묘사가 섬세하다. 1930년대에 대한 이러한 조감은 기존의 친일과 반일의 경계를 뛰어넘어 다른 관점에서 이 시기를 바라보게 한다.

실제로 얼마 전 공연되었던 김재엽의 신작 〈알리바이 연대기〉에서는 오사카 출생의 아버지 이야기를 다큐적 기법으로 복원하고 있다. 동일한 맥락에서 3·1운동 당시 경성의 재조선 일본인 가족의 풍경을 다룬 히라타 오리자의 〈서울시민 1919〉라는 작품도 다시 뒤돌아보게 된다. 간사이 지방의 재일 한국인 정착촌의 이야기를 다룬 정의신의 〈야끼니꾸 드래곤〉도 동일선상에 있는 작품이다. 성기웅의 〈가모메〉는 1930년대 말, 식민 말기라는 민감하고 문제적 상황에 체호프의 〈갈매기〉를 겹쳐 놓음으로써 지금 현재의 관객이 좀 더 객관적인 거리감을 유지한 채 그 시대를 다시 바라보게 한다.

1930년대 언어와 예술, 역사에 대한 고증과 복원, 새로운 재구성까지 대단히 복잡한 공정을 빡빡하게 채워 넣고 있는 작품의 두께가 조금 부담스럽긴 하지만 강력하고 단순한 연극성을 지향하는 타다 준노스케의 연출력에 따라 작품은 또 다른 방향타를 얻을 것처럼 보인다. 타다 준노스케의 한국 공연이었던 〈로미오와 줄리엣〉은 빈 무대 위에 배우들만의 에너지와 음악만으로 채워진 공연으로 인상 깊게 기억에 남아 있다. 타다 준노스케는 실제로 밴드 음악의 경험이 있으며, 이 작품에도 직접 음악과 음향을 담당하고 있다. 체호프 스타일의 성기웅과 셰익스피어 스타일의 타다 준노스케가 만드는 낯설면서도 흥미로운 공연 한 편이 기대된다.

순정과 비린내

〈이인실〉

일시 2013년 11월 14일~11월 24일 **장소** 설치극장 정미소 **제작** 극단 풍경 **작** 고영범 **연출** 박정희 **드라마투르그** 유림 **무대** 임일진 **조명** 김철희 **음악** 장영규 **의상·헤어** 오세일 **소품** 김혜지 **조연출** 전유경, 김종수 **출연** 정재진, 이용이, 김승철, 권오수, 윤복인, 김성미, 김정호, 오재세, 김종수

〈이인실〉은 작가 고영범의 신작이다. 고영범은 2008년 공연된 극단 풍경의 〈태수는 왜?〉의 작가다. 2006년 박정희 연출의 〈새벽 4시 48분〉(사라 케인 작, 극단 풍경), 2007년 이성열 연출의 〈오레스테스〉(극단 백수광부)의 각색자였다. 애초에는 시나리오 작가이자 감독으로 단편영화를 찍은 경력도 있다. 〈태수는 왜?〉는, 〈오레스테스〉를 각색하던 중 우연히 쓰게 된 창작극으로 고영범의 정식 데뷔작이 되었다. 〈태수는 왜?〉 당시 고영범은 40대 중반의 비교적 늦은 나이에 신인 극작가로 출발하고 있었지만 오랫동안 훈련된 유연한 글쓰기를 보여주고 있었다. 이미 자기만의 독특한 문체와 색깔을 가지고 있었다. 특히 한국현

대사에 대한 예민한 촉수와 그것을 영상감각을 바탕으로 한 해체적인 장면과 낯선 언어로 표현하는 능력은 앞으로 그의 작가적 활동에 많은 기대를 걸게 하였다. 그러나 고영범은, 단 한 작품만 발표하고 여러 가지 개인사정으로 가족이 있는 미국으로 돌아갈 수밖에 없었고 이후의 작품을 계속 볼 수 없어 아쉬움을 남기고 있었다.

탈북자에 대한 블랙 코미디

〈이인실〉은 작가 고영범의 5년만의 신작이다. 초연과 마찬가지로 박정희 연출에 의해 극단 풍경에서 두 번째 작품이 올라가고 있다. 작가는 여전히 미국에 있지만 공연은 한국에서 올라가고 있다. 반가운 마음에 〈이인실〉이 공연되고 있는 극장을 찾았다. 그런데 소재는 다소 생경하게도 탈북자 이야기다. 동남아 이주 노동자, 연변 조선족, 탈북자 이야기는 영화 쪽에서 점차 많이 다뤄지고 있는 소재다. 그러나 최근 영화 〈동창생〉(박홍수 감독)에서처럼 탈북자는 여전히 우리 안의 낯설고 위험한 이방인의 존재다. 연극에서는 젊은 작가 김은성의 〈연변엄마〉(박상현 연출, 극단 그린피그, 2011), 〈목란언니〉(전인철 연출, 두산아트센터, 2012) 등의 작품이 있다. 이 작품들은 조선족 혹은 탈북자 여성 주인공의 시선에서 낯설게 보이는 우리의 모습을 되비추고 있다. 연변엄마와 목란언니는 '자본주의 세계 속에서 타락한 우리'의 경계선 바깥으로 다시 튕겨져 나간다.

그런데 〈이인실〉의 전략은 다소 다르다. 탈북자로 환기되는 남과 북의 문제를 형제의 비유로 푸는 것은 일단 익숙하다. 탈북자 지룡과 남한의 광호(김정호 1인 2역)는 이복형제다. 그런데 극의 중심을 이끌어가는 주인공은 정작 이들이 아니라 뺀질뺀질한 사기꾼 진석이다. 진석(김승철 분)은, 음주운전으로 교통사고를 낸 공무원을 협박하며 병원에 드러누워 있는 일명 '나이롱 환자'다. 진석은 고액의 합의금을 요구하며 비싼 이인실에서 뻔뻔하게 버티고 있는 중이다. 이곳에 탈북자 출신의 성실한 공장 노동자 지룡이 찾아온다. 흔히 탈북자의 설정이라면 짐짓 심각한 상황을 연상하기 쉽지만, 지룡의 캐릭터는 심각하기보다는 희극적이다.

우선 지룡은 이름과 발음이 비슷한 '지렁이'라는 별명으로 불리며 희화화되고 있다. 그리고 살짝 머리가 벗겨진 김정호 배우가 가발을 쓰고 젊은 청년의 모습으로 등장하는 모습도 의도된 웃음의 연출로 보인다. 그리고 무엇보다도 지룡은 이곳에 무슨 거창한 수술을 위해 입원한 것이 아니라 지독한 땀냄새를 제거하기 위한 땀샘수술, 겨드랑이를 수술하러 입원한 참이다. 땀샘수술은 겨드랑이 털 몇 개를 지지는, 수술 같지도 않은 수술 취급을 당한다. 지룡은 첫 등장 장면부터 지독한 땀냄새를 풍기고 있고 이인실의 사기꾼 남녀 진석과 미경(윤복인 분)은 그의 땀냄새에 진저리를 친다. 배우 김승철과 윤복인은 안정되고 여유있는 연기로 웃음의 포인트를 정확하게 살려낸다. 일종의 희극적 만담 커플인 진석과 미경은 좌충우돌 사고를 치며 극을 이끌어간다. 희극적 장치가 곳곳에서 빛난다.

이 극의 부제는 '두 개의 비극에 대한 하나의 코미디'다. 사기꾼 진석은 우연히 지룡의 수술동의서에 보호자 서명을 하게 되고, 지룡은 수술 후 마취에서 깨어나지 않고 뇌사상태에 빠진다. 진석은 지룡의 남쪽 고향인 강릉의 집안 재산을 노리고 가짜 지룡 행세를 하면서 극은 본격적으로 시작된다. '두 개의 비극' — 지룡이 죽고, 대신 지룡 행세를 하게 되는 진석의 이야기가 시작된다. 탈북자의 이야기를 탈북자 본인의 이야기가 아니라 곁다리를 치고 들어온 사기꾼 인물에게 대신 맡기고 있는 지점이 흥미롭다. 남한에 살고 있는 '우리'와 연변족·조선족·탈북자의 '타자'의 거리를 유지하는 방식이 아니라 진석이 지룡 행세를 하다가 지룡이로 죽음을 맞게 되면서 극은 끝난다.

순정의 비린내

극은 이렇듯 진짜와 가짜의 희극적 장치를 통해 안정적으로 흘러간다. 그 과정에서 강하게 다가오고 있는 것이 바로 '냄새'의 모티브다. 극 초반 병실에 가지고 들어온 술과 안주거리로 잠깐 등장하는 오징어 냄새에도 비려할 정도로 진석은 유난히 냄새에 비위가 약한 인물이다. 그런데 진석은 가짜 지룡 행세를 하며 강릉으로 향하고 함경도 음식인 홍어 애탕과 가자미식해의 지독한 냄새에 진저리를 치는가 하면 치킨 양념에도 액젓을 넣는 강원도 음식에 학을 뗀다. "이 동네는 치킨에서도 비린내가 나!" 진석은, 가짜 지룡 행세를 하며 함경도 사투리를 흉내 내고 광호 모자에게 사기를 칠 수는 있지만 함경도와 강원도 음식 특유의 '비린내' 앞에서는 가짜일 수 없다.

작가 고영범은, 탈북자와 남북문제를 거창한 이데올로기나 진지한 철학으로 들이대는 것이 아니라 '비린내'라는 코믹하면서도 '콧구멍이 뻥 뚫리는' 기이한 쾌감으로 그리고 있다. 탈북자의 인물과 상황을 '냄새'와 '비린내'라는 비유 하나로 잡아내고 있다. 탈북자와 남북의 문제를 가장 일상적인 냄새의 차원으로까지 내려앉은 이야기로, 쉬우면서도 역설적으로 보여주고 있다. 지룡의 몸에 밴 냄새나 아무리 서울말씨를 써도 흔적이 남아있는 함경도 말투는 눈에 보이지는 않지만 엄연히 존재하는 탈북자에 대한 우리의 차별적 시선과 태도를 환기한다.

그리고 그 끝에 역설적으로 광호 모의 순정을 배치하고 있다. 광호 모(이용이 분)는 분단 이후 60년간 월북한 남자를 기다리며 유복자이자 사생아인 광호를 키워왔다. 그녀는 가짜 지룡이인 진석의 입을 통해 광호 부의 임종 소식을 듣는다. 광호 모는, 광호 부에게 젊은 날 한때 불장난 상대였을 뿐이라는 사실을 확인하지만 광호 부에 대한 순정을 버리지는 않는다. 진석은 가짜 지룡 행세하는 것에 질려하고 자신의 새 인생에서 "비린내가 난다" 자조하지만 광호 모에 대해서는 "할망구가 그래도 순정이 있더라" 말하며 광호 모의 죽음에 연민을 느낀다. 광호 모의 유품인 싸구려 나이롱 옷을 태울 때 "질겨서 생전 안 찢어지더니 불에 탈 때는 화라락 불 붙어서 후다닥 가버린다"고 비유되는, 불같은 성격을 지녔으면서 가슴에 순정을 간직한 광호 모 역할의 이용이의 연기가 인상적이다.

땀냄새로부터 시작한 극이 강원도 비린내를 거쳐 60년간 분단의 현실을 견디며 버티어온 순정을 보여주면서 끝난다. 홍어 애탕과 가자미식해의 비린내는 누군가에겐 고향과 추억의 냄새이겠지만 누군가에는 역한 냄새일 뿐이다. 작가 고영범은 너무 오래되어 삭아버린 '순정'에서 지독한 '비린내'를 맡고 비틀거리는 진석을 블랙 유머로, 때론 냉정하고 때론 우스꽝스럽게 그리고 있다. 고영범의 〈태수는 왜?〉가 작가의 신고식이었다면, 〈이인실〉은 새로운 작가의 탄생을 알리는 극이다.

하얗게 표백된 무대

그렇다면 〈이인실〉 공연을 풀어가는 박정희 연출의 전략은 어떤 것일까? 공연장에 들어서면 맨 먼저 눈에 띄는 것은 무대와 객석 사이를 가로막고 서있는 거대한 사각의 프레임이다. 무대는 마치 카메라 옵스큐라와 같은 네모난 상자 모양이다. 가운데엔 사각 문이 뚫려 있어 검은 여닫이문을 열었다 닫았다 하며 장면전환이 이루어진다. 배우들은 마치 커다란 상자 속에서 연기하고 있는 작은 사람들처럼 보인다. 커다란 사각의 프레임은 극의 처음부터 끝까지 그대로 무대 위에 버티고 서 있다. 무대는 임일진이 맡고 있다. 독특한 무대이다. 직선 위주의 차갑고 냉정한 무대이다. 무대의 색채 또한 블랙 앤 화이트로 단순화되어 있다.

연출은 이 무대를, 지금 우리의 모습을 "만화경처럼"(프로그램북 연출의 글 중에서) 들여다보는 무대라고 표현하고 있다. 무대 미술가는 "사회의 모순을 엿보는 만화경"(프로그램북 무대미술의 글 중에서)이라고 표현하고 있다. 연출이 한마디 더 덧붙이는 말은 "한 컷 한 컷 웹툰처럼" 장면을 만들어내고 있다는 점이다. 만화경과 웹툰? 순간 머리가 갸웃해진다. 작품에선 땀냄새와 살냄새와 생선 비린내와 바다 비린내, 순정마저 세월 지나 오래 묵혀 삭힌 냄새가 나는데, 그것을 담기에는 무대가 얼음처럼 차갑다. 연출과 무대미술의 콘셉트는 정확하게 보여지고 있다. 만화경처럼, 웹툰처럼 장면 장면은 과감한 생략과 단순화된 무대를 깔끔하게 보여준다.

아마도 하얗게 표백된 병실시트의 이인실에서 시작되고 이인실에서 끝나는 이미지에서 하얗게 표백된 무대의 중심 이미지가 나왔을 수도 있다. 그리고 상자 속에서 움직이는 작은 인형들처럼 움직이는 배우들이 군더더기 없이 절제되고 깔끔한 선을 보여주는 연기도 양식상 통일되어 있다. 커다란 상자의 문을 닫았다 열 때마다 새로운 장면이 튀어나오는 듯한 효과는 긴장감을 가지고 극을 지켜보게 한다. 장면전환을 하는 여닫이문을 완전히 열거나 반만 열어 연출이 보여주고자 하는 미장센을 마치 편집된 영화 필름처럼 잘라진 장면으로 보여주는 것도 인상적이었다.

예컨대 광호 모와 진석이 함께 있는 투 샷 장면에서 먼저 광호 모가 앉아있는 무대 쪽 문을 반만 닫아 진석만의 장면을 보여주면서 여운을 남기고 나머지 문도 닫아 장면을 마무리하는 것처럼 자유롭게 장면분할이 가능한 웹툰 식의 프레임이 표현되고 있다. 그러나 여닫이문의 반복되는 장면전환이 후반부에 이를수록 기계적으로 느껴지며 극의 속도가 느려지는 것은 무대가 안고 있는 근본적인 한계처럼 보인다.

냄새마저 지워진 하얗게 표백된 차갑고 얼음 같은 무대를 대신해서 공연에서 살냄새의 온기를 살리고 있는 것은 배우들의 안정적인 연기력이다. 매끄럽고 차가운 재질로 이루어진 무대 바닥 위에 드러눕거나 비질을 하거나 처연하게 앉아있는 이용이의 연기는 가슴에 오랜 잔상을 남긴다. 여기에 덧붙여, 박정희 연출은 이인실의 '둘'의 모티브를 확장시켜 중심인물들을 1인 2역으로 활용하면서 남과 북, 진짜와 가짜, 탈북자와 사기꾼, 비린내와 순정 등 작품 속에 들어있는 이중성의 이미지를 적극적으로 살려내고 있다. 김정호 배우는 지룡이와 광호, 김성미 배우는 간호사와 까페 강의 미라, 정재진 배우는 원무과장과 의사의 1인 2역을 맡고 있다. 1인 2역을 맡고 있지 않은 진석과 미경은 헌 인생을 버리고 새 인생을 살고 있는 이중적인 상황을 보여주고 있다.

차갑고 냉정한 무대를 배경으로 1인 2역의 연극적 장치를 적극적으로 활용하고 메타적으로 무대를 바라보게 하는 장면전환 등을 고려해봤을 때 박정희 연출은 이 공연에서 탈북자의 리얼리티나 이슈보다는 연극적인 표현과 연출미학에 집중하고 있는 듯하다. 실제로 이 공연은 현대적이고 세련된, 박정희 연출만의 무대감각이 잘 표현된 작품이다. 작가가 인물들의 다초점을 살리면서 극을 풍성하게 진행시키고 있다면, 박정희 연출은 생략과 단순화로 극의 구조를 선명하게 보여주고 있다.

그러나 고영범 작가가 〈태수는 왜?〉에서와는 달리 새롭게 시도하고 있는 인물들의 섬세한 결과 감정이 충분히 살아나고 있지 못한 점은 여전히 아쉽다. 마치 하얗게 표백된 무대에서 비린내가 지워진 것처럼,

감각은 남았지만 감정은 지워졌다. 진짜 지룡이 죽고 가짜 지룡도 죽게 되는 '두 개의 비극'의 결말에 대한 마지막 장면에 대한 의미가 정확히 살아나거나 전달되지 않는 점도 아쉽다.

일상의 중독자들

〈2014년 여름〉

일시 2014년 4월 16일~4월 27일 **장소** 소극장 천공의성 **제작** 극단 다 **작** 하세가와 코지 **번역** 김문광 **연출** 임세륜 **프로듀싱** 이시카와 쥬리 **사진** 김명집 **음악** 김보선 **무대제작** 박재현 **진행** 서혜림, 이진주 **홍보** 한강아트컴퍼니 **출연** 최영열, 김군영, 김철환, 염문경

2014년 봄 시즌 개막과 함께 중대형 제작극장들의 작품들이 쏟아져 나오면서 공연계가 바쁘다. 그럼에도 극장을 찾아가는 발걸음은 무겁기만 하고 피로감만 쌓이고 있다. 이른바 "건질만한 작품"이 없어서다. 여러 가지 민감한 사안들로 연극계는 어수선하고, 그래도 공연은 올라가지만 활력은 잃고 있다. 국공립 제작극장들의 대극장 제작 편수는 그대로 유지되고 있지만, 소극장 제작 편수는 확연히 줄었다. 여기에 예술의전당이 새롭게 전열을 가다듬으며 제작극장들의 전쟁터에 뛰어들고 있고, 국립창극단의 공연에 연극 관객들의 발걸음이 몰리고 있다.

이에 비해 대학로 젊은 연극인들의 공연은 대학로 중심가에서도 한

참 밀려난 혜화로터리 지하 소극장들에서 조용히 올라가고 있다. 혜화동1번지 소극장에서 혜화동1번지 5기 동인 봄 페스티벌 '전통'이 진행되고 있고, 게릴라 극장에서는 젊은 연극인들을 중심으로 '셰익스피어의 자식들' 기획전이 진행되고 있다. 선돌극장에서는 기획 시리즈 '선돌에 서다'의 하나로 윤미현 작·김승철 연출의 〈평상〉(극단 아르케, 2014.4.24~5.18)이 올라가고 있다. 여기에 덧붙여 낯선 공연장의 공연 한 편이 더 눈에 띄었다. 혜화초등학교 맞은편 소극장 천공의성에서 올라가고 있는 임세륜 연출의 〈2014년 여름〉(극단 다, 2014.4.16~4.27)이 그것이다. 공연장의 이름은 낯설지만 임세륜 연출의 이름은 반가웠다.

극단 다의 임세륜은, 〈사이공의 흰 옷〉(동숭무대 소극장, 2010), 〈고리끼의 어머니〉(대학로예술극장 소극장, 2011), 〈어른의 시간〉(예술공간 서울, 2013) 등에서 꾸준히 자기만의 색깔을 고집하고 있는 연출가이다. 임세륜 연출의 신작 〈2014년 여름〉은 비록 열악하고 비좁은 공간에서의 공연이지만 오래간만에 연극의 순수한 열기를 느끼게 해준 공연이었다. 임세륜 연출의 작품에 대한 성실한 태도, 그리고 무엇보다도 관객과 무릎이 닿을 듯한 가까운 거리에서 땀 흘리며 공연하는 배우들의 열정 덕분에 그동안의 지친 마음을 잠시 내려놓고 간만에 공연에 몰두하는 시간이 되었다.

기다리는 세대의 '고도를 기다리며'

"하나의 작은 움직임이 큰 기적을. 세월호 침몰사고 실종자들의 무사귀환을 기원합니다." 관객 입장이 시작되고 극장 계단에 내려서자 수많은 SNS와, 거리의 벽보에서 보아온 문구가 적힌 노란 색깔의 전단이 벽 한쪽에서 관객을 맞는다. 어느날 아침 갑작스럽게 전해진 세월호 침몰사고 일주일째다. 공교롭게도 공연 시작 일주일째이기도 했다. 공연장들의 분위기는 조용해졌고 거리마저 조용해졌다.

〈2014년 여름〉은 하세가와 코지의 일련의 실험극인 '프래그먼트(FRAGMENT)' 시리즈 중의 하나인 〈F.＋2〉를 한국적 상황으로 번안한 공연이다. 한국 관객들에게 하세가와 코지의 이름은 생소하다. 하세가와 코지는 지난해 서울국제공연예술제 당시 한중일 합작공연 〈축／언〉(하세가와 코지 작·연출, 대학로예술극장 대극장, 2013.10.25~10.26)의 연출가로, 현재 아오모리현립미술관 무대예술 총감독이다.

원작인 〈F.＋2〉의 초연은 1995년 아오모리에서 공연되었고, 1998년 도쿄에서 재공연되었다고 한다. 원래 이인극이었던 공연을 여자와 남자 2명을 더해 젊은이들의 '군상'을 보여주는 극으로 발전시켜 〈F.＋2〉라는 수학 공식 같은 제목을 가지게 되었다고 한다. 공연은 한적한 해안가 주유소에서 아르바이트를 하고 있는 두 남자가 한여름 무더위 속에서 무료함을 달래며 말장난에 지쳐갈 때 도시에서 온 여자와 남자가 작은 파문을 일으키면서 시작된다. 그리고 이들이 지나간 후 더 큰 정적만이 남겨진 채 극은 끝난다. 누군가를 기다리는 두 남자와 우연히 그곳을 지나가는 두 사람의 단순한 구조에서 자연스럽게 〈고도를 기다리며〉를 떠올리게 된다. 이 공연은, 지금 현재 젊은이들 버전의 〈고도의 기다리며〉라고 할 수 있다.

사무엘 베케트의 부조리극 〈고도를 기다리며〉는 1953년 파리에서 초연되었다. 공연에서 인용되고 있는 알베르 까뮈의 소설 『이방인』이 1942년 작이고, 장 뤽 고다르의 누벨바그 영화 〈네 멋대로 해라〉가 1959년 작이라는 점에서, 작가인 하세가와 코지의 세대감각이 어떤 문화적 토대를 지니고 있는지 짐작해볼 수 있다. 연출가 임세륜의 소개에 의하면, 하세가와 코지는 히라타 오리자나 사카테 요지보다 한 세대 위의 작가라고 한다. 작품 속에서 주요 모티브로 인용되고 있는 작품들을 보았을 때, 하세가와 코지는 직접적인 전후세대 작가는 아니지만 전후세대 감각을 공유하고 있는 것으로 보인다.

연출가 임세륜에 의해서 이 공연은 '2014년 여름' 현재 시점의 젊은이들의 이야기로 전환되었고, 그 결과 예상치 않게 하세가와 코지의 이른바 전후세대 감각이 지금 현재 신자유주의 시대의 젊은 세대의 이야기와 놀랍도록 가깝다는 사실을 발견하게 해주었다. 전후세대 감각이란 결국 1950년대 전후 폐허 위에서의 젊은이들의 이야기인 것이고, 지금 현재 젊은 세대의 의식이 흡사 폐허 위에서의 좌절과 절망, 암담한 기다림의 감각이라는 사실이 새삼스럽게 환기되었다.

일상의 중독자들

임세륜 연출은 소설을 각색한 공연 〈사이공의 흰 옷〉, 일본 작품을 한국적 상황으로 번안한 공연 〈어른의 시간〉에서도 보여주었듯이 매끄러운 각색과 번안 능력을 보여준다. 『사이공의 흰 옷』은 응웬반봉의 장편소설로 1960년대 베트남 학생운동을 다룬 작품이고, 〈어른의 시간〉은 왕따와 학교 폭력 문제를 다룬 가네시다 다쓰오의 작품이다. 임세륜 연출은, 〈어른의 시간〉에서 한적한 시골집에 등장하는 전기톱 장면의 사실성을 살리기 위해 직접 지방을 찾아다니며 전기톱이 실제로 시골 생활에서 유용하게 쓰이는 것을 확인한 후에야 무대 위에 등장시켰다. 이번 작품에서도, 한적한 해안가 주유소의 사실성을 살리기 위해 배우와 함께 동해안의 주유소들을 찾아다녔다고 한다. 임세륜 연출의 작품에 대한 성실한 태도가 작지만 단단한 작품들을 만들어내고 있다.

〈2014년 여름〉의 두 주인공 민철과 종석은 대학 선후배 사이이다. 대학 때 함께 캠코더로 영화도 찍었고 지금도 한 달에 영화 이삼백 편씩 볼 정도로 영화광이다. 민철은 시나리오의 예비 장면이라는 명분으로 느닷없이 주먹을 날리고 칼을 들이대는 살벌한 장난을 치기 일쑤다. 공연 중에 진짜인지 가짜인지 모를 권총이 등장하고 숨겨둔 날선 칼날이 번쩍이는 것은 민철이 백 번은 봤다는 장 뤽 고다르의 영화 〈네 멋대로 해라〉의 패러디이다. 그러나 그렇다고 해서 이들의 삶이 영화와 같은 것은 아니다. 민철은 시나리오를 안 쓴 지 오래고, 종석은 미국으로 갈 계획을 세우고 있지만 실현가능성은 없어 보인다. 민철과 종석은 함께 주유소 알바를 하며 시간만 때우고 있다. 고다르의 영화 〈네 멋대로 해라〉에서 남자들의 우상 장 폴 벨몽도가 "네 멋대로" 장렬하게 죽는 것과는 달리 아무 일도 일어나지 않는 한적한 해안가 주유소에서 "농땡이 치며" 시간만 죽이고 있다.

첫 장면의 독백에서 밝히고 있듯이, 종석은 "뭔가 되고 싶은데 뭘 하면 좋을지 몰라서 집에서 영화만 다운받아 보는" 백수일 뿐이다. 〈네 멋대로 해라〉를 백 번 봤다는 선배 민철 또한 같은 처지다. 민철은 장 폴 벨몽도가 멋있게 피우는 담배 이야기를 하다가 담배만 중독일 뿐만 아니라 공기와 물과 치약도 중독이라고 말한다. 이들에게 일상은 마치 담배처럼 피워버리는 것, 담배 한 대를 다 피우면 습관처럼 다른 담배를 입에 무는 것과 같은 습관이자 중독일 뿐이다. 이처럼 이들은 영화 중독자이고, 시간 중독자이고, 일상 중독자이다. 이들은 아무 것도 하지 못한다. 그리고 아무 일도 일어나지 않고 극은 끝난다. 극 중간에 도시에서 온 남녀 한 쌍이 등장하지만 그저 지나갈 뿐이다. 민철이 어젯밤 너무 더워서 살해했다는 아내 이야기도 악의적인 농담으로 밝혀지고 끝난다.

극의 마지막까지 아무 일도 일어나지 않는다. 대신 이들 사이의 긴 시간을 채우는 것은 한여름 무더위와 두 사람의 소극풍 만담이다. 극은 실제로 두 남자의 엎치락뒤치락 슬랩스틱 코미디에서부터 여자 밝히는 얘기와 유치한 농담과 선문답 같은 이야기들이 마치 파편처럼 사방으로 튀면서 어지럽게 진행된다. 내기를 걸고 금을 그어놓은 곳에 여자가 먼저 나타나는지 남자가 먼저 나타나는지 기다리다가 동시에 나타난 여자와 남자를 붙잡기 위해 몸싸움을 벌이며 바닥에 뒹구는가 하면, 한쪽 귀가 난청인 여자에게 평소에는 하지 않을 진지한 얘기를 열심히 들려주기도 한다. 그런가 하면 더위에 지쳐 할 말이 없을 땐 심부름으로 맡겨놓은 오토바이를 열심히 닦는다.

매뉴얼대로 사는 삶, 기다리지 말고 탈출하라

공연은 주유소를 상징하는 특별한 표지판이나 장치 없이 낡은 오토바이 한 대와 벤치 하나, 쓰레기통으로 쓰이는 드럼통 하나가 다인 빈 무대에서 진행된다. 그 빈 무대를 채우는 것은 오로지 배우들의 몫으로 남겨져 있다. 파편처럼 조각난 이야기들을 연결시키고 각각의 에피소드를 충돌시키는 것도 배우들의 몫이다. 자칫 어설픈 부조리극으로 끝날 수도 있었을 공연을 임세륜 연출과 배우들이 생생하게 살려놓는다.

극 초반에 떠벌이 캐릭터로 나오는 선배 민철이 끊임없이 쏟아놓는 말들에 후배 종석은 "예"라는 대사 하나로만 버티면서도 각각의 상황에 따라 다른 반응과 의미를 만들어낸다. 선배 민철 역할의 최영열 배우와 후배 종석 역할의 김군영 배우는 흡사 배창호 감독의 영화〈고래사냥〉(1984)의 왕초 안성기와 병태 김수철처럼 느껴질 정도로 자연스러운 호흡을 보여준다. 순간적인 광기와 떠벌이의 천진난만함, 지루함과 권태를 오가야 하는 낙폭이 큰 민철의 연기가 까다로울 수밖에 없고, 또 최영열의 연기가 매번 연착륙을 하는 것은 아니지만, 순간순간

정지화면 속에서 혹은 전체 극의 흐름에서 인상적인 연기를 보여주고 있다. 제 몸에 맞는 옷을 입은 것처럼 배우들의 연기가 살아있다.

"어제도 오늘도, 내일도 내일 모레도 더우려나?" "덥겠죠." "뭔가 좀 지치지 않냐, 삶이란 거." "삶이요?" "그래." "아, 하, 하, 하." 매번 이야기는 농담으로 끝나지만, 극 전체에서 반복해서 환기되는 '더위'가 삶에 대한 비유로 읽히도록 속도와 박자를 조절하고 있는 연출력 또한 힘 있게 느껴진다. 이 공연에서 내내 환기되고 있는 '더위'는 삶에 중독된, 일상 중독자들의 질식 상태를 보여준다. 그리고 이는 서울에서 온 여자에게서도 반복해서 동일하게 이야기된다. 고등학교를 졸업하고 맥도날드에서 알바를 하고 있다는 여자는 처음에는 매뉴얼대로 반복해야 하는 말들이 싫었지만, 계속 반복하다 보면 전혀 아무렇지 않게 되고, 그게 싫었다고 말한다. "매뉴얼은 있어도 거기엔 내가 없다"는 것이다.

이전 시대까지 '일상'의 주제가 전복적 힘을 가지고 있었던 것과는 달리, 지금 현재 시스템화된 삶의 '일상'의 주제는 매뉴얼대로 반복되는 삶, 중독된 채 질식되고 있는 상황을 보여준다. 이들은 질식당한 채 기다리고만 있다. 그리고 아무 일도 일어나고 있지 않다. 세월호 침몰 사고의 마지막 안내방송도 기다리라는 것이었다. 그리고 아무 일도 일어나지 않았다. "그만 갈까? 가자. 두 사람 다 움직이지 않는다." 〈고도를 기다리며〉의 마지막 장면이다. "기다리래." 기다리라는 말이 얼마나 우리를 무력감에 빠지고 분노하게 하는지 이보다 더 절실하게 느꼈던 적이 또 있었던가. 모두 할 말을 잃었다.

작품의 우연한 운명일까? 임세륜 연출의 〈2014년 여름〉은 이 한가운데에서 '기다리기만 한 세대'의 〈고도를 기다리며〉를 보여준다. 신자유주의의 시스템화된 세계 속에서 매뉴얼대로 반복하는 삶에는 구원이 없다. 분노하지 않는 시대에 '일상'은 중독일 뿐이다. 기다리지 말고, 탈출하라.

맵고 서늘하다

〈먼 데서 오는 여자〉(재)

일시 2015년 9월 18일~10월 4일 **장소** 게릴라극장 **제작** 극단 코끼리만보 **작** 배삼식 **연출** 김동현 **무대** 손호성 **조명** 최보윤 **음악** 김태근 **분장** 이동민 **조연출** 이지영 **사진** 이강물 **기획홍보** 코르코르디움 **출연** 이대연, 이연규

극단 코끼리만보의 삼부작 시리즈의 하나로 〈먼 데서 오는 여자〉가 재공연되었다. 2014년 9월 초연 당시 조용하게 시작된 연극이 차츰 입소문이 나면서 매진으로 못 본 관객들이 많았다. 재공연 소식이 반가웠다. 극단 코끼리만보의 삼부작 시리즈 공연은 역사 속에 사라진 사람들, 구체적으로 한국전쟁과 베트남전쟁 당시 실종되거나 학살된 사람들의 '실종'의 주제를 다루고 있다. 〈먼 데서 오는 여자〉는 기억의 '실종'의 주제를 다루고 있다.

극의 구조는 단순하다. 남녀 이인극이다. 치매 걸린 부인 미순 씨를 간병하는 남편의 이야기이다. 치매의 소재를 극적 구조로 활용하면서

기억이 오락가락하는 미순 씨를 "먼 데서 오는 여자"라고 표현하고 있다. 기억을 잃어가는 치매 걸린 아내의 이야기를 따라 1970년대 중동 건설 노동자와 파독 간호사, 청계천 미싱사, 전쟁 후 서울 식모살이 이야기 등 간난신고의 역사가 개인의 기억으로 소환된다. 짧은 공연에 너무 많은 이야기를 다루고 있는 것은 아닌가 반문하는 관객들도 있지만, 치매라는 설정을 통해 그 시대를 살아온 실제 어머니 아버지 세대의 역사가 재구성되는 방식이 흥미롭다. 무엇보다 파편적인 이야기들을 맛깔스러운 언어로 다듬어서 전달하는 배삼식의 언어가 그 부서진 이야기들을 탄탄하게 받쳐주고 있다.

이연규와 이대연, 두 배우의 앙상블도 인상적이다. 초연 당시 치매 걸려 기억을 잃어가면서도 끝까지 딸의 대구 지하철 참사의 순간에 대한 기억에서 자유로워지지 못하고, 역설적으로 잊히지 않은 기억 때문에 고통 받는 이연규의 연기는 마치 롤러코스터에 앉아 있는 듯 심리적 기복이 크면서도 눈 하나 깜짝하지 않을 정도로 서늘한 집중력을 유지하고 있는 모습이 강렬했다. 이연규는 이 공연으로 2014년 동아연극상 연기상을 탔다.

이에 비해 극 후반에 홀로 남는 이대연의 독백 장면이 대구 지하철 참사의 현재의 이야기로 급격히 전환되면서 힘의 균형면에서 불안했다. 이번 재공연에서 이대연은 한결 편안하게 이연규의 연기를 받쳐주고 있어 관극이 편안해졌다. 이대연의 연기는 짐짓 능청도 떨고 장난도 치고 훨씬 따뜻해졌다. 덕분에 감정 기복이 큰 공연에서 이대연은 든든한 버팀목 역할을 하면서 관객들이 끝까지 배우들이 이끄는 대로 감정의 저 밑바닥까지 내려갔다가 되돌아올 수 있게 해주었다. 그야말로 1

시간 40분 동안 온전히 두 배우와 함께 울고 웃는 공연이었다.

"내가 잊어버린 것도 잊어버리고 있으면 어떡해!" 치매가 기억을 잃는 것이 아니라 역설적으로 죽어도 못 잊는 장면들 때문에 너무나 고통스러운 상황으로 역전되고, 잊지 못해 자꾸 딸의 기억 속으로 끌려들어가는 부인에게 호통을 치는 이대연에게서 문득 〈3월의 눈〉 장민호 배우의 찬 서리와 같은 음성이 겹쳤다. "좋은 끝이란 없어!" 〈3월의 눈〉은 수배로 쫓기는 자식을 평생 기다린 노부모가 마지막으로 오래된 집을 비워주고 떠나는 이야기이다. 〈먼 데서 오는 여자〉는 참사로 딸을 잃은 부모의 이야기이다. 〈먼 데서 오는 여자〉는 〈3월의 눈〉의 연장선상에 있는 작품으로, 한국현대사에 대한 배삼식의 중심 주제를 보여주는 작품이다.

"엄마 못됐다. 난 다 기억하고 있어." 딸의 참사로 치매 걸린 이연규가 자신이 어린시절에 버림받았던 가장 먼 기억까지 끌어올린 장면이다. 지난해 초연에선 이연규가 다시 아이로 돌아간 듯 어린 아이의 목소리로 표현한 대목이다. 그런데 이번 재공연에선 이미 어른이 된 미순 씨의 목소리 그대로, 전쟁 때 아이 버리고 대신 미싱 들고 도망간 젊은 엄마에게 말하듯 담담하게 말한다. "애는 또 낳으면 되지만 미싱은 한 번 잊어버리면 못 찾는다." 6·25 피난길을 떠나면서 아이가 걸리적거려 나무에 묶어놓고 대신 미싱 들고 도망갔던 엄마가 미순 씨의 최초의 원형 기억이다.

'못된 엄마'의 기억에 이어서 자꾸 돈 달라고 찾아오는 고아원에 보낸 남동생을 외면한 일, 동생에게 돈을 주기 위해 식모 살던 주인집 돈을 훔쳤던 일들이 줄줄이 딸려 나온다. 남편에게 차마 말할 수 없었던 미순 씨의 잔인했던 시절의 기억들이다. 그저 살기 위해 아이도 버리고 동생도 버리고 모든 걸 다 버리면서, 제대로 된 인간으로 살기엔 너무 많은 것이 없었던 시절에 대한 기억의 복원이 잔인하다.

"이런 생각 어떨지 모르겠지만, 가끔 전철에 불 지른 그 사람이 이해가 갑니다." 덕분에 이대연의 마지막 독백의 대사들도 온전히 살아난다. 초연 당시 극 후반부의 에너지가 급하게 떨어지면서 어리둥절한 채 이대연의 심리적 변화 과정이 충분히 와 닿지 않았다면, 재공연을 통해 후반부의 의미가 훨씬 두툼하게 살아났다. 대구 지하철 참사의 우리 시대의 기억은 우리가 여전히 6·25전쟁 피난민처럼 비루하고, 남루하고, 거지처럼 살고 있음을 한순간 환기시킨다. 이대연의 이 대사는 지금까지 눈물의 침묵 속에 잠겨있던 관객들을 한순간 현실로 잡아채며 각성에 이르게 한다. 먹고 살기 위해 어미가 아이를 버리는 그런 세상을 우리는 살아왔다. 그러니 지하철에 불 지른 사람을 어찌 이해하지 못한다고 할 수 있을까. 우리가 지금 그렇게 살고 있는 것이다.

"엄마 못됐다. 난 다 기억하고 있어." 그리고 우리가 참 못되게 살고 있는 것, 누군가는 다 기억하고 있을 것이다. 참 맵고 서늘한 공연이다. 〈삼월의 눈〉 초연과 재공연을 보면서 생각했다. 배삼식은 이 시대의 이야기꾼이다. 〈먼데서 오는 여자〉의 초연과 재공연을 보면서 다시 생각했다. 배삼식은 이 시대의 이야기 장인이다. 배삼식이 우리에게 주고 있는 것은 역사적 성찰과 함께 감정의 회복이다.

매운 이야기꾼이 등장했다

〈여자는 울지 않는다〉

일시 2015년 2월 5일~2월 7일 **장소** 두산아트센터 **제작** 두산아트센터 두산아트랩 **작** 이보람 **연출** 부세롬 **무대감독** 강현후 **조명** 황동철 **음향** 임서진 **음향시스템** 신승욱 **출연** 강애심, 김용준, 오대석, 백석광, 김정, 장율, 이지수, 이세영

연극계의 1, 2월이 숨 가쁘다. 젊은 신인 창작자들의 발굴의 무대가 한창이다. CJ크리에이티브마인즈, ARKO가 주목하는 젊은 예술가 시리즈, 서울연극센터 유망예술지원 뉴스테이지 선정작 공연들이 대학로 공연장 이곳저곳에서 앞서거니 뒤서거니 이어지고 있다. 이러한 움직임들을 선도적으로 이끌었던 두산아트센터의 두산아트랩 시리즈 공연 또한 막바지에 이르고 있다. '아트랩'의 '실험실'이라는 이름에 걸맞게 다원과 연극 공연을 불문하고 30분 발표 혹은 낭독극, 정식 공연까지 형식 또한 가장 파격적이고 자유롭다. 그야말로 젊은 창작자의 가능성 하나만을 보고 흔쾌히 공연장을 내주고 있다.

이번 두산아트랩 공연 목록에서 낯익은 이름 하나를 발견했다. 지난해 CJ크리에이티브마인즈 선정작 공연으로 올라갔던 〈소년B가 사는 집〉의 이보람 작가의 신작 〈여자는 울지 않는다〉가 그것이다. 단 3일 동안의 공연, 70분의 짧은 독회공연이다. 그런데도 객석은 다양한 관객층의 사람들로 가득 찼다. 새삼 최근 낭독극 공연의 인기를 실감했다. 정식 공연은 아니지만 낭독극만이 줄 수 있는 특별한 재미 덕분이다. 낭독극은 정식 공연 이전에 무대화의 가능성을 미리 점쳐보는 기회로 시도되는 경우가 많다. 그렇기 때문에 따끈따끈한 신작을, 특히 신인들의 작품을 남들보다 먼저 맛볼 수 있다는 점은 큰 장점이다. 그리고 낭독극의 실제 무대화의 가능성을 함께 점쳐보는 일은, 일반인이 쉽게 접근하기 힘든 작품 개발 과정에 함께 동참한다는 은밀한 즐거움과 함께 연극 골수팬으로서 누릴 수 있는 짜릿함을 느끼게 해준다.

이번 공연 또한 마찬가지다. 이 공연은, 낭독극이 보여줄 수 있는 모든 것을 보여주고 있다. 무대는 덧마루 위에 놓인 의자 2개가 다이지만, 배우들이 객석 이곳저곳에서 자유롭게 등퇴장하고 대사를 던진다. 장면과 장면 사이의 짧은 암전도 리듬감 있게 분절되고 정리되어 있다. '낭독극답게' 적극적인 액팅은 없지만 등장인물들의 시선과 등퇴장의 동선은 확실하게 정리되어 있다. 그야말로 공연 올라가기 직전의 상태를 보는 듯했다. 연출가 부새롬의 급성장한 연출력이 장면 곳곳에서 조용하지만 확신에 차서 전달되고 있다.

작품은 쉽지 않은 주제를 다루고 있다. 과거의 성폭행 경험과 현재의 연쇄성폭행 사건수사의 큰 줄기가 과거와 현재를 넘나들면서 전개된다. '여자'는 연쇄성폭행 사건의 유력한 용의자의 아내이자, 첫 번째 피해자의 자살을 계기로 재개된 수사의 피해자 진술서 검토를 의뢰받은 심리상담 전문가이다. 그리고 이미 눈치 챘겠지만, 극이 진행되면서 '여자'가 자살한 피해자의 진술서를 검토하면서 대면하게 되는 것은 여자 자신의 과거이다. "여자는 울지 않는다"의 단호한 부정어법의 제목에서처럼 여자는 자신의 과거를 부정한 채 살아왔다. 젓가락과 포크, 생선회와 횟집, 자살과 임신, 북극성과 구약성서의 욥의 이야기 등 장면을 풀어가는 손끝이 매섭다. 초밥을 쥐기 위해 손가락을 얼음물에 담그는 요리사와 같다.

고통을 이야기하는 일은 마찬가지로 고통스럽다. 이보람 작가는 여자의 고통을 욥의 언어로 말한다. 모든 재산을 잃고 자식도 잃고 온몸에 부스럼이 뒤덮어 고통스러워하는 욥에게 아내는 말한다. "차라리 신을 욕하고 죽으라." 그런데 욥의 이야기는 여자의 개인의 목소리가 아니라 객석에 서있는 배우들이 외치는 군중의 목소리로 들려온다. 눈물이 아니라 분노의 목소리로 들려온다. 사실 성폭력 사건에서 우리가 공감할 감정은 눈물이 아니라 분노이다. 피해자 여자가 결국 자살한 것은 여자의 개인적 고통 때문이 아니라 성폭력 피해가 일어났음에도 1층 길거리 집 창문에 여전히 방범창이 세워지지도 않았고 "생각보다 멀쩡하네", "재수가 없어서 그런 거다"라고 말하는 주위의 냉정한 시선 때문이다. 피해자의 자살은 2차, 3차 피해의 결과다. 어머니 강애심과 의붓아버지 김용준 배우가 할 말 대신 노래방 기계에 맞춰 탬버린을 흔들어대듯이, 이 세상에는 타인의 고통에 무감각한 시끄러운 노래방 기계들이 너무 많기 때문이다.

"차라리 신을 욕하고 죽어버려라"의 저주에도 여자는 울지 않는다.

이보람 작가는 제목처럼 눈물 한 방울 흘리지 않고 여자의 분노를 제대로 터뜨리고 있다. 부새롬 연출가는 수많은 욥의 고통의 언어가 탬버린 소리와 끝까지 싸우게 했다. 매운 이야기꾼들이 등장했다.

영국 극작가의 새로운 글쓰기의 자극, 인간과 기억

〈인코그니토〉

일시 2015년 12월 7일~12월 20일 **장소** 두산아트센터 **제작** 코르코르디움 **작** 닉 페인 **번역** 성수정 **연출** 양정웅 **드라마투르그** 성수정 **무대** 양정웅 **조명** 김성구 **음악** 허안 **소품** 임정숙 **조연출** 장지아 **무대감독** 정종현 **진행** 최규리 **사진** 이강물 **출연** 윤다경, 김대진, 장지아, 남윤호

〈인코그니토〉는, 〈별무리〉의 작가 닉 페인의 신작이다. 〈별무리〉에서 선보였던 평행우주이론을 응용한 글쓰기 문법을 확장시켜 이번 작품에서는 훨씬 더 풍부하고 깊어진 작가의식을 보여주고 있다. '인코그니토(incognito)'는 '미지의, 알 수 없는'의 뜻이다. "나는 생각한다, 고로 존재한다." 코기토의 이성중심주의의 인간에 대한 질문을 뇌신경과학이라는 과학적 접근을 통해 새롭게 질문을 던지는 공연이다. 천재 물리학자 아인슈타인의 뇌, 30초 기억력만 가진 남자, 상상한 것을 실제로 일어났던 일로 기억하는 공화증(空話症) 환자 등 뇌과학에 관한 흥미롭고 치밀한 리서치가 돋보이는 극이다.

이야기는 3가지 축으로 전개된다. 1955년 미국에서 사망한 아인슈타인의 뇌를 훔친 부검의 하비 박사의 이야기, 1953년 영국에서 간질 발작으로 뇌절제 수술을 받은 이후 30초 기억력만 간직하게 된 환자 헨리의 사례, 시간을 건너뛰어 2013년 영국 런던에서 공황증 환자의 사례를 관찰중인 임상 신경심리학자 마사의 이야기가 1950년대와 2013년, 미국과 영국을 자유롭게 이동하며 속사포식으로 전개된다. 아인슈타인의 뇌를 훔쳐 연구용 목적으로 240개의 슬라이스로 잘라 보관한 하비의 이야기처럼 공연은 240개의 슬라이스 조각이 연결되어 있듯 조각난 이야기들이 매우 빠른 속도로 연속되고 있다. 지루하게 늘어지는 극중 속도를 못 견디는 현대관객에게 맞춘 듯한 매우 빠른 속도 자체가 관극의 포인트처럼 느껴진다.

공연의 선택은 영리했다. 무대는 초록색 단무대 하나와 무대 뒤편에 놓인 피아노 한 대가 다이다. 3면의 객석을 통해 장면별로 2명 혹은 3명씩 진행되는 배우들의 일거수일투족을 다양한 각도에서 관찰하게 하고 있다. 미니멀리즘의 무대와 배우들의 즉각적인 반응의 연기력만으로 진행되는 공연이다. 남녀 두 쌍, 4명의 배우들이 일인다역을 맡고 있다. 공연의 속도와 밀도를 높여주는 것은 전적으로 배우들의 몫으로 남겨져 있다. 일인다역과 빈번한 장면전환을 도와주는 것은 1955년 미국, 1953년 영국, 2013년 영국 런던을 알려주는 스크린 자막으로 최대한 절제하고 있고, 일인다역의 배우들은 등이 굽거나 특정 말투를 인용하는 서사적 연기로 속도감 있게 공연을 압축하고 있다.

시공간을 넘나들면서 일인다역으로 매우 복잡하게 진행되는 극구조이지만 4명의 배우들의 중심 캐릭터가 명확하게 전달되었던 것도 관극의 중심을 잡아주었던 중요한 포인트였다. 김대진 배우는 하비 박사, 남윤호 배우는 환자 헨리, 윤다경 배우는 마사, 장지아 배우는 마가레트. 결국 극의 중심 사건 또한 이들 배역을 중심으로 이루어진다. 특히 극 후반 반전으로 제시되는 윤다경 배우의 마사와 아인슈타인의 딸 이블린 역할이 흥미롭다. 마사는 헨리가 기억하지 못하는 딸이었고, 이블린은 아인슈타인의 숨겨진 딸이라는 설정에서 동일한 딸의 설정으로 자신의 기억의 기원과 자아의 정체성을 찾아가는 과정이 큰 그림으로 완성된다.

이블린은 아인슈타인의 천재의 뇌에 집착하는 하비 박사에게 아인슈타인의 업적은 그의 뇌 때문이 아니라 평생 일에만 미쳐있었기 때문이라고 말한다. 마사는 기억을 잃고 살아가는 환자들을 동정하지 않고 부러워한다. "나쁜 기억들 다 지우고 사는 건 좋은 거 아냐?" 마사는 입양아였고, 모든 기억을 다 잃고 30초 기억력만으로 살아가는 헨리가 자신의 아버지였음을 알게 된다. 흥미로운 것은 30초 기억력만을 간직한 헨리가 단기기억 / 장기기억의 장애에도 불구하고 자신이 사랑했던 마가레트에 대한 기억만은 끈질기게 간직하고 있었다는 점이다. 이는 환자 헨리의 실제사례에서 새롭게 발견된 '서술기억'의 과학적 발견이라고 한다. 그동안 인간의 감정의 영역과 별개로 다루어진 과학이 인간과, 그리고 인간의 희노애락의 감정의 영역을 다루는 예술과 한층 가까워졌음을 실감하게 된 장면이다.

마지막 엔딩장면에서 마치 가족사진처럼 피아노 앞에 모인 헨리와 마사와 마가레트의 연주장면은 일종의 판타지처럼, 마치 간절한 꿈이 이루어진 장면처럼 서정적인 효과가 컸다. 마찬가지로 치매를 통해 기억의 문제를 다루고 있는 배삼식 작가의 〈먼데서 오는 여자〉에서 기억하지 못해서 고통스러운 것이 아니라 잊지 못해서 고통스러운 인간을 역설적으로 다루고 있는 것처럼(기억의 해부학), 30초 기억력을 가진 한 남자가 끈질기게 기억하고 있는 사랑했던 사람에 대한 기억이 감동적으로 전달된다(뇌신경 해부학). 천재의 이야기이든, 뇌가 없는 사람의 이야기이든 인간의 이야기를 완성하는 것은 결국 인간의 희노애락의 감정의 기억에 의한 것이라는 점이 인상 깊다. 일명 '뉴라이팅', '새로운 글쓰기'의 동시대 영국 작품들의 자극이 계속되고 있다. 그렇기 때문에 동시에 역으로, 한국적인 질감의 새로운 글쓰기를 위한 다양한 모색과 시도가 시급한 시점이다.

학전 어린이청소년극의 저력

〈유령놀이〉

일시 2014년 10월 24일~11월 23일 **장소** 학전블루 소극장 **제작** 학전 **원작** 서화교 **각색** 김민기, 정가람 **연출** 김민기 **음악** 정재일 **조연출** 장진휘, 방진수 **무대제작** 송기선 **조명** 조형숙 **녹음·음향** 김병극, 김진수 **의상** 조문수, 장소영, 정혜원 **분장** 최유정 **소품** 정윤정 **영상** 이미지 **출연** 장준휘, 구원영, 이지송, 최지연, 최원석, 박철완, 이상근, 김히어라, 김솔은

최근 몇 년간 청소년극 시장이 살아나고 있다. 무엇보다도 2011년 출범한 국립극단 어린이청소년극연구소 청소년극의 의욕적인 시도들이 계속되고 있는 덕분이다. 국립극단 어린이청소년극연구소의 청소년극들은 이전의 계몽적인 청소년극에서 벗어나 경쾌한 속도감의 연극적 특성이 강한 공연들과 청소년의 현실을 문제 삼은 문제극들로 청소년극의 새로운 이슈를 제기하는 데에 성공했다. 현장에서의 반응도 뜨겁다. 무엇보다도 최근 젊은 작가들의 작품에서 청소년을 주인공으로 하는 작품들을 많이 찾아볼 수 있는 것은 중요한 변화 중의 하나이다.

연극 〈유령놀이〉는 '학전어린이청소년무대'의 타이틀로 올라가고

있는 '학전 청소년극'이다. 학전은, 1990년대 〈지하철 1호선〉, 〈의형제〉 등 소극장 뮤지컬의 실험을 이끌었고 2000년대에 〈우리는 친구다〉, 〈고추장 떡볶이〉 등 학전 어린이극을 꾸준히 이어오면서 현재까지도 소극장 문화운동의 명맥을 이어오고 있는 몇 안 되는 소극장 중의 하나이다. 학전 청소년극의 현재의 모습은 어떤 것일까 하는 기대를 품고 극장을 찾았다. 주말 극장 앞에는 일찍부터 삼삼오오 관객들이 모여들고 있었다. 유난히 엄마·아빠와 함께 온 어린이 관객들이 많았다. 이들의 입에서 〈고추장 떡볶이〉 등 공연에 대한 이야기가 화제로 오고 갔다. 학전 어린이극이 어린이 관객들에게 깊이 뿌리를 내리고 있음을 실감할 수 있었다.

〈유령놀이〉는 제4회 살림어린이문학상 대상 수상작 서화교의 〈유령놀이〉가 원작이다. 이미 검증받은 어린이문학 작품을 공연으로 올리고 있는 것이다. 실제로 공연이 시작되고 몇 분이 지나자마자 원작의 만만치 않은 힘이 느껴지면서 역시 학전이구나! 감탄이 흘러 나왔다. 나이 10살, 초등 5학년 반에서 왕따를 당하는 아이가 우연히 유령놀이의 술래가 되어 유령 취급을 당하다가 급기야 한 달째 계속되는 유령 취급으로 점점 존재가 사라져 반(半) 유령 상태가 되고 진짜 유령을 만나게 된다는 설정이다. 초등학생 왕따는 서준(박철완 분)이고, 진짜 유령은 한 달 전 자살한 국제중 2학년 재희(최원석 분)다. 가짜 유령 서준은 이곳에 있기 싫어서 진짜 유령과 몸을 바꿔 죽음의 세계로 들어가고, 진짜 유령 재희는 자신의 죽음 이후 여전히 슬픔에 젖어있는 엄마를 떠나지 못하고 근처를 떠돌고 있다.

유령놀이의 '유령' 취급이라는 아이들의 잔인한 왕따 놀이와 진짜 유령이 말해주는 자신의 죽음과 죽음 이후의 슬픔의 세계 등 '유령'이라는 극적 장치 하나로 왕따 당하는 아이의 '죽을 만큼 힘든' 심리적 존재론적 상황과 청소년 자살의 사회적 상황까지 주제를 응집시키고 부각시키는 힘이 대단하다. 왕따와 자살, 가해자와 피해자, 방관자와 관찰자 등 청소년의 현실을 있는 그대로 포착하는 리얼리스트의 냉정한 면모와 그러한 현실을 죽음 이후의 세계로 확장시키면서 역설적으로 관객 모두 서준이 죽음의 세계에 계속 머물지 말고 다시 이 세계로 무사히 돌아오기를 간절히 바라게 하면서 관객 스스로 치유의 드라마를 완성하도록 한다.

다시 한번, 좋은 작품을 발견하고 공연으로 다듬는 김민기 연출의 저력이 느껴지는 순간이었다. 왕따 서준이 유령의 상태로 죽음의 대기공간에서 만나는 개 슈나우저 보리(장준휘 분)의 희극적 캐릭터는 왕따와 자살과 죽음이라는 어두운 세계를 희극적 동물 캐릭터를 통해서 동물 우화라는 동화적 중간 장치로 아이들의 죽음을 상상해야 하는 관객들의 심리적 파국을 견디도록 만들어준다. 학전 공연의 특성상 객석의 99%가 어린이 관객이고 어린이 관객의 눈높이에 맞춰 '말하는 개'의 희극적 캐릭터와 저승 요정의 만화적 캐릭터 등 희극적 특성이 강하게 부각된 것은 전체적인 균형감이 깨진 듯한 인상도 있지만, 어린이 관객들의 호응은 높았다.

물론 민간 극단의 어린이청소년극의 어려운 제작 현실상, 젊은 배우들의 연기가 거칠고 공연의 전체적인 짜임새의 완성도가 높다고는 할 수 없다. 그러나 주제적 철학적 측면에서 이만큼 청소년극에 대해서, 청소년 문제에 대해서 깊이 있게 접근하는 작품이 또 있을까. 최근 '젊은 원로' 윤광진 연출의 존재감 확실한 행보도 그렇고, 학전 김민기 연출의 행보도 그렇고, 이들에게서 비로소 예술에서 위로받고 힘을 얻는 경험을 하게 된 것은 참 고마운 일이다. 어려운 연극 현실에서도 묵묵히 자신의 길을 걸어가는 선배 연극인들을 존경할 수밖에 없었다.

4부

한국연극을 바라보는 또 다른 시선, 드라마투르그 작업노트

· · · · ·

1장
창작극 : 이강백, 윤영선

2장
번역극 : 스트린드베리, 체호프, 핀터, 청소년극

1장
창작극 : 이강백, 윤영선

"그이를 꺼내주세요!" - 〈즐거운 복희〉
이강백의 수수께끼, 돌멩이 하나 - 〈날아다니는 돌〉
한여름 밤의 악몽 - 〈죽음의 집 2〉

"그이를 꺼내주세요!"

〈즐거운 복희〉

일시 2014년 8월 26일~9월 21일 **장소** 남산예술센터 **제작** 극단 백수광부 · 남산예술센터 **작** 이강백 **연출** 이성열 **드라마터그** 김옥란 **무대** 손호성 **조명** 김창기 **의상** 이수원 **분장** 이동민 **음악감독** 김은정 **동작지도** 이준혁 **조연출** 하동기, 김은선 **제작피디** 도재형 **출연** 이인철, 이호성, 강일, 유병훈, 박완규, 박혁민, 전수지

이강백은 정치적 우화극의 작가로 잘 알려져 있다. 초기작 〈파수꾼〉(1974)과 〈내마〉(1975), 〈호모 세파라투스〉(1983), 〈봄날〉(1984) 등에 이르기까지 이강백의 작품 세계 전체를 아우르는 주제로 정치적 우화를 빼놓을 수 없다. 이강백의 신작 〈즐거운 복희〉 또한 마찬가지이다. 2009년 〈죽기 살기〉(송선호 연출, 극단 실험극장) 이후 5년만이다. 2009년, 2011년, 2012년 무려 세 번이나 〈봄날〉 재공연을 올렸던 이성열 연출의 2014년 신작 공연이기도 하다.

이강백은 오랫동안의 침묵을 깨고 올해 세 편의 신작을 연속해서 올리고 있다. 2014년 봄에 올라간 〈챙!〉(임영웅 · 심재찬 연출, 극단 산울림), 여름

의 〈즐거운 복희〉, 그리고 가을에 〈날아다니는 돌〉(이성열 연출, 극단 백수광부)의 공연이 예정되어 있다. 이중에서 〈즐거운 복희〉는 이강백의 정치적 우화극의 본령을 확인할 수 있는 작품이다. 노작가의 귀환에서 묘한 기시감이 느껴진다. 2012년 남산예술센터 무대에 올라간 또 한 사람의 노작가의 무대도 떠오른다. 〈기국서의 햄릿 6〉이 그것이다. 노작가들의 귀환, 시대가 다시 이들을 불러내고 있는 것일까?

장군의 딸과 호수, 낡은 배의 침몰

〈즐거운 복희〉에는 지금 현재 우리의 현실을 떠올리게 하는 정치적 은유와 상징들이 가득하다. 퇴역한 장군이 죽었고, 홀로 장군의 딸이 남겨졌고, 장군의 유언장을 대신 집행하는 여러 명의 늙은 남자들이 있다. 동시에 이 공연은 노련한 우화극답게 '있는 그대로의 현실'을 그대로 반복하고 있지도 않다. 작품의 배경은 서울에서 멀리 떨어진 외진 곳의 호숫가 펜션 단지이다. 누가 찾아올 리 없는 "그저 커다란 물구덩이"였던 호숫가에 장군의 무덤이 생기고, 호수 저 깊은 물속에서 장군의 딸을 사랑했던 나팔수의 나팔 소리가 들려오는 신비로운 이야기가 만들어지고, 마지막에 장군의 딸의 무덤이 새로 생기면서 끝난다.

그런데 묘하다. 호수와 물, 낡은 배와 침몰, 물속에 수장(水葬)된 젊은 영혼과 그를 기다리는 이야기는 지금 현재진행중인 세월호 이야기를 연상시킨다. 이는 전적으로 우연의 일치다. 이 작품은 남산예술센터 2014 공동제작 공모 선정작이다. 작가의 초고가 나온 것은 공모 마감 인 2013년 9월 이전이다. 〈즐거운 복희〉의 첫 공연이 올라가는 8월 26 일은 세월호 참사 133일째이다. 묘한 우연의 일치는 〈내마〉 때도 그랬 다. 〈내마〉의 첫 장면은 육중한 관이 들어오는 장례식 장면이다. 공교 롭게도 공연 직전에 박정희 전 대통령의 부인 육영수 여사가 저격당했 다. 작가는 〈내마〉도 그렇고, 이 작품 또한 우연의 일치라고 말한다. 거 듭되는 우연의 일치가 놀랍다. 관객은 〈즐거운 복희〉를, 〈파수꾼〉과 〈내마〉를 잇는 정치적 우화극으로 읽을 것이다.

아버지의 유언장을 가로챈 가짜 아버지들

〈즐거운 복희〉는 주제상 정치적 우화극이지만, 양식상으로는 부조 리극이자 블랙 코미디이다. 우선 등장인물들이 그렇다. 학생들이 제일 싫어하는 수학을 가르쳤다는 전직 수학교사 남진구는 충동적으로 펜션 을 분양받아 은행 빚에 시달리고 있다. 전처에게 전 재산을 넘겨주고 외진 곳으로 숨어들어온 전직 레스토랑 주인 김봉민은 호시탐탐 재기 의 기회를 노리고 있다. 그런가 하면 남의 자서전을 대신 대필해주는 떳떳하지 못한 직업을 가진 박이도는 끊임없이 장군의 딸 주변을 맴돌 면서 사생활을 엿보고 있다. 대한제국 시절 증조할아버지가 받은 작위를 대대로 이어받았다는 자칭 백작은 시대착오적이기까지 하다. 아무도 찾지 않는 외진 곳의 호숫가 펜션 타운에 모여든 이들의 면면 자체가 부조리하다. 이들은 철저히 희화된 인물들이다.

극은 장군의 죽음과 함께 시작된다. 장군은 죽었지만, "장군이 평생 동안 받은 많은 훈장"이 "주인 없는 물건"으로 남겨졌다. 장군 휘하에 있던 수천 명의 퇴역 군인들의 명단도 장군의 책상 위에 그대로 남겨졌다. 그리고 "이곳을 세상에서 가장 안락한 낙원"으로 만들어 "하나뿐인 내 딸 복희를 친 가족처럼 보살펴" 달라는 장군의 유언장도 함께 남겨졌다. 극은 아버지 없는 외딴 호숫가에 장군의 어린 딸 복희가 "친절한 분들의 도움" 속에 남겨진 채 시작된다. 마치 〈사천의 선인〉의 셴테가 가난하지만 친절한 사람들, 〈도그빌〉의 그레이스가 평범하지만 친절한 사람들 사이에 남겨졌듯이, 장군의 어린 딸 복희는 펜션 주인들의 "친절한 도움" 속에 홀로 남겨졌다.

펜션 주인들은 말한다. "세상 어디를 가도, 우리처럼 친절한 사람들을 만나지는 못할 겁니다!" "장군의 유언을 굳게 지킬 것"을 맹세하는 "친절한" 펜션 주인들은 복희 대신 장군의 유언장을 가로채 집행하고, 장군이 남긴 명단을 부고장으로 발송하며 펜션의 고객 유치에 열을 올린다. 극은 아버지의 유언장을 가로챈 가짜 아버지들과 "엄마도 없고 아빠도 없이" 세상에 홀로 남겨진 장군의 어린 딸 복희가 끊임없이 이 호숫가를 탈출하고자 하는 이야기다.

월남에서 돌아온 김상사들

우화는 그 속성상 현실과 너무 가까우면 우화로서의 거리감을 잃게 된다. 그렇다고 또 현실과 너무 멀어져도 현실과의 긴장력을 잃게 된다. 이 작품 또한 마찬가지다. 홀로 남겨진 장군의 딸과 그녀의 슬픔을 동정하며 몰려든 퇴역군인들이 있고, 탐욕스러운 펜션 주인들의 존재가 즉각적으로 특정 현실을 환기시키는 만큼 우화극으로의 확장이 필요하다. 이 지점에서 이성열 연출은 한 가지 묘수를 제시한다. 이성열 연출은 퇴역군인과 군가의 장면을 우리에게 익숙한 6·25 한국전쟁이 아니라 월남전의 이미지로 대체하고 있다. 호숫가 펜션 고객들인 퇴역군인들은 매일 밤 호숫가 특별음악회에서 월남전 파병 맹호부대의 군가 〈맹호들은 간다〉와 김추자의 〈월남에서 돌아온 김상사〉 노래에 맞춰 흥겹다.

월남전은 박정희가 치렀던 세 번의 전쟁 중 마지막 전쟁이다. 일본 만주국 육군 소위로 참전했던 태평양전쟁(1944~1945), 대한민국 육군 영관급으로 참전했던 한국전쟁(1950~1953), 그리고 대한민국 대통령으로 파병을 결정했던 월남전(1964~1973)이 그것이다. 월남전 파병의 정당성은 결국 돈을 벌기 위해 참가한 전쟁이었다는 논란과 함께 아직까지도 논란이 끝나지 않은 문제이다. 그런데 월남전이 돈을 벌기 위해 참가한 전쟁이라는 점은 호숫가 펜션 주인들이 오로지 펜션 운영의 수익을 위해 장군의 딸과 나팔수의 죽음과 퇴역군인들을 이용하고 있는 상황과 오버랩되면서 낯선 상상력을 발동시킨다.

선거 때마다 반복적으로 회고되는 남과 북의 대치상황과 종북 논란의 원형적 체험의 기원은 한국전쟁이다. 그러나 실제 우리의 맨얼굴은 월남전 참전에 있는지도 모른다. 매일 밤마다 호숫가 음악회에서 지나간 전쟁의 군가에 열광하는 퇴역군인들과 군중들, 나팔수의 죽음을 댓가로 물속에서 울려나오는 나팔소리를 돈벌이로만 생각하는 펜션 주인들과 투자자들은 이강백의 초기극에 흔히 나오는 우중(愚衆)의 현대적 모습들이기도 하다. 매일 밤마다 호숫가 음악회에서 '월남에서 돌아온 김상사들'의 흥겨운 축제가 열리고 있는 장면은 이강백의 우화와 이성열 연출의 감각적 직관이 만나서 만든 비상한 장면의 하나이다.

펜션 주인들은 끝내 복희의 슬픔에도 불구하고 물속에 가라앉은 나팔수의 시신을 건져내지 않는다. 화가는 나팔수의 나팔 그림으로 "떼돈을 벌고" 있다. 그러니 어쩌면 우리는 저 깊은 물속에서 우리 스스로를 꺼내 구해야 할지도 모른다. 물속에서 숨 쉬는 자 아무도 없다. 그리고 작품의 마지막에서처럼, 우리는 불 속에서도 살 수 없다. 그대로 두면 우리는 호수 물속에 처박히고, 불 질러지고, 우리의 시체는 나도 모르는 풀숲에 함부로 버려질 지도 모른다. 마지막에 호숫가에 홀로 남겨지는 건달청년 조영욱에게서 40년 전 작품 〈파수꾼〉의 소년 파수꾼이 홀로 망루에 버려진 채 남겨지는 장면이 겹쳐지는 것은 또 어떤 의미일까? 결국 이 극은, 어느 누구에 대한 풍자나 독설이 아니라 우리 모두의 혼돈과 탐욕과 무력함에 대한 우리 시대의 우화다.

이강백의 수수께끼, 돌멩이 하나

〈날아다니는 돌〉

일시 2014년 11월 7일~11월 16일 **장소** 국립극단 백성희장민호극장 **제작** 극단 백수광부 **작** 이강백 **연출** 이성열 **드라마터그** 김옥란 **무대** 윤시중 **조명** 김영빈 **의상** 박소영 **음악** 김은정 **소품** 구은혜 **안무** 양은숙 **조연출** 하동기, 백정희 **사진** 이강물 **기획 · 홍보** 코르코르디움 **출연** 오현경, 한명구, 박수영, 이명행, 이경미, 조국형, 조현, 문법준 **특별출연** 김정선(피아노)

극단 백수광부에서 이강백의 신작 〈날아다니는 돌〉이 올라간다. 〈봄날〉과 〈즐거운 복희〉에 이어 세 번째 작품이다. 〈봄날〉이 세 번 공연되었으니 공연으로는 다섯 번째다. 한 극단과 한 작가의 다섯 번의 만남이라니 인연이 깊다. 〈봄날〉의 오현경 선생님도 함께 하게 되었으니 그 인연 또한 깊다. 〈과부들〉에서 함께 했던 한명구 선생님, 〈여행〉과 더불어 오랜 여행의 동반자인 박수영 배우까지 깊은 인연들이 함께 하게 되었다. 이번 공연을 통해 새롭게 인연을 맺게 된 이명행과 이경미 배우까지, 이 모든 일이 어느 날 툭, 하고 날아 들어온 돌 하나 때문에 벌어진 일이다.

이강백의 수수께끼

〈날아다니는 돌〉은 우화극이다. 어느 날 갑자기 숙부로부터 날아다니는 돌의 존재를 듣게 된 조카 이기두는 날아다니는 돌이 있다는 강원도 외딴집을 찾아 "고속도로, 지방도로, 비포장도로, 산길"을 지나 닫힌 문을 두드린다. 깊은 산골 외딴집에는 날아다니는 돌을 가지고 있다는 박석 선생이 있다. 그런데 박석 선생은 날아다니는 돌이 진짜로 있는지 없는지 시침을 뗀다. 그런데도 이기두는 강원도를 향하는 발걸음을 멈출 수가 없다. 임종을 기다리고 있는 숙부의 바람 때문이다. 숙부는 조카가 날아다니는 돌을 얻기를 간절히 바라고 있다. 숙부는 말한다. "그 돌을 포기하지 마라. 그 돌을 가져야 너는 새롭고 놀라운 삶을 살 것이다!"

이기두의 고민은 깊어간다. 아무리 날아다녀도 돌은 돌일 뿐이다. 마침내 마음을 연 박석 선생이 보여준 돌은 날아다니기는커녕 길바닥에 굴러다니는 "개똥만도 못하고 소똥만도 못한" 평범한 돌처럼 보인다. 이기두는 실망이 크다. 이기두는 과연 어떻게 해야 할까? 임종을 기다리는 숙부의 재촉은 심해지고, 박석은 이기두에게 돌을 팔 생각이 없다. 설상가상으로 강원도를 드나들게 된 것을 알게 된 애인 김혜란은 비싼 돈을 주고 돌을 산다면 당장 이별이라고 으름장이 대단하다.

믿을 수 없는 이야기다. 돌이 난다니! 게다가 그 돌을 가져야 새롭고 놀라운 삶을 살게 될 거라니! 노년의 작가 이강백이 인생을 관조하며 쓴 인생에 대한 한 편의 동화 같은 우화이다. 돌을 날게 하다니! 무심한 듯 툭, 던지는 농담 같은 극이기도 하다. 그리고 보니 돌에 빗댄 말들이 많다. 태산에 걸려 넘어지진 않아도 내 발 밑에 박힌 돌부리엔 걸려 넘어진다. 화가 나면 걷어차는 것도 길바닥에 널린 흔한 돌멩이다. 그런가 하면 모든 속박을 뚫고 자유를 향해 거침없이 날아가 어딘가에 아프게 박히는 것도 길바닥에 널린 흔한 돌멩이다. 산길 구비마다 사람들이 하나둘 쌓아올려 간절한 마음의 탑을 만드는 것도 흔한 돌멩이다. 여기에 작가 이강백은 한마디 더 덧붙인다. "이 돌이 세상을 구할 것이다." 길바닥에 굴러다니는 가장 흔하고 평범한 돌에 자유의 날개를 달아주고 그 돌이 간절히 주인을 찾고 있다고 말한다. 돌멩이 하나 던져 놓고 쓱, 웃음 짓고 있는 작가 이강백의 수수께끼 같은 극이다.

그런가 하면 무언가를 간절히 원하는 자의 이야기를 담은 극이라는 점에서는 이강백의 초기작 〈보석과 여인〉(1975)을 연상시킨다. 〈보석과 여인〉은 "완전한 형태"의 보석을 얻기 원하는 보석 세공사가 결혼을 하루 앞둔 연인에게 완전한 사랑을 보여주기 위해 완전한 형태의 결혼반지를 완성하고 남겨준 뒤 재가 되어 사라져버리고만 이야기다. 완전한 사랑과 완전한 보석, 둘 모두 포기할 수 없는 작가 이강백 자신의 인생관과 예술관을 함축하고 있는 작품이다. 그런 면에서 보자면 이 작품은 작가 이강백 스스로에게도 하나의 수수께끼 같은 극이다. 아침에는 보석이다가, 저녁에는 돌멩이가 된 이것은 과연 무엇일까?

연출가 이성열의 답변

　어느 날 갑자기 날아 들어온 돌멩이 하나, 한 편의 수수께끼 같은 극이지만 공연은 경쾌하다. 백발의 숙부는 전생과 이생과 내생의 삶을 믿는 특이한 생사관을 가지고 있다. 한술 더 떠 숙부는 "이생에서는 남자로 살았으니 내생에는 여자로 살고 싶어" 여자 옷을 입고 죽음을 준비하고 있다. 남자와 여자, 노인과 갓 태어난 아이를 천연덕스럽게 오가는 백발의 노배우 오현경의 연기를 통해 숙부의 역할은 이 세상의 수많은 경계 짓기와 차별의 어리석은 행위들을 신랄하게 풍자하고 있다. 박석 선생은 이름 자체가 얇고 넓은 돌(薄石)이면서 아주 못생긴 사람을 가리키는 박색(薄色)을 연상시킨다. 박석 선생은, 이기두를 시험에 들게 하고 자상한 스승 같은 근엄한 존재이지만 동시에 평범하고 못난 돌, 마치 물불 안 가리고 마구 덤벼드는 짱돌 같은 사람이다. 한명구 배우의 박석 선생은 지난 시대 우리의 '형님들', 언제나 젊고 뜨거운 열혈 청년 투사들을 생각나게 한다.
　백발의 숙부와 언제나 뜨거운 용암 같은 박석 선생이 간절히 전해주고자 하는 날아다니는 돌의 서른한 번째 소유자 이기두는 또 어떤가? 이기두는 잘 나가는 성공한 경매업자다. 언제나 행동에 앞서 계산이 빠른 '이기적인 머리(利己頭)'를 가진 사람이다. 그런 이기두에게 어느 날 갑자기 난데없는 돌 하나가, 그야말로 '날아 들어온' 것이다. 이기두의 삶 속에 날아와 박힌 돌은 사랑하는 숙부와 애인이 떠나가도 나머지 삶을 견디게 해준다.

이기두는 자신이 숙부와 박석 선생의 뒤를 이어 어느 날 갑자기 '날 아다니는 돌'의 서른한 번째 소유자가 된 것이 얼떨떨하다. 게다가 이 돌은 『금오신화』를 쓴 매월당 김시습으로부터 풍운아 허균, 연암 박지 원으로 대대로 내려오는 '족보'까지 갖추고 있다. 이기두는, 돌을 넘겨 받고도 자신이 이 돌의 제대로 된 계승자가 맞는지 여전히 고민 중이 다. 이기두는, 숙부가 "나는 너를 가장 좋아한다. 너는 소중한 사람이 다"라고 아무리 얘기해줘도 자신의 가치를 발견하지 못하고 무턱대고 열심히만 살면서 스펙만 쌓고 돈 버는 것만 인생의 최고의 목표로 삼는 어리석은 사람이다. 누구나 똑같이 획일적으로 사는 삶만이 '정상'이라 고 여기며 살아가고 있다.

누구나 똑같은 뻔하고 진부한 삶에 대한 작가 이강백의 진지한 농담 은 이기두와 똑같은 내용의 일기를 쓰는 낭독자의 설정에서 기지를 발 휘한다. 낭독자는 흡사 해설자처럼 이기두의 일기를 읽어주지만, 동시 에 그 일기는 낭독자가 일인이역으로 연기하는 이웃남자의 일기이기도 하다. 누구나 자신이 다른 사람과 다르게 살고 있다고 여기고 있지만 우리는 누구나 똑같은 모습으로 살아간다. 게다가 자본주의 사회의 상 품논리에 의하면 우리의 존재는 내가 가진 통장의 돈과 연봉과 집값에 따라 똑같은 취급을 받게 된다. 낭독자와 이웃남자를 오가는 박수영 배 우의 평범한 듯 선이 분명한 연기는 인생 희노애락의 정확한 순간의 반 응들을 눈앞에서 선명하게 보여준다. 박수영은 인생의 페이지 하나하 나를 정확히 넘겨 마지막 페이지까지 관객을 이끌고 간다.

작가 이강백이 마치 농담처럼 툭, 던진 수수께끼를 받아든 연출가 이 성열의 반응은 담담하다. 발부리에 걸리는 평범하고 못생긴 돌멩이 하나로 비유되는 평범한 우리들의 인생 이야기. 세상을 구하겠다는 비장한 주제의 '날아다니는 영웅' 슈퍼맨의 이야기가 아니니 연출 또한 몸에 힘을 빼고 작가의 수수께끼를 받아들고 있다. 억지를 부리지도 않는다. 다만 굴러온 돌이 그대로 굴러가도록 그대로 놓아둔다. 이강백이 굴린 돌을 이성열이 받아 굴리다가 이제 관객에게 던진다. 이 돌이 날지 안 날지는 우리도 아직 모르겠다.

다만 삶의 작은 위안처럼 연출가 이성열이 작은 목소리로 노래를 불러준다. 박석 선생과 이기두가 함께 듣는 날아다니는 돌의 피아노 연주 소리를 무대에서 직접 들려준다. 그런 날이 있다. "몸도 피곤하고 마음도 피곤한 밤", 텔레비전 대신 환한 달빛 아래 나를 바라보는 밤, 내가 제대로 살고 있는가 의심에 괴롭고 울고 싶은 밤, 애인도 없고 나도 없는 밤, 그런 날 들여다보게 되는 돌덩이처럼 차갑게 식어버린 내 마음을 알게 된 밤, 그럴 때 나는 어떻게 해야 하나. 박석 선생이 들려주는 피아노 소리에 이기두는 비로소 심장이 뛴다. 밤하늘의 별이 보인다.

이 극의 마지막 대사는 이기두가 낮게 외치는 말이다. "참 좋습니다!" 〈파우스트〉의 마지막 장면에서 오랜 방랑 끝에 삶의 마지막에 다다른 파우스트가 악마 메피스토펠레스에게 외쳤던 말도 이것이다. "아름답구나!" 작가 이강백은 파우스트와 같은 열정으로 살았던 젊은 날의 보석 세공사의 이야기를 평범한 돌이 날고 피아노를 연주하는 아름다운 광경으로 끝맺고 있다. 이기두와 연출가 이성열과 관객인 우리들은 과연 날아다니는 돌의 서른한 번째 소유자가 될 수 있을까?

한여름 밤의 악몽

〈죽음의 집 2〉

일시 2013년 8월 8일~8월 22일 **장소** 선돌극장 **제작** 극단 백수광부 **작** 윤영선 **재창작** 최치언 **연출** 이성열 **드라마터그** 김옥란 **무대** 윤시중 **조명** 김창기 **의상** 이수원, 박인선 **음악** 김동욱 **사진** 이은경 **조연출** 이우천, 윤성호 **기획·홍보** 코르코르디움 **출연** 김학수, 정은경, 김현영, 정훈, 김원진, 유시호, 민해심

여기 이상한 이야기가 하나 있다. 어느 시골의사의 이야기다. 시골 보건소, 2년 계약직, 어느 의사에 관한 이야기다. 그는 젊다. 어서 빨리 논문도 쓰고 연구 실적도 쌓고 계약이 만료되면 다시 서울로 올라가고 싶다. 그런데 오매불망 기다리던 서울에서는 아무 연락이 없고 비만 온다. 비 오는 어느 날 밤, 창밖에 웬 여자가 나타나 급하게 왕진길을 청한다. 여자는 벙어리다. 여자가 이끄는 대로 찾아간 환자의 집에서 만난 가족들은 더 수상하다. 가족들은 환자는 내놓지 않으면서 화병으로 죽은 아버지 이야기만 한다. 어느 날 밭 한가운데 나타났다는 집채만 한 바위가 집으로 구르고 있다는 황당한 이야기들만 늘어놓으며 횡설

수설이다. 의사는 이 가족들이 도대체 왜 이곳으로 자신을 불렀는지 모르겠다. 밤은 깊었고 비는 내리고 돌아갈 길들은 지워졌고 의사는 가족들에게 환자를 보여줄 것을 재촉하지만 가족들은 환자를 보여줄 줄을 모른다.

카프카의 〈시골의사〉와 극단 백수광부의 〈야메의사〉

그동안 극단 백수광부의 공연을 챙겨본 관객들이라면 이쯤이면 대충 눈치챌 것이다. 극단 백수광부의 대표적인 공동창작 작품으로 여러 차례 공연된 〈야메의사〉와 흡사한 구성이다. 〈야메의사〉는 카프카의 〈시골의사〉를 원작으로 해체 재구성한 작품이다. 한밤중에 울리는 야간 비상종 소리에 황급히 찾아간 환자 가족들의 집에서 의사는 이상한 환자를 만나고 쫓기듯 도망쳐 나온 후 길을 잃고 헤맨다. 〈시골의사〉는 1919년에 출판된 카프카의 짧은 단편이다. 1차 세계대전 와중에 쓰여진 작품으로, "빛나는 의술" 따위 기대할 수 없는 시골의사에 빗대어 치료할 수 없는 환자와 맞닥뜨린 의사의 상황, 환자를 치료하기는커녕 자기 자신도 구하지 못하고 길을 잃고 헤매는 의사의 상황을 통해 인간 구원의 문제와 출구 부재의 상황을 그리고 있다.

극단 백수광부의 이성열 연출은 카프카의 〈시골의사〉를 유난히 좋아한다. 2001년 상명대학교 소극장 개관기념공연에 참가하면서 원작 그대로를 짧게 올린 이후, 2005년 상명대학교 제작실습 워크숍 공연에서 〈야메의사〉로 제목을 바꾸어 장막극으로 공연하고, 2006년 극단 백수광부 10주년 기념공연으로 정식 공연을 올리면서 점차 원작과는 다른 극단 백수광부만의 공연으로 자리 잡아가고 있다. 그리고 2009년, 2010년 재공연을 거듭하면서 "시대의 환부를 찾아가는 야메의사" 캐릭터는 점점 더 강력해지고 있다. 한 작품의 다섯 차례의 공연이라, 결코 쉽지도 예사롭지도 않은 일이다.

윤영선의 〈죽음의 집 2〉, 현대판 우화 혹은 오래된 악몽

〈죽음의 집 2〉는 고(故) 윤영선의 미발표 유작이다. 2004년 쓰여졌으나 발표되지 않은 작품으로, 지난해 제2회 윤영선 페스티벌에서 낭독공연으로 처음 소개되었다. 윤영선과 각별한 사이였던 이성열 연출 또한 작가 생전에는 이 작품의 존재를 모르고 있었다고 한다. 한편 1994년에 쓰여진 〈죽음의 집〉이라는 같은 제목의 또다른 미발표 유고작도 있다. 그러나 〈죽음의 집〉과 〈죽음의 집 2〉는 제목만 같고 전혀 다른 작품이다. 대신 2005년에 쓰다가 완성하지 못한 〈쥐가 된 사나이〉가 〈죽음의 집 2〉의 내용을 잇고 있다. 〈죽음의 집 2〉와 〈쥐가 된 사나이〉는 카프카의 〈시골의사〉와 〈변신〉을 기본 모티브로 삼고 있고, 여러 차례 다시 쓰여진 흔적이 보인다. 2004년과 2005년 시점에서 이성열 연출은 〈야메의사〉로, 윤영선 작가는 〈죽음의 집 2〉와 〈쥐가 된 사나이〉로 카프카에게 빠져 있었던 셈이다. 〈야메의사〉와 〈죽음의 집 2〉는 이성열 연출과 윤영선 작가가 같은 시기에 앓고 있었던 열병의 흔적들이다.

그리고 또다시 시간이 흘렀다. 윤영선은 떠났고, 〈죽음의 집 2〉가 공연된다. 이성열 연출은 "하늘에 있는 영선이 형이 귀신의 조화를 부린 것"이라고 이 작품의 공연배경을 설명한다. 생전에 윤영선 작가가 "예뻐했던 작가" 최치언이 재창작에 참여하게 된 것도 "귀신의 조화"라고 말한다. 여기에 덧붙여 윤영선의 〈파티〉, 〈나무는 신발가게를 찾아가지 않는다〉, 〈임차인〉에 출연했던 정은경 배우를 캐스팅하고, 작가이자 연출가로 활동을 시작하고 있는 윤영선의 아들 윤성호도 조연출로 불러 모으면서 이성열 연출 스스로 "귀신의 조화술"을 부리고 있다.

그리고 김현영, 정훈, 유시호, 김원진 배우는 극단 백수광부의 공동창작 작품 〈야메의사〉에 출연했던 배우들이다. 최치언의 〈미친극〉에서 방학수 역할을 맡았던 김학수 배우와 새롭게 합류하게 된 이우천 조연출까지 이 작품에 참여하고 있는 면면들도 예사롭지 않다. 그야말로 점점 더 "귀신의 조홧속" 같은 작품이 되고 있다. 연습 기간 내내, 이성열 연출은 술 좋아했던 윤영선 작가를 추억하며 매일매일 배우들과 술을 마신다. 유난히 비가 많은 여름이다. 한여름 밤의 꿈처럼 지나가는 날들이다.

최치언에 의해서 재창작된 장면 속에서 의사는 꿈속의 꿈과 같은 이상한 악몽을 꾼다. 있었던 일들이 뒤엉킨 채 보여지는 무의식적 장면이면서 일어날 일들의 예지몽 같은 각성의 장면이기도 하다. 꿈속에서 의

사는 비로소 환자를 만난다. 쥐가 된 아들은 카프카의 『변신』을 우리 설화 속에서 동물이 사람으로, 사람이 동물로 '둔갑'하는 이야기로 작가 윤영선이 한국적으로 변형시킨 것이다. 여기에 작가 최치언은 악몽 장면을 더했다. 윤영선의 원작에는 등장하지 않는 쥐로 둔갑한 아들을 꿈속에서나마 의사와 대면시킨다. 쥐로 둔갑한 아들과 오빠를 사람으로 되돌리기 위해 허벅지 살을 베어 먹인 여자. 끝끝내 의사에게 환자를 보여주지 않는 가족들과 허벅지를 벤 상처를 부끄러워하며 보여줄 수 없다는 여자. 가난한 자에게, 가난은 남에게 보여주기 싫고 부끄러운 병과 같은 것이다. 그러면서 쥐를 잡아먹을 수밖에 없고, 허벅지 살을 베어주면서까지 다시 사람으로 살려내고 싶은 절박하고 절실한 원망과 바람의 세계를 보여준다. 현대판 우화이자 오래된 악몽이다.

극중에서 사내는 '흰 쌀밥'의 이야기와 함께 '다방 레지가 날라다주는 커피 한 잔'의 사소한 환대가 얼마나 감동스러웠는지 말한다. 인간에게 필요한 것은 사람이 짐승을 잡아먹고 짐승으로 변해버리는 아귀와 같은 세상이 아니라 인간이 인간으로서의 존엄을 지키고 타인에게도 인간으로서의 예의를 갖추는 일일 것이다. 생명에 대한 존중은 말 못하는 사슴이라도 사람처럼 보은을 하게하고, 종탑에 제 머리 찧어가며 종을 울리고 은혜를 갚는 꿩 이야기처럼 아귀와 같은 세상 속에서도 생명을 지켜내게 한다.

악몽에서 우리는 가끔 길을 잃지만, 사실 길은 낯선 길에서 잃는 것이 아니라 익숙한 길에서 잃는다. 마치 케케묵은 옛날이야기에서처럼, 인간이라는 익숙한 길에서 우리는 때때로 길을 잃을 수도 있다. 돈으로 모든 것을 보상할 수 있다고 강변하는, 모든 것이 계산과 명분으로 자명하고 투명해 보이는 사회 속에서 살지만 사실 우리는 지금 길을 잃고 있는 것일 수도 있다. 악몽에서 깨어나는 방법은, 극중에서 의사가 스스로 각성하듯이 스스로 깨어나는 수밖에 없다. 〈죽음의 집 2〉는, 〈여행〉과는 또 다른 맥락에서 작가 윤영선의 사회적 관심과 철학적 깊이를 보여주는 작품이다.

2장
번역극 :
스트린드베리, 체호프, 핀터, 청소년극

사랑은 끝났다, 계산은 남았다 - 〈채권자들〉
권총과 몰핀과 눈물 - 〈바냐 아저씨〉
친밀했던 세계와의 결별, 나의 세계로의 귀향 - 〈귀향〉
고백할 용기, 고통을 견디는 용기, 기다릴 줄 아는 용기 - 〈록산느를 위한 발라드〉 1
누가 사랑을 두려워하는가? - 〈록산느를 위한 발라드〉 2
빨간 시라노를 줄까, 파란 크리스티앙을 줄까? - 〈록산느를 위한 발라드〉 3

사랑은 끝났다, 계산은 남았다

〈채권자들〉

일시 2013년 5월 10일~5월 26일 장소 아르코예술극장 소극장 제작 극단 컬티즌 작 스트린드베리 번역 성수정 윤색 동이향 연출 이성열 기획 김승미 의상 이승무 조명 신호 무대 이유정 음악 김은정 분장 백지영 소품 임규양 드라마투르기 김옥란 사진 이도희 조연출 하동기 출연 이호재, 길해연, 김영필

스트린드베리(August Strindberg, 1849~1912)는 스웨덴의 극작가, 소설가이다. 우리에게는 〈미스 줄리〉의 작가로 잘 알려져 있다. 마침 2012년은 스트린드베리 서거 100주기를 맞아 기념 페스티벌이 진행되었다. 〈유령소나타〉(박근형 연출), 〈죽음의 춤 1〉(김재엽 연출), 〈죽음의 춤 2〉(박정희 연출), 〈채권자〉(오동식 연출), 〈미스 줄리〉(이채경 연출), 〈꿈〉(이윤택 연출) 등이 집중적으로 공연되어 관심을 끌었다. 이중 〈채권자〉와 〈죽음의 춤 2〉는 한국 초연이다. 스웨덴어 직역 번역(이정애)이 새롭게 시도되었고, 스웨덴의 극단 스트린드베리 실험극장(Strindbergs Intima Theater)의 첫 내한 공연 〈미스 줄리〉가 공연되었다.

스트린드베리, 삶은 본질적으로 '투쟁'이다

스트린드베리하면 바로 떠오르는 말은 '현대성'과 '난해함'이다. 1년 이상 〈죽음의 춤〉을 공연한 덴마크의 여배우 기타 노르비는 "그의 작품은 정말 어렵다. 마치 최상위 난이도의 시험 같다. 그는 무자비하게 당신의 영혼으로 돌진한다. 모든 공연이 당신의 마음을 훔쳐간다"라고 말한다.[1] 그런가 하면 스웨덴의 세계적인 영화감독 잉마르 베리만은 그의 희곡을 연극과 영화로 연출했으며, 미국의 극작가 유진 오닐은 스트린드베리에게 영향을 받았다고 고백한 바 있다. 그 외에도 에드워드 올비, 테네시 윌리엄스, 프란츠 카프카 등이 스트린드베리의 영향을 받았다고 알려져 있다. 모두 현대적이거나 전위적인 작가들이다.

그렇다면, '최상위 난이도 시험' 같은 난해성에도 불구하고 무엇이 스트린드베리에게 열광하게 하는가. 그의 현대성의 핵심은 자연주의다. 자연주의는 1860년대 프랑스를 중심으로 활발하게 일어났던 세기말의 문예사조이다. 에밀 졸라가 〈테레즈 라깽〉(1867) 서문에서 밝힌 자신의 창작태도, "악덕과 미덕은 황산과 설탕처럼 다 같은 화합물이다", "등장인물을 마치 시체를 해부하듯 분석하였다" 등의 말과 함께 유명해졌다.

자연주의는 인간의 악덕과 악마성에 관심을 가지고 있으며, 그 출발 지점부터 '불결한 문학', '분뇨 문학'의 오명을 뒤집어쓰고 있다. 자연

---

1   스웨덴 대외홍보처(www.sweden.se) 홍보물.

주의는 아직도 사실주의에 비해 열등하고 과격한 사조로 오인되고 있다. 그도 그럴 수밖에 없는 것이 자연주의가 관심을 갖는 것은 하녀와 하층계급 노동자이거나 유전과 진화론, 돈(자본)의 세계이기 때문이다. 자연주의는 세계적으로 가장 떠들썩한 사조 중의 하나였고, 아직도 스캔들 속에 있는 사조이다. 그런가 하면 박찬욱의 영화 〈박쥐〉의 원작이 〈테레즈 라깽〉인 것을 보면, 자연주의는 아직까지도 현대 작가들의 어두운 무의식을 건드리는 무언가가 있다.

연극에서는 1880년대 프랑스 앙또완느 자유극장의 활동이 유명하고, 자연주의 연극이 세계적인 영향력을 가지는 데에는 스트린드베리의 역할이 컸다. 스트린드베리의 자연주의 비극 〈아버지〉(1887), 〈미스 줄리〉(1888), 〈채권자들〉(1889)이 그 핵심에 있다. 〈미스 줄리〉 서문은 스트린드베리로 하여금 '현대연극의 아버지'란 타이틀을 얻게 했다.[2] 이 작품들은 다윈의 진화론과 약육강식의 논리를 성(性)의 대결로 그리고 있는 작품들이다. 생물학 종들의 격렬한 생존경쟁의 투쟁을 사회의 가장 작은 생물학적 단위인 남녀 간의 관계에 대입시키고 있다.

스트린드베리의 자연주의극이 동일하게 유전과 환경과 진화론을 실험한 졸라나 입센의 사회적 자연주의와 다른 것은 스티린드베리가 가장 오래되고 본질적인 투쟁인 남녀 간의 성 대결을 "영혼의 살인", "지옥의 투쟁"의 극단으로까지 몰고 가면서 그리스 비극과는 다른 면에서 우리를 정화(카타르시스)시키기 때문이다. 스트린드베리는 말한다. "내가 원하는 것은 승리가 아니라 투쟁이다." 스트린드베리는 강렬한 심리

2　이정애, 「아우구스트 스트린드베리의 작품세계」, 『한팩뷰』, 2012.9.

의 드라마에 집중하기 위해 암전 없는 단막극, 의자 두 개의 단순한 무대장치, 두세 명의 단순한 인물구성 등 단순한 형식을 지속적으로 실험했다. 스트린드베리 작품이 사회의 가장 밑바닥의 이야기, 적나라한 현실을 다루는 자연주의 연극이면서 어느 순간 순수하게 정제된 비극으로 느껴지는 이유이다. 스트린드베리에게는 〈미스 줄리〉·〈채권자들〉 같은 격렬한 자연주의적 투쟁과 〈유령소나타〉·〈죽음의 춤〉 같은 몽환과 환각과 마취가 동시에 존재하는, 그 자체로 모순적이고 악마적이며 병적인 매혹이 공존한다. 스트린드베리는 순수하게 정제된 가장 강력한 몰핀이다. 가장 오래된, 그리고 깊게 패인 상처에 필요한.

스트린드베리와 시리 그리고 '뱀파이어 와이프' 테클라

〈채권자들〉은 스트린드베리의 자전적인 소재의 극이다. 스트린드베리는 세 번 결혼했다. 첫 번째 부인 시리 본 에센(Siri von Essen)은 배우였다. 시리가 스트린드베리와 만났을 때 그녀는 유부녀였고 배우로서의 야망을 가지고 있었다. 시리는 상류계급 출신 남작부인이었고, 스트린드베리는 스톡홀름의 몰락한 상인과 그 집 하녀 사이에서 태어나 불우한 성장과정을 겪었다. 시리는 스트린드베리와 결혼 후 배우가 되었다. 스트린드베리는 시리를 출연시키기 위해 〈미스 줄리〉를 썼다. 〈미스 줄리〉는 시리를 주인공으로 초연되었다. 〈미스 줄리〉의 초연은 혹평과 함께 막을 내렸으나 파리 자유극장 공연이 엄청난 센세이션을 불러일으켜 스트린드베리를 세계적인 작가로 탄생시키는 계기가 되었다.

스트린드베리의 자연주의 비극 3편, 〈아버지〉, 〈미스 줄리〉, 〈채권자들〉은 모두 스트린드베리와 시리의 애증에 얽힌 결혼생활을 그린 자전적인 작품들로, 독립심 강하고 창의적이고 예민한 예술가적 기질까지 닮은 두 사람의 '깊은 영혼 공동체'와 같은 격렬하고 파괴적인 결혼생활을 그리고 있다. 스트린드베리와 시리는 13년간의 결혼 생활을 끝으로 증오의 대상이 되었다. 그녀는 스트린드베리 작품에 나타나는 여성혐오 · 성의 투쟁 · 병적 질투심의 동기가 되었다.[3]

〈채권자들〉은, 〈미스 줄리〉 직후 2주 만에 집필된 작품이다. 당시 스트린드베리는 시리와의 이혼문제로 괴로워하고 있었고, 외부와 단절하고 증오와 망상에 시달리는 끔찍한 상황이었다고 한다. 〈채권자들〉은 1888년 쓰였고, 처음부터 여주인공 테클라 역할은 시리를 염두에 두고 쓰였고 실제로 시리에게 역할이 제안되었다. 그러나 여러 가지 사정으로 다음해 덴마크의 젊은 여배우 나탈리아 라르센(Nathalia Larsen) 주연으로 공연되었다. 이 작품은 스트린드베리 스스로에 의해 "나의 가장 숙성한 작품"이라고 회고되고 있다. 이 작품에서 스트린드베리가 새롭게 창조한 캐릭터인 테클라는 스핑크스, 메두사, 메디아, 페드라, 살로메 등 신화 속의 악녀나 마녀와 같은 강력한 여성인물의 계보를 잇고 있다.

'뱀파이어 와이프(vampire wife)' 테클라는 중년이다. 그녀는 나이듦

---

3   이정애, 「아우구스트 스트린드베리이의 생애와 작품세계, 그리고 세계관」, 『한팩뷰』, 2012.7.

에 대한 강박적인 두려움을 나타내는가 하면, 상냥함을 가장한 천박함이라는 이중성을 지니고 있다. 그녀는 자신의 성적 매력을 손쉽게 이용할 줄도 아는 매우 현실적이면서도 파괴적인 마력을 지닌, 성모와 같은 신성함과 동물적 야만성을 동시에 지닌 복합적인 캐릭터이다. 테클라는 마치 흡혈귀처럼 남자들의 돈과 명예, 육체적 활력과 영적·지적 능력을 탐욕스럽게 빨아먹는 존재로 비유되고 있다. 테클라는 열 살 아래의 젊은 애인 같은 남편 아돌프와 스무 살 가량 위의 나이든 남자인 전 남편 구스타프에게 동시에 구애를 받고 있다. 〈채권자들〉 공연사에서도 테클라의 배역을 맡은 여배우들의 이름은 중요하게 기록되고 있다.[4] 테클라는 애욕과 질투, 분노, 의심, 증오, 복수 등 원초적이고 강렬한, 그러면서도 매우 현실적이고 현대적인 감정들을 대변하고 있다.

〈채권자들〉, 채권 채무관계의 돈의 언어로 사랑을 해부하다

세계적인 명성에 비해 스트린드베리의 작품은 국내에 적극적으로 소개되지도, 무대에 자주 올라갔던 것도 아니다. 그의 작품의 지나친 난해함과 몽환적 극 구조는 무대화에 친절하지 않다. 그런 맥락에서 지난해 스트린드베리 페스티벌을 통해 8편의 작품이 집중적으로 소개된

---

4 Michael Mayer, "Introduction to creditors", *Strindberg*, Methuen Drama, 1991.

것은 매우 이례적인 일이다. 페스티벌의 적극적인 기획력에 의해서야 가능했던 일이다.

〈채권자〉는 지난 해 페스티벌의 일환으로 연희단거리패 오동식 연출에 의해 한국 초연되었다. 유명세에 비해 스트린드베리만큼 철저히 외면당해온 작가가 또 있을까. 그만큼 스트린드베리 작품은 그 난해성을 관객들에게 어떻게 이해시키고 설득시킬 것인가가 공연의 중요한 관건이 될 수밖에 없다. 그래서일까. 지난해 공연은 "세상에서 가장 잔인하고 위험한 전쟁, 부부싸움!"으로, 보다 현실적이고 쉽게 해석되었다. 스트린드베리의 악명 높은 여성 혐오의 대사나 비정상적 심리적 과정도 삭제되거나 축약된 부분도 많았다. 이러한 공연 방향에 충분히 그 고충이 공감되는 부분이 크다.

따라서 새롭게 공연을 준비하는 입장에서는 다시 원본의 의도를 충실히 살리는 방향을 중요시하게 되었다. 사실 페스티벌과 상관없이 극단 컬티즌은 오랫동안 공들여 이 작품을 준비해왔다. 스웨덴어 직역본, 영어 번역본,[5] 데이비드 그리그에 의한 현대적 각색본[6]을 참고하여 최대한 원작의 형태와 의도를 살리는 공연대본을 만들었다. 제목도 복수형을 살려 〈채권자들〉로 정리했다. 대본 작업에 생각보다 오랜 시간이 걸렸고, 시간이 지날수록 연출의 고민도 깊어졌다. 알면 알수록 스트린드베리는, 그리고 〈채권자들〉은 어렵고 힘든 작품이었다.

그럼에도 이 모든 일이 가능했던 것은 전적으로 배우들의 힘 덕분이었다. 이호재, 길해연, 김영필 — 세 배우는 스트린드베리의 숨 막힐 듯

---

5   Michael Mayer 역, "Creditors", *Strindberg*, UK, Methuen Drama, 1991.
6   David Greig 각색, 성수정 역, *Creditors*, London : Faber and Faber Limited, 2008.

압축된, 단순하고 쉬운 듯 하면서도 고도로 상징적인, 세 남녀의 엇갈리는 애증관계라는 지극히 일상적이고 대중적인 소재(전남편과 현재 남편이 한 여자를 두고 싸우는 이야기라니! 전형적인 멜로드라마의 소재다)이면서도 극단적인 감정의 분출과 자제력과 파괴력을 오가는 혼란스러우면서 아름다운 이 작품을 지탱해주는 든든한 축이었다. 극단 컬티즌이 이 작품에 욕심을 낸 것도 이 배우들에 대한 신뢰가 크게 작용했다.

실제로 이 작품은 배우들이 돋보일 수밖에 없는 작품이다. 연습 초반 배우 이호재는, 이 지옥 같은 작품에서 살아남을 수 있다면, 이 작품의 세 인물들처럼 우리 각자 치열하게 투쟁할 수밖에 없다고 말한 바 있다. 지금은, 시간이 지날수록 그 말의 의미가 무엇이었던가 절실히 깨닫고 있는 중이다. 우리 모두 이 작품에서 살아남기 위해 각자 절실하게 투쟁하고 있다. 결국 공연팀의 운명은 그 작품의 운명을 따라가는가 보다.

연출의 중심 콘셉트는 논쟁이다. 스트린드베리의 대결과 투쟁의 주제를 적극 살려야 한다는 것이다. 극적 양식으로는 논쟁에 가장 적합한 것으로 비극이 적극 고려되었다. 비극적 양식이 결정되면서 자연스럽게 극에 신화적 요소가 들어올 수 있었고, 인물 또한 신화적·원형적으로 해석되었다. 테클라는 페드라나 헤라와 같은 인물로, 구스타프는 크레온이나 제우스 혹은 악마와 같은 인물로 해석되었다.

장면 만들기에서 중심 이미지로 들어온 것도 신화적인 것들이다. 구스타프와 아돌프 장면을 마치 아버지와 아들 장면처럼 만들면서 천지창조의 이미지를 차용한 것이라든지, 마지막 테클라와 아돌프 장면을 어머니와 아들의 관계를 연상시키는 성모자(聖母子)의 피에타 이미지를 차용한 것들이 그 예이다. 아돌프와 테클라의 대결 또한 일상적인 톤의 부부싸움이 아니라 원초적인 성(性)의 대결로 그 강도와 순도를 유지하기 위해 신경을 곤두세우고 있어야 했다.

무대는 스트린드베리가 〈유령소나타〉 마지막 장면에서 인용한 뵈클린의 그림 〈죽음의 섬〉에서 힌트를 얻어 아이디어를 발전시켜 나갔다. 이 공간은, 고립된 섬처럼도 보이고, 심연의 깊이 위에 떠있는 배처럼도 보인다. 그러면서도 세 인물의 펄떡이는 심장을 맨손으로 꺼내드는 것과 같은 찰나의 환각이 존재한다. 혹은 작열하는 태양빛 아래 세 인물의 원초적인 본성의 목소리가 적나라하게 흘러나오는 순간이 눈이 멀 것 같은 눈부신 백색조명의 무대를 장악하는 도취와 마취의 공간이기도 하다. 이 현기증 나는 공간에 세 인물은 각각 마침표처럼, 믿을 수 없이 명백한 실제처럼 존재할 것이다. 이 공연의 무대는 절대적이고 순도 높은 백색의 공간이자 천둥소리와 매미소리가 삶의 그림자처럼 헛되게, 그러나 분명하게 채웠다 사라지는 공간이 될 것이다.

그리고 마지막에 남는 의문. 채권자들—스트린드베리는 왜 남녀 간의 성의 대결, 혹은 사랑의 이야기에 채권자라는 비유를 끌어들였을까. 소유욕은 인간의 가장 기본적인 욕망이다. 좋은 걸 보면 가지고 싶다. 아담과 이브와 뱀의 신화적 원형은 이에 근거한다. 또한 문화인류학적 · 역사적 · 경제학적으로 여자는 사적 소유의 가장 작은 단위의 대상이자 출발점이다. 인류학적으로 여자에 대한 교환(족외혼 및 근친상간 금지 법칙)과 사적 소유는 가부장제의 출발점이자 자본주의 발달의 실질적인 토대였다. 여자는 남편의 소유물이고 가부장적 권위를 떠받드는 존재였다.

그런데 만일 여성이 그런 소유 관계와 계약 관계를 거부한다면? 인형이 말을 하고 집을 나가버리고, 남편의 종속물인 아내가 남편의 '명령'을 고분고분 따르지 않고 자신의 사적 소유물을 축적하기 시작해서 오히려 남편을 능가하게 된다면? 테클라의 도발은 문명의 계약관계를 근본에서부터 위반하고 있다. 남성 중심 가부장제 신화의 밑바닥을 흔들고 있다. 테클라는 매우 위험한 문제적인 인물이다. 그녀는 남편이 하나가 아니라 둘이고, 다른 젊은 남자들에게도 사랑받고 싶어 한다. 그녀의 순수한 욕망은 통제할 수 없고 위험하다. 구스타프는 끊임없이 테클라에게 "당신은 위험한 여자야" 경고한다. 아돌프는 질투와 의심과 불안 속에서도 그녀를 신처럼 숭배한다. 아돌프는 고갈되고 정신적·육체적 파산상태에 이른다.

그렇다고 테클라가 승리자인 것도 아니다. 그녀 또한 전체적인 파산과 고갈과 몰락 속에 함께 있다. 테클라는, 구스타프와 아돌프 모두를 진정으로 사랑한다. 테클라는, 테레즈 라깽이자 동시에 페드라이다. 이 극은, 모든 사랑이 끝나고 냉정한 계산만 남은, 철저한 채권 채무 관계로만 남은 남녀관계, 돈(자본)의 언어로 사랑을 정산하는 과정을 치열한 논쟁으로 보여준다. 믿기 힘들 정도로 모순적인, 고통스럽지만 아름다운 작품이다.

권총과 몰핀과 눈물

〈바냐 아저씨〉

일시 2013년 10월 26일~11월 24일 **장소** 명동예술극장 **제작** 명동예술극장 **작** 안톤 체호프 **번역** 오종우 **윤색** 동이향 **연출** 이성열 **드라마투르기** 김옥란 **무대** 임일진 **조명** 김창기 **의상** 김지연 **소품** 이희순 **분장** 이동민 **음악감독** 장영규 **음향** 음창인 **조연출** 하동기, 최원정 **제작피디** 김옥경 **출연** 백성희, 이상직, 한명구, 박윤희, 정재은, 황정민, 이지하, 이정수, 유시호

체호프 열풍이다. 2013년 봄 LG아트센터에서 올라간 레프 도진의 〈세 자매〉에 이어, 10월 명동예술극장의 〈바냐 아저씨〉(이성열 연출), 11월 예술의전당의 〈세 자매〉(문삼화 연출) 등 굵직굵직한 공연들이 줄줄이 올라가고 있다. 그런가 하면 체호프의 단막극 5편을 14명의 배우들이 옴니버스식으로 공연한 〈14인 체홉〉(오경택 연출, 극단 맨씨어터), 〈벚꽃동산〉을 재구성한 〈벚나무 그늘 아래에서 벌어진 한 가문의 몰락사〉(김승철 연출, 창작공동체 아르케), 〈바냐 아저씨〉를 지금 현재의 일상인의 상황으로 번안·재창작한 〈외로운 사람, 힘든 사람, 슬픈 사람〉(윤성호 작, 전진모 연출, 제12언어연극스튜디오), 〈갈매기〉를 1930년대 말 전시체제기의

한국의 상황으로 번안·재창작하여 한일 연극인들이 함께 만든 〈가모메〉(성기웅 각색, 타다 준노스케 연출, 두산아트센터)에 이르기까지 고전 원작 그대로의 공연뿐만 아니라 우리식의 적극적인 해석이나 변형의 공연들도 활발하게 공연되고 있다. 게다가 얼마 전에는, 올해 노벨문학상 수상작가로 선정된 캐나다 작가 앨리스 먼로가 '우리 시대의 체호프'로 불리는 북미 최고의 단편작가라는 소식까지 들려왔다. 이 모든 일이, 지금 현재, 일어나고 있는 일들이다. 왜 그럴까? 왜 체호프일까? 왜 모두들 갑자기(?) 체호프라는 열병을 앓고 있는 것일까?

한국연극과 체호프

한국연극에서 체호프 극은 오랜 역사를 갖는다. 맨 처음 체호프의 이름은, '러시아의 대문호' 톨스토이의 이름과 함께 소개되었다. 체호프의 한국 최초의 번역 작품은 1916년 『학지광』에 소개된 단편소설 「사진첩」이다. 체호프가 소설가가 아니라 극작가로 소개된 것은 1923년 7월 토월회 창립공연 〈곰〉의 단막극을 통해서이다. 장막극 작가로 본격적으로 소개된 것은 1930년대에 가서야 가능했다. 홍해성 연출에 의한 1930년 11월 이화여고보의 〈벚꽃동산〉과 1934년 12월 극예술연구회의 〈앵화원(벚꽃동산)〉 공연이 그것이다.[1]

홍해성은 "한국 최초의 근대적 연출가"이다.[2] 그렇다면 왜 〈벚꽃동산〉이었을까? 홍해성은 일본 근대극 운동의 중심지였던 쓰키지 소극장[築地小劇場]의 배우 출신 연출가이다. 쓰키지 소극장의 연출가 오사나이 가오루[小山內薰]는 1912년 말 10개월간 유럽 연극 탐방 도중 모스크바 예술극장을 방문하여 스타니슬랍스키와 만나 스타니슬랍스키 시스템의 직접적인 영향을 받았다. 이후 오사나이 가오루는 1924년 쓰키지 소극장을 결성하고, 1925년에는 〈벚꽃동산〉을 비롯해 〈세 자매〉, 〈바냐 아저씨〉를 연속해서 올렸다. 이중에서 〈벚꽃동산〉 공연은 예술적으로도 상업적으로도 큰 성공을 거두어 쓰키지 소극장의 대표적인 레퍼토리가 되었다. 오사나이 가오루의 쓰키지 소극장은 일본의 '제2의 모스크바예술극장'으로 1920년대 일본연극에서 체호프 극의 붐을 이끌었다. 홍해성은 1924년부터 1929년까지 쓰키지 소극장의 배우로 활동했다. 그리고 1930년 귀국과 함께 이화여고보 대강당에서 〈벚꽃동산〉을, 1934년 경성 공회당에서 〈앵화원〉 공연을 올려 한국 근대극 운동의 "신극 수립"의 본격적인 행보를 보여주었다.

체호프 극은 토월회, 연출가 홍해성, 극예술연구회로 이어지는 한국 근대극 운동의 한가운데 자리 잡고 있다. 그리고 해방 이후 이해랑 연출의 〈세 자매〉(장민호 · 백성희 출연, 국립극단, 1967) 공연으로 이어지면서 한국연극의 주류 연극사를 관통하는 작품이 되었다. 이후 1986년 국립극단의 〈봐냐 아저씨〉(장민호 연출, 정상철 · 김동원 · 권성덕 · 손숙 출연)에 이르기까지 1980년대까지 체호프 극은 셰익스피어 극과 함께 한국

---

1   체호프 극의 초창기 수용양상에 대해서는 신정옥, 『한국신극과 서양연극』(새문사, 1994)과 안숙현, 『한국연극과 안톤 체홉』(태학사, 2003) 참고.
2   서연호 · 이상우 편, 『홍해성 연극론 전집』, 영남대 출판부, 1998.

연극사의 대표적인 고전극 레퍼토리였다. 체호프 극은 '근대 사실주의 극의 전범'으로 대극장 무대에서 진지하고 무겁게 올라가는 대표적인 작품이었다.

반면에 1990년대 이후 체호프 극은 소극장을 중심으로 해체와 실험의 대상이 되었다. 대표적으로 극단 백수광부의 〈굿모닝? 체홉〉(이성열 연출, 1998)은 1990년대 이후 포스트모더니즘의 해체 담론과 함께 우리의 현실감각에 맞는 일상성의 주제로 체호프를 그려내기 시작했다. '사실주의극'의 양식으로서가 아니라 '일상'의 주제로 비로소 체호프를 다시 바라보기 시작한 것이다.

〈굿모닝? 체홉〉은, 극단 백수광부의 창단작 〈햄버거에 대한 명상〉에 이은 두 번째 작품이다. 극단 백수광부의 초기작 〈햄버거에 대한 명상〉과 〈굿모닝? 체홉〉은 장정일의 '해체적 일상'과 체호프의 '일상', 곧 '일상'이라는 주제를 공유한다. 이성열 연출은 체호프의 언어와 카프카의 세계와 장정일의 시와 윤영선의 글과 레이먼드 카버의 소설을 좋아한다. 모두 일상의 주제, 낯선 일상, 그로테스크한 일상의 주제를 보여주는 작가들이다.

최근의 젊은 작가·연출가들의 해체 재구성·각색·번안 공연의 흐름은 훨씬 친밀하고 일상적인 체호프를 보여준다는 점에서 1990년대 이후 체호프 공연의 흐름을 적극적으로 확장시키고 있다고 할 수 있다. 1980년대까지 강한 정치 현실 비판과 강렬한 감정의 원형을 다루는 세익스피어 극이 한국연극계의 중심 화두였다면, 1990년대 이후 체호프의 일상의 주제는 달라진 시대감각을 대변하고 있다.

또한 여기에는 1991년 소련 해체 이후 세계연극계에 부각되기 시작한 현대 러시아 연출가들의 체호프 공연의 자극도 한몫하고 있다. 예술의전당 토월극장의 체호프 연극 시리즈, 예컨대 2004년 지차트콥스키 연출의 〈갈매기〉, 2008년 유리 부두소프 연출의 〈갈매기〉, 2010년 지차트콥스키 연출의 〈벚꽃동산〉, LG아트센터의 레프 도진 연출의 2010년 〈바냐 아저씨〉와 2013년 〈세 자매〉 공연은 '고전극'으로서가 아니라 '현대극'으로서 체호프를 바라볼 수 있는 직접적인 자극이 되었다. 예술의전당 토월극장의 체호프 연극 시리즈는 한국근대연극사의 토월회의 흐름을 잇는 역사적 맥락에서, 그리고 LG아트센터의 레프 도진 연극은 동시대 세계연극의 흐름에 체호프를 다시 위치시키는 장면을 보여주고 있다. 한국연극에서 체호프는 시대마다 다른 화두를 던져주며 우리를 자극시키고 있다. 체호프는 놀라운 작가이다.

이성열과 체호프 그리고 〈바냐 아저씨〉

이성열 연출은 체호프를 좋아한다. 이성열 연출의 극단 백수광부의 초기작 〈굿모닝? 체홉〉은 1998년 초연 이후 〈놀랬지? 체홉〉(1998), 〈세 자매〉(2001), 〈굿모닝? 체홉 2〉(2004) 등으로 여러 차례 반복해서 다른 버전으로 공연되었다. 이번 명동예술극장의 〈바냐 아저씨〉는 이성열 연출의 다섯 번째 체호프 극이다. 〈바냐 아저씨〉의 연습을 시작하며 이성열 연출은 말했다. "이 작품을 공연하기 위해 10년을 기다려왔다."

그리고 연습이 시작되고 4주간에 걸친, 어느 때보다도 꼼꼼한 대본분석과 긴 리딩 시간이 이어졌다. 대본 분석 과정에서는 〈바냐 아저씨〉뿐만 아니라 체호프의 4대 장막극 전체의 인물과 상황, 주제들이 언급되었다. 이는 연출뿐만 아니라 배우들도 마찬가지였다. '살아있는 한국연극의 역사' 백성희 선생님은 초창기 체호프 공연 당시의 상황을 말씀해주셨다. 배우 정재은은 지차트콥스키와 유리 부드소프 연출의 체호프 공연에 아르까지나 역할로 참여했었으며, 배우 이지하는 극단 백수광부의 〈굿모닝? 체홉〉과 심재찬 연출의 〈바냐 아저씨〉(극단 전망, 2010)에서 엘레나 역할로 참여했던 관록의 배우들이다. 그리고 한명구·이상직·박윤희·황정민은 지금 현재 한국연극계를 대표하는 배우들이다. 이 배우들 1명만으로도 공연 1편이 만들어질 수 있다. 체호프 드라마에서 어느 한 인물도 놓치고 싶지 않은 연출의 욕심이 읽히는 대목이다.

　　실제로 〈갈매기〉의 등장인물 수는 10명이고, 〈세 자매〉는 14명, 〈벚꽃동산〉은 12명인데 비해 〈바냐 아저씨〉는 8명으로 다른 장막극보다 등장인물 수가 적다. 그만큼 극이 압축적으로 진행된다. 〈바냐 아저씨〉가 한편으로는 간결하고 시적이면서 동시에 강렬하게 느껴지는 이유도 이 때문이다. "체호프에 관한 한 도진을 따를 연출가는 없다"는 평을 듣는 레프 도진 또한 〈바냐 아저씨〉를 "체호프 희곡의 정수"라고 표현한다. 〈바냐 아저씨〉는 무엇보다도 배우들이 중요한 공연이다. 이성열 연출이 왜 이 작품을 "10년을 기다려온 공연"이라고 말하는지 연습기간 내내 깨닫게 되는 순간들이 많았다.

　　지난 해 여름 공연이 결정되고, 이성열 연출의 요구에 의해 지난 겨울방학 내내 체호프에 관한 독서에 몰두해야 했었던 때가 생각난다. 이성열 연출은 이미 국내에서 번역된 체호프의 희곡대본을 모두 손에 넣고 있었고 연구서와 논문의 목록을 가지고 있었다. 이성열 연출과 함께 경쟁적으로 체호프의 장막극뿐만 아니라 초기 단막극, 단편소설들을 읽어나가기 시작했다. 콘찰로프스키의 영화 〈바냐 아저씨〉(1970)도 보았고, 체호프 희곡들을 모아 한 편의 영화로 재구성한 미할코프의 영화 〈피아노를 위한 미완성 희곡〉(1977)도 보았다. 연습이 시작되면서 새롭게 찾은 투미나스의 〈바냐 아저씨〉(모스크바 바흐탄고프 극장, 2010)의 공연 동영상도 보았다.

눈으로 직접 확인했었던 체호프의 모든 공연들, 레프 도진을 비롯해서 2004년 국립극단의 〈바냐 아저씨〉(전훈 연출), 그리고 다른 극단들의 체호프 공연들에 대한 이야기가 자주 토론의 주제가 되었다. 그야말로 체호프에 관한 모든 것을 읽고 보고 알길 원했다. 알면 알수록 체호프는 매력적인 작가였다. 많은 사람들이 체호프를 좋아한다는 사실을 거듭 확인하게 되었다. 그리고 그 누구보다도 이성열 연출 스스로 체호프에게 강렬하게 빠져있길 원한다는 사실을 알게 되었다.

젊은 바냐, 체호프 극의 강렬함을 보여준다!

레프 도진은 말한다. "체호프는 자신의 삶을 꽉 채워서 산 사람이다." 체호프는 1860년 러시아 남부 항구도시 타간로크에서 농노 출신 상인의 아들로 태어났다. 아버지의 파산으로 어렸을 때부터 일을 해야 했으며, 모스크바 대학교 의과대학에 입학한 후 생계를 위해 유머잡지에 단편을 쓰면서 글을 쓰기 시작했다. 본격적인 작가로 활동하기 시작하면서 평생 400편 이상의 중단편 소설(콩트까지 포함하여 900여 편)을 썼고, 장막극 7편을 썼다. 극작활동은 본격적으로 작가로 활동하던 시기에 시작되었다. 체호프의 초기 장막극 〈숲의 수호신〉이 공연된 1889년에 체호프는 이미 유명작가였다. 그러나 〈숲의 수호신〉 공연은 유명 소설가의 후광을 입은 공연이라는 비아냥과 함께 공연 참패를 가져왔다. 체호프가 "앞으로 다시는 희곡을 쓰지 않을 것이다"라고 말할 정도였다.[3]

그러나 체호프의 글쓰기는 계속되었다. 체호프는 1890년 9개월간 취재를 위해 사할린 여행을 감행했고, 지역 의료활동에도 참여했고, 사람들을 만나고 끊임없이 쓰고 또 썼다. 이 시기 체호프는 1년에 100∼150편의 작품을 썼고 가능한 모든 장르를 시도했다. 〈갈매기〉(1896), 〈숲의 수호신〉을 개작한 〈바냐 아저씨〉(1899), 〈세 자매〉(1901), 마지막 작품 〈벚꽃동산〉(1904)이 공연된 10년간은 체호프 인생의 마지막 시간들이기도 했다.

1901년 41살 노총각 체호프는 모스크바 예술극장의 여배우 올가 크니페르와 결혼했다. 크니페르는 〈바냐 아저씨〉의 엘레나였고, 〈세 자매〉의 마샤였고, 〈벚꽃동산〉의 라네프스카야였다. 동시에 이 시기 체호프는 〈상자 속에 든 사나이〉, 〈사랑에 관하여〉, 〈귀여운 여인〉, 〈개를 데리고 다니는 여인〉, 〈주교〉, 〈약혼자〉 등 빛나는 단편들을 썼다. 이 시기 소설

3　체호프의 전체 희곡 작품 세계에 대해서는 김규종, 『극작가 체호프의 희곡을 어떻게 읽을 것인가』, 신아사, 2009 참고.

과 장막극에 사랑의 주제가 많은 것을 보면 노총각 체호프는 사랑에도 솔직하고 용감했던 것 같다. 1904년 폐결핵으로 44살의 짧은 인생을 마치기까지, 체호프 자신이 누구보다 압축적이고 강렬한 삶을 살았다.[4]

체호프의 글에는 노동으로서의 글쓰기의 정직함과 단호함이 담겨있다. 체호프의 소설과 공연에서 노동하며 사는 현대인의 일상감각, 생활세계의 감각이 차돌처럼 단단하게 날아와 박히는 순간을 경험하는 일은 자연스러운 일이다. 체호프의 극은 단호하고 강력하게 흘러간다. 1막에서 권총이 등장하면 4막이 끝나기 전에 반드시 권총이 발사된다. 주인공들이 백년 이백년 후의 일들에 대해 이야기해도 그 이야기가 허황되게 들리지 않는다. 백년 이백년 후에 그 자리에서 그렇게 살아가는 인간들의 모습이 '있는 그대로' 그려지기 때문이다. 체호프는 일상생활의 평범한 이야기들이 어떻게 비극이 되는가의 순간을 보여준다. "〈벚꽃동산〉을 제외한 모든 극의 마지막에 총성이 울리지만, 모든 것은 예전과 똑같이 흘러가고"[5] 그 후로도 오랜 시간이 남겨져 있음을 냉정하게 보여준다.

"체호프 극은 강력하다." 연습 초반 번역자인 오종우 교수의 강의에서 정리된 말이다. 오종우 교수는 체호프 극에서 현대 부조리극의 기원을 발견한다. 〈바냐 아저씨〉의 마지막 결말이 베케트의 〈고도를 기다리며〉의 결말과 마찬가지의 강력함을 가지고 있다고 말한다. 바냐의 총성에서 자동적으로 흘러가는 삶에 대한 경종을 읽고, "이루지 못한

---

4 체호프의 전기에 대해서는 추다꼬프, 강명수 역, 『체호프와 그의 시대』, 소명출판, 2004, 참고.
5 위의 책, 301면.

것들이 실제 삶을 지배하는" 역설의 순간을 짚어낸다. "강렬한 극"—신기하게도, 처음 만나 대화하는 사람들 같지 않게 번역자의 말과 연출가의 말이 일치한다. "젊고 강렬한 극"—이상직이 맡는 바냐에게서 우리가 새롭게 기대하는 체호프의 모습이다.

연습 초반 이성열 연출이 쏟아놓은 말들이 놀랍다. "이 공연은 일상적이되 격렬한 극이 될 것이다. 마치 껍데기 하나를 벗겨놓은 것 같은 민감하고 격렬한 자극의 극이 될 것이다. 바냐는 예민한 사람이다. 마치 햄릿처럼 이미 광기에 차 있다. 바냐는 괴로움 속에서 모든 일을 극복하고자 하나 모든 일이 실패하고 마침내 폭발한다. 죽으려고 몰핀까지 챙긴다. 아무것도 얻을 수 없는 냉혹한 현실인식에서 오는 쓸쓸함, 〈고도를 기다리며〉의 결말 같은 쓸쓸함과 공포를 남겨놓는 공연이 될 것이다. 마지막에 황무지의 나무 한 그루에 목 매달려가는 아스트로프의 발걸음이 남을 것이다." 이 모든 말들이 단지 놀라운 말들이 아니라 실제로 무대에 보이도록 하기 위해서 공연 2주를 남겨두고 이성열 연출은 다시 마지막 스피드를 높이고 있다.

권총과 몰핀과 눈물

〈바냐 아저씨〉는 시골 노총각 바냐의 이야기다. 빗나간 총알처럼 빗나간 로맨스의 평범한 주인공의 이야기다. 이야기는 통속적이다. 퇴직한 교수 세례브랴꼬프는 젊은 아내 엘레나와 함께 전 부인의 영지를 팔아 노후자금을 마련하러 시골 영지를 방문한다. 시골 영지에는 전 부인의 딸 소냐와 외삼촌 바냐가 영지를 관리하고 있다. 그런데 시골 노총각 바냐가 교수의 젊은 아내인 엘레나를 사랑하게 되면서 극은 시작된다. 그러나 엘레나의 마음은 시골 의사 아스트로프에게 끌리고 있다. 설상가상으로 전 부인의 딸 소냐 또한 아스트로프를 6년째 짝사랑하고 있다. 이 모든 얽히고설킨 이야기들은 통속극의 이야기답게 바냐의 권총 한 방으로 정리된다. 여기까지는 수많은 통속극들과 별반 다를 것이 없다.

그런데 바냐의 권총이 다시 한 번 더 발사되면서, 그것도 마치 어린아이처럼 입으로 "빵!" 소리를 내며 비장하게 발사된 총 한 방이 어이없게도 세례브랴꼬프를 맞추지 못하고 빗나가면서 바냐의 코미디는 완성된다. 어이없게도 바냐는 두 번씩이나 총을 쏘지만 총알은 빗나간다. 바냐는 자살하려고 빼돌려놓은 몰핀까지 소냐에게 빼앗긴다. 체호프는 일상의 우스꽝스러운 일들을 멀찍이 떨어뜨려 바라보는 시선 속에서 인생의 비경(秘境) 하나를 보여준다.

극은 1막에서 아스트로프가 한가하게 내뱉는 "백년 이백년 후"의 이야기로 느리게 시작된다. 그리고 50년째 똑같은 책들을 읽고 또 읽는 바냐의 어머니이자 교수의 늙은 장모의 이야기로, 25년째 교수를 우상처럼 섬기고 '황소처럼 일하며' 희생해온 바냐의 이야기로 옮겨가며 점점 시간의 속도를 높여간다. 그리고 2막에서 6년째 아스트로프를 짝사랑해온 소냐의 이야기와 교수의 통풍 때문에 지난 이틀 동안 잠을 못자고 지쳐있는 사람들이 등장한다. 그리고 드디어 3막에서 바냐 인생에서 중요한 15분간의 이야기들이 펼쳐지기 시작한다. 빗나간 두 발의 총알처럼 바냐 인생의 어긋난 인생의 15분과 또 다른 15분을 나란히 보여준다. 바냐는 3막에서 엘레나가 아스트로프와 키스를 나누는 것을 목격하고, 바로 다음 장면에서 교수의 영지 매각 소식을 듣는다. 그리고 4막에서 모두가 떠나고 소냐는 기계적으로 기도문을 외운다. 소냐는 반복해서 "우린 쉬게 될 거예요"라고 말한다.

1막에서 백년 이백년의 도도한 시간의 흐름으로 시작되던 극이 50년, 25년, 6년, 잠 못 잔 지난 이틀 밤으로 점점 압박되다가, 3막에서 낮 1시 15분 전과 15분 후의 숨 막힐 것 같은 시간의 긴장을 만들어낸다. 그리고 4막에서는 다가올 혹한의 겨울이 예고된 상태에서 "우린 언젠가 쉬게 될 것"이라는, 시간이 멈춘 '제로'의 상태를 보여주면서 끝난다.

공연은 1막에서 아스트로프가 말한 "아무도 사랑할 수 없다", 그리고 바냐가 말한 "가능성 제로"의 상태에서 시작되고 4막에서 잔인할 정도로 모든 것이 다 그대로 실현되면서 끝난다. 1막에서 발사된 총알은 4막에 정확히 도착한다. 우린 어차피 죽을 것이고, "가능성 제로"인 상태에서 살지만 바냐처럼 몸부림치며 살 수밖에 없다. 누가 그 바보 같은 사랑을 비웃을 수 있을까. 바냐의 권총이 두 번이나 어긋나고 바냐는 완벽한 바보가 되지만, 그는 더 이상 우리를 웃게 하지 않는다. 그저 "가능성 제로"인 사랑과 인생에 대해서 말하고, "시간이 제로"인 마지막 순간을 견디게 한다.

체호프는 잔인한 인생과 시간에 대해 자연과학자적 냉정함을 잃지 않지만 인간에 대해서마저 냉정하진 않다. 아스트로프와 엘레나의 사랑은 이루어질 수 없기 때문에 '코미디'가 될 지언정 천박하진 않다. 예쁜 여자는 지독히 외롭고 불쌍하고, 착한 여자는 자신이 못 생겼다는 지독한 열등감에 시달린다. 쩰레긴은 바냐의 희극적 버전이고, 바냐는 쩰레긴의 비극적 버전인 것처럼 인물들은 서로 긴밀하게 맞물려 있다. 과연 누가 누구를 우습다 말할 수 있겠는가. 나쁜 놈은 가엾게 되고, 착한 사람은 잔인한 현실을 겪게 된다. 체호프는 냉정할 정도로 인물들에게 거리를 두고 있으며, 역설적으로 그것이 우리를 자유롭게 한다.

많은 사람들이 체호프에게서 '자유'(오종우)와 '용기'(레프 도진)를 말하는 이유는 뭘까. 체호프는 그 제로의 상태를 인정하게 한다. 그 제로의 상태가 허무가 아니라 이미 우리 삶 속에 깊숙이 들어와 있는 한 순간임을 알게 한다. 왕가위 영화의 〈화양연화〉의 마지막 장면에서, 감독은 남녀 인물이 각자 어긋나는 장면을 보여주어 관객의 안타까움을 자아내지만, 사실 두 인물 각자에게 서로는 기다려봤자 오지 않고, 다시 돌아가봤자 이미 없는 사람들인 것이다. 아스트로프는 엘레나에게 내일 숲에서 만나자고 말하지만, 그는 내일 숲에 없을 것이다.

권총(비난)과 몰핀(자학)과 눈물(값싼 자기 동정)은 모두 멜로의 해결책이다. 체호프의 극은 권총의 해결책이 얼마나 어리석고 우스꽝스러운지 바냐가 쏜 두 발의 총알 모두를 빗나가게 한다. 대신 바냐와 소냐가 계속 살아가게 한다. 권총과 몰핀과 눈물의 해프닝이 있어도 그걸로 삶을 그대로 끝장내게 하지 않는다. 그렇다고 권총과 몰핀과 눈물의 세계를 외면하지도 않는다. 우린 그렇게 계속 살아간다. 점점 죄어져 오는 시간의 압박을 느끼며, 잔인한 삶을 견딘다. 권총과 몰핀의 해결책 없이, 눈물의 위안 없이 각자의 삶을 견딘다.

그리고 마지막 장면에 바냐와 소냐가 남는다. 날아오르는 독수리에게 눈알을 파먹힌 채, 마치 눈먼 장님처럼 그들의 동공은 비어있다. 그들 앞에는 맹목적(盲目的) 삶이 남아있다. 그런데도 우린 살아야 한다. 그것이 인간이다. 아이러니하면서도 역설적인 존재, 바로 우리의 이야기다.

친밀했던 세계와의 결별, 나의 세계로의 귀향

〈귀향〉

일시 2015년 3월 26일~3월 28일 **장소** 아르코예술극장 소극장 **제작** 연출가협회 **작** 해롤드 핀터 **연출** 이우천 **드라마투르기** 김옥란 **조명** 황동균 **음악** 서상완 **의상** 김정향 **조연출** 주애리 **분장** 박팔영 **영어자 문** 유림 **무대** 임민 **출연** 김종구, 강진휘, 정우준, 김장동, 전채희, 송은석

한국연극연출가협회의 2015 아시아 연출가전의 주제는 해롤드 핀 터(Harold Pinter, 1930~2008)이다. 한국 연출가 이우천의 〈귀향〉, 대만 연출가 유수요의 〈옛 시절〉, 일본 연출가 사노 바빗치의 〈더 러버〉의 3 편의 작품이 3월 말, 4월 초 짧은 기간에 연달아 올라간다. 〈귀향〉은 1965년, 〈옛 시절〉은 1971년, 〈더 러버〉는 1963년 영국에서 초연되 었다. 모두 해롤드 핀터의 초창기이자 최전성기에 쓰여진 작품들이다. 핀터는 2005년 노벨상 수상 작가이다. 그러나 2002년 《해롤드 핀터 전집》 9권이 빠르게 번역되어 나와 있을 만큼 국내의 핀터 마니아층의 사랑은 각별하다.

이번에 공연되는 일본 연출가의 작품 〈더 러버〉는, 〈티타임의 정사〉라는 제목으로 1974년 실험극장 초연 이후 재공연을 거듭한 인기 레퍼토리이다. 그런가 하면 핀터의 〈생일파티〉는 1970년 유덕형 연출에 의해 드라마센터에서 공연되어 현대극 연출의 신호탄을 보여준 작품이다.[1] 한국연극 공연사에서 핀터는 베케트, 이오네스코 이후 1970년대 부조리극을 대표하는 동시대 작가로 소개되었고, 2002년부터 2008년까지 핀터 페스티벌이 진행될 정도로 작가적 위치 또한 굳건하다.

한국연극과 핀터, 접속 코드 2 박근형

그런데도 일반 관객의 입장에서 머리와 가슴 속에 남아있는 핀터의 작품은, 신기할 정도로 없다. 맨 처음 공연에 참여를 결정했을 때 든 생각이다. 그동안 핀터 작품을 보아왔지만 기억에 남는 작품은 없다. 어찌된 일일까. 그 난해하다는 카프카와 베케트가 한국 독자와 관객들의 심장에 바로 접속되고 있는 것과는 달리[2] 핀터의 난해함은 여전히 난해함으로 남아있다. 핀터와 핀터 마니아들에게는 참으로 억울한 일이겠다.

---

1   신정옥 외, 『한국에서의 서양연극—1990년~1995』, 소화, 1999.
2   베케트의 〈고도를 기다리며〉는 1969년 임영웅 연출가에 의해 초연된 이래 현재까지 45년째 공연되고 있는 극단 산울림의 대표적 레퍼토리이다.

그런데 〈귀향〉을 읽는 순간 두 번째로 놀랐다. 〈귀향〉의 전반부는 박근형의 〈청춘예찬〉이고, 후반부는 〈너무 놀라지 마라〉이다. 응? 핀터가 이런 작가였었나? 과장된 비극성을 신파적으로 비트는 낯설고 독한 상황과 인물들, 교훈과 계몽의 언어를 상투적으로 반복하면서 숨겨진 이데올로기를 폭로하는 날선 조롱의 언어들 등 박근형 극작술의 핵심 기술의 봉인이 갑자기 해제된 듯한 묘한 충격에 빠졌다. 동시에 핀터의 난해함은 박근형을 대입하여 읽는 순간 신기할 정도로 술술 풀렸다. 핀터가 너무 쉽다.

그리고 바로 그때 우연히 박근형의 『경향신문』 칼럼을 읽게 되었다. 『경향신문』의 '내 인생의 책'에서 박근형이 꼽고 있는 작가도 바로 해롤드 핀터였다.[3] 핀터의 작품은 스무 살 박근형에게 '전율'로 각인된 작품이라는 설명이다. 이번 〈귀향〉의 연출가 이우천 또한 극단 골목길 창단 이전부터 박근형과 오랜 인연을 이어오고 있다. 죽은 핀터가 어디엔가 매달려 계속 말을 거는 듯, 화들짝 놀라는 순간들의 연속이었다. 핀터가 한국연극과 접속되는 첫 번째 코드가 부조리극이라면, 두 번째 접속 코드는 박근형이다. 1990년대 이후 박근형의 일상의 연극은 한국연극에 접목된 핀터의 언어와 극작술의 측면에서 재조명될 수 있다.

---

3 박근형, 「박근형의 내 인생의 책, 희열이 느껴지는 언어의 전율」, 『경향신문』, 2015.2.13.

테디의 귀향, 제시의 귀향, 루스의 귀향

〈귀향〉은 피터 홀 연출에 의해 1965년 로얄셰익스피어 극단에 의해 초연되었다. 핀터는 1960년 〈관리인〉의 성공 이후 1965년 〈귀향〉의 런던 초연과 뉴욕 공연으로 세계적인 작가로서의 명성을 확고히 하였다. 이 작품은 핀터의 최전성기에 쓰인 작품이다. 이 작품에는, 핀터의 초기작에 여러 차례 여주인공으로 출연하는 핀터의 첫 번째 부인인 배우 비비안 머천트가 출연하고, 한 장소에 제한된 등장인물들이 등장하고 그들 간의 관계를 다루는 전통적인 사실주의적 극작법에 기반해 있으면서도 후반부에 일상에서의 폭력과 위협, 불안한 평온의 회복 등 핀터적 양식과 주제의식이 상징적이고 압축적으로 제시되어 있다. 핀터의 불안은 2차 세계대전 이후의 폐허와 뒤집어진 세계에 대한 반응이자, 정신분석학적 분석의 대상이 되는 원형적 불안과 격렬한 반응을 담고 있다.

〈귀향〉은 전체 2막으로 이루어져 있다. 극은, 런던 북부의 한 오래된 집에 6년 전 가족에게 비밀로 한 채 결혼을 하고 미국으로 떠난 철학교수인 아들 테디가 갑작스럽게 방문을 하면서 시작된다. 이 집안의 장남인 아들 테디는 아내 루스를 가족에게 소개시키기 위해 유럽 여행 중에 충동적으로 집으로 돌아온 것이다. 제목 그대로 극의 제1막은 테디의 귀향을 다루고 있다. 그러나 테디의 귀향은 가족들이 드러내는 환대와 반감이 뒤섞인 묘한 적대감으로 위협받는다. 초연 당시부터 이 작품에서 가장 논란의 대상이 되었던 것은 테디가 동반해서 돌아왔던 루스가 점차 테디 집안 남자들에 의해 '창녀 취급'을 당하고 마지막에 테디가 다시 미국으로 돌아가는 데도 불구하고 루스는 이 집안에 남게 되는 충격적인 결말이다.

이에 따라 초연 당시부터 이 작품의 의미는 일차적으로는 고향에 돌아오는 테디의 귀향이지만 결과적으로는 루스의 귀향으로 끝난다는 점에서 많은 다양한 해석을 불러 일으켰다. 가장 대표적으로는 정신분석학적 관점에서 루스가 이 집안의 유일한 여자이자 이미 죽은 어머니 제시를 대신하고 있으며, 마지막 장면에서 늙은 남편 맥스와 엄마 젖을 떼지 못하는 유아적인 어린 아들 조이를 품에 안는 오이디푸스적 성적 환타지의 장면을 완성하고 끝난다는 해석이 있다.[4] 그리고 철학박사 미국 교수인 장남 테디에게 차남 레니가 퍼붓는 맹렬한 공격에서는 2차 세계대전의 승전국 미국이 형제 동맹국의 권리를 주장하면서 실리에 있어서는 단 한 치의 양보도 없는 새로운 냉전의 세계 질서를 보여주는 것에 대한 비판적 의도라는 해석도 있다.[5]

이번 공연에서 이우천 연출가가 주목하고 있는 것 또한 '루스의 귀향'에 대해서이다. 연습 초반부터 '테디의 귀향'뿐만 아니라 '루스의 귀향', 궁극적으로 이 집안의 엄마였던 '제시의 귀향'으로 작품이 끝난다는 사실에 대해서는 합의가 쉽게 이루어졌다. 이러한 관점에서 아버지

---

4 〈귀향〉을 '성 정치학적 권력 투쟁'의 양상으로 분석하고 있는 것으로는 윤정용, 「'권력 투쟁'과 '주체성'으로 살펴본 〈귀향〉」, 『영어영문학연구』 55, 2013; 핀터의 자전적인 요소와 '루스의 귀향'의 관점에서 주체의 해방에 관한 분석으로는 감지나, 「해롤드 핀터의 〈귀향〉에 나타난 권력관계와 저항성」, 『현대영어영문학』 58, 2014 참고.
5 2차 세계대전 이후 새로운 냉전질서 형성과정에서의 '영국의 퇴장과 미국의 헤게모니'에 관한 정치성 분석에 대해서는 김성제, 「후기식민 시대의 '특별한 관계' — 핀터의 〈The Homecoming〉과 정치성」, 『현대영미드라마』 13, 2000 참고.

맥스의 욕설에 의해 툭하면 '창녀'로 지칭되는 어머니 제시도, 전직 누드모델이었던 루스도 비록 남성들의 시선에 의해 '창녀 취급'을 당하고 있지만, 제시나 루스는 실제로 창녀가 아니라 남성들의 위축된 방어 심리에 의해 곧잘 '창녀 취급'을 당하게 되는 사회적 약자로 재설정되었다. 루스가 이 집안의 남자들과 함께 남아 창녀로서의 삶을 설계하고 투자비용과 수익을 계산하는 것 또한 루스가 남성들의 언어로 남성들의 세계의 규칙과 질서를 파괴하고 그 경계에서 자신의 길을 찾는 외로운 선택의 행위로 재해석되었다.[6] 그리하여 마지막 장면에서 루스를 통해 어머니 제시가 '억압된 것의 귀환'의 상징적 장면을 완성하게 되는 장면도 이 가족의 균열과 결핍을 간신히 다시 회복하는 동시에 근원적으로 그 안에 내재된 불안과 공포도 함께 읽어보고자 하였다.

억압받고 상처받은 자들의 귀환, 마지막 장면은 오래된 위안이자 새로운 불안이기도 하다. 구질서의 회복(제시의 귀향)을 원하는 구세대는 결국 죽음을 맞이하고(아버지 맥스와 삼촌 샘), 새로운 세대의 환상도 거부하고(조이의 퇴행), 마키아벨리적 새 질서도 거부하고(테디의 떠남), 이제 마지막 무대에 남은 것은 루스와 레니이다. 루스와 레니가 서로를 바라보는 마지막 시선 사이에서 환한 빛의 길이 잠시 열린다. 친밀했던 세계와의 결별, 그리고 '나의 세계'로의 귀향은 구질서를 거부하고 새로운 질서의 길을 찾아야 하는 우리 시대에도 많은 화두를 던져준다.

---

6 루스의 형상화 과정에서 참고한 것은, 마찬가지로 화가의 누드모델로 자기만의 삶을 선택해서 살아갔던 여성인물들이다. 화가 쿠르베와 휘슬러의 모델이었던 조안나 히퍼넌, 로트렉과 드가의 모델이자 여성 화가의 삶을 살았던 수잔 발라동이 그 예이다.

고백할 용기, 고통을 견디는 용기,
기다릴 줄 아는 용기

〈록산느를 위한 발라드〉1[7]

일시 2015년 5월 9일~5월 24일 **장소** 국립극단 소극장 판 **제작** 국립극단 어린이청소년극연구소 **원작** 에드몽 로스탕 〈시라노 드 베르주라크〉 **각색** 김태형 **연출** 서충식 **드라마투르기** 김옥란 **무대** 신승렬 **조명** 이현지 **의상** 임예진 **분장** 이지연 **작곡·음악** 조용경 **움직임** 남궁호 **무대감독** 문원섭 **조연출** 박지혜 **예술교육팀** 최기숙·김미정·김성제 **출연** 김지훈, 안병찬, 안창환, 하윤경

최근 고전에 대한 관심이 높다. 국립극장의 〈단테의 신곡〉(2013)에 몰린 관객으로부터 입센의 〈사회의 기둥들〉(LG아트센터, 2014.11), 조지 오웰의 〈1984〉(두산아트센터, 2014.9), 찰스 디킨스의 〈위대한 유산〉(명동예술극장, 2014.12) 등 주요 제작극장에 고전이 줄줄이 올라가고 있다.

---

7   이하 〈록산느를 위한 발라드〉의 드라마투르그 작업노트 1·2·3은 공연 프로그램에 수록된 '드라마투르그의 글'(2015.5.9), 『공연과 이론』에 발표된 '드라마투르그 노트'(2015, 여름호), 『국립극단 리허설북 13─록산느를 위한 발라드』(2015.7)에 각각 발표된 3편의 글을 수록한 것이다. 1달의 시간차를 두고 각각 정리된 이 글들은 〈록산느를 위한 발라드〉의 전체 작업과정과 드라마투르그 작업과정을 알 수 있는 자료로, 모두 함께 수록하였다. 이는 국립극단 어린이청소년극연구소의 체계적인 제작과정 덕분에 가능했던 작업결과물들로, 공연현장의 기록면에서도 의의가 크다.

연극 고전인 셰익스피어나 체호프에 대한 관심이 시들해진 반면 인문 고전에 대한 일반 관객들의 반응은 높아가고 있다. 그만큼 현재를 살아가는 일상인들의 현실이 어렵고 마음이 힘들기 때문일 것이다. 최근 스토리텔링 산업의 이름으로 스토리, 즉 '이야기'가 다시 중요하게 인식되고 있는 현상 또한 이와 무관하지 않아 보인다. 인류 역사의 처음부터 이야기는 있었다. 인류의 DNA에 새겨진 이야기의 DNA는 인류의 고난과 고통, 위기를 헤쳐 나가게 했다. 가장 오래된 이야기인 영웅담의 기본은 고난의 극복이다. 다시 고전이 읽히는 시대가 되었다.

청소년극 레퍼토리로서의 새로운 가능성

국립극단 청소년극의 새로운 레퍼토리 〈록산느를 위한 발라드〉는 고전 〈시라노 드 베르주라크〉(이하 〈시라노〉)가 원작이다. 〈시라노〉는 17세기 프랑스의 실존 인물인 시인 검객 시라노 드 베르주라크(Cyrano de Bergerac, 1619~1655)를 모델로 한 에드몽 로스탕(Edmond Rostand, 1868~1918)의 희곡으로, 1897년 파리에서 초연된 후 500회 연속 공연을 기록한 대 히트작이다. 시라노는, 17세기 루이 13세의 파리를 배경으로 프랑스 남부 가스코뉴 출신 시골 검객 달타냥의 이야기인 알렉상드르 뒤마의 소설『삼총사』(1844)의 실제 모델이기도 하다.

자유분방하고 혈기왕성한 낭만 검객 시라노의 캐릭터는 시대를 초월해 인기를 얻고 있다. 제라르 드 빠르디유를 주연으로 한 프랑스 영화 〈시라노〉(1990), 브라이언 아담스와 스팅과 로드 스튜어트가 함께 부른 주제가 〈All for Love〉로 유명한 할리우드 영화 〈삼총사〉(1993) 등 소설과 영화로 계속 만들어지고 있다. 영국의 유명 청소년 소설가 재럴딘 매코크런의 소설 『시라노』(문학동네, 2011)도 국내에 출판되어 있다. 그리고 최근 한국 영화 〈시라노 연애조작단〉(2010)을 통해서도 시라노의 이름은 대중적으로 익숙하다.

이번 국립극단 청소년극 〈록산느를 위한 발라드〉는 원작 〈시라노〉를 청소년극으로 새롭게 만든 공연이다. 시라노의 낭만적인 사랑과 우정, 모험의 이야기를 통해 청소년극의 활력과 청소년극 레퍼토리의 새로운 가능성을 찾아보고자 했다. 지상 최대의 사랑 이야기인 시라노의 이야기는 '88만원 세대' 혹은 연애와 결혼과 출산을 포기하는 '삼포 세대'라는 절망적인 이름을 반복해서 부르는 대신 다른 이야기를 들려주고자 했다. 오래된 사랑과 오래 지켜낸 사랑 이야기를 통해서 자신을 지키고 자신을 성장시키는 이야기를 들려주고자 했다.

사랑 이야기라면 〈로미오와 줄리엣〉도 있다. 로미오와 줄리엣은 비록 가족들의 반대는 있었지만 서로 첫눈에 반한 이후 계속 사랑한다. 사랑하다 죽는다. 이들의 사랑의 난관은 외부에 있지 자신들에게 있지 않다. 그런데 시라노의 사랑은 처음 고백 장면부터 어긋난다. 못 생긴 코 때문에 망설이다 말을 못하고 잘생긴 크리스티앙을 통해 대신 사랑을 고백한다. 크리스티앙도 그녀를 진짜로 사랑한다. 그렇다면 그녀가 진짜로 사랑한 것은 누구일까? 내가 사랑한 그 / 그녀는 누구인가? 나의 욕망은 과연 나의 욕망인가? 혹은 나의 욕망은 단지 타인의 욕망일 뿐인가? 라캉 식의 현대 철학의 질문도 가능하다.

로미오와 줄리엣에 비해, 시라노는 현대적인 캐릭터이다. 사랑을 통해서 자아를 발견하고 의심하고 변화하면서도 끊임없이 자기 정체성을 확인하고 성장하는 이야기다. 게다가 시라노의 커다란 코는 시라노를 단순한 낭만적 영웅의 모습으로부터도 비껴나게 한다.

사랑은 용기다!
고백할 용기, 고통을 견디는 용기, 기다릴 줄 아는 용기

고전을 현대적으로 재해석하고 각색하는 일은 쉬운 일이 아니다. 1897년의 고전 〈시라노〉를 2015년의 현대극으로 바꾸는 일 또한 쉽지 않았다. 어린이청소년극연구소의 예술교육팀과의 회의를 통해 기본적인 각색 방향과 현대적인 해석에 대한 논의가 진행된 이후 초고가 나온 것은 2015년 2월 26일이고, 2차 수정고가 나온 것은 연습이 시작된 3월 16일이었다. 연습과 함께 배우들과 토론 과정을 거쳐 3고가 나온 것이 4월 1일이고 이후 매주 수정대본이 나오고 5월 3일에야 최종 공연대본이 완성되었다. 총 7번의 수정작업을 거쳐 공연대본이 완성되었다. 전체 8주차의 연습과정 중에서 무대 셋업에 들어가는 마지막 주를 제외하고 매주 수정작업이 이루어지고 수정대본이 나온 셈이다.

김태형 작가와 서충식 연출, 그리고 배우들 모두가 마지막까지 긴장을 놓을 수 없는 시간들이었다. 김태형 작가가 연습과정의 토론을 통해 새롭게 발견되는 지점들에 유연하고 능동적으로 대처하면서 마지막까지 집중하는 모습은 인상적이었다. 덕분에 압축적이고 깔끔하게 정리된 '낭만 활극' 〈시라노〉가 나올 수 있었다. 수정작업 자체가 주눅 들지 않고 끊임없이 새로운 이야기를 말하는 용기가 필요하고, 그 과정을 견디고, 오래 기다리는 시간들의 연속이었다. 마치 록산느를 향한 시라노의 사랑이 고백하여 표현하는 용기, 그 고통을 견디는 용기, 끝까지 기다릴 줄 아는 용기가 필요했듯이.

원작 제목이 〈록산느를 위한 발라드〉로 바뀐 것은 작가의 초고가 나온 시점이다. 예술교육팀과의 회의에서 고전의 현대적 각색, 특히 청소년극의 관점에서 적극적인 재해석이 요구되었다. 원작이 시라노를 주인공으로 하고 있지만 시라노, 크리스티앙, 드 기슈, 록산느 모두의 관점에서 사랑의 태도가 흥미롭다는 의견이었다. 이에 따라 이들 각자의 사랑의 방식을 좀 더 적극적으로 조명하기 위해 관점의 방향을 바꿔 록산느를 주인공으로 재조정하게 되었다. 제목 또한 〈록산느를 위한 발라드〉로 변경되었다. 록산느와 마지막까지 남게 되는 드 기슈 또한 전형적인 악인의 캐릭터에서 벗어나 록산느와 함께 크리스티앙의 죽음과 시라노의 죽음을 지켜보는 동반자이자 자기 성찰을 이루는 인물로 재창조되었다. 드 기슈는 김태형 작가가 가장 공을 들인 인물이다.

원작에서 드 기슈는 원래 유부남이고 나이도 좀 더 많은 권위적인 인물이다. 그러나 록산느를 향한 사랑의 관점에서 대등한 위치를 보여주기 위해 시라노와 비슷한 또래의 인물로 조정하였다. 덕분에 드 기슈가 도달하는 마지막 인식의 단계, 곧 "사람들은 나의 권력을 동경하거나 두려워하지만 나를 사랑하진 않아요. 하지만 시라노는 많은 사랑을 받았지. 심지어 적들에게까지. 그와 나 둘 중에 누가 더 외로운 인간이지?"에서 드 기슈 백작, 곧 앙트완 또한 시라노와 같은 깊이의 공감을 얻게 되었다. 물론 이는 원작에서도 표현된 부분이지만 김태형의 각색에서 더 강화되고 있다. 김태형 각색에서 드 기슈는 록산느의 곁에 마지막까지 남는 친구이자 동반자이다.

시라노는 무엇을 위해 싸우는가?
달과 피아노와 바이올린의 발라드

한편 연습 후반, 마지막까지 살리고자 노력했던 것은 전쟁의 주제이다. 이 공연의 부제를 '낭만 활극'이라고 붙인 것처럼 검객인 시라노의 결투장면은 처음부터 중요하게 고려된 부분이다. 시라노가 드 기슈가 보낸 부하들과 십 대 일로 싸우는 장면, 시라노와 크리스티앙의 결투장면을 위해서 초반부터 칼싸움의 연습이 한창이었다. 시라노는 수비대 연대의 군인이다. 시라노의 시대는 칼과 총이 공존하던 때였다. 화승총이 사용되던 때였고, 삼총사(三銃士)의 '총사'는 화승총(火繩銃)을 든 군인 일반을 뜻한다. 공연의 전반부는 검술의 결투가 이루어지지만 후반부 전쟁 장면에서는 총이 발사되고 포탄이 터진다. 칼은 명예를 위해 휘둘러지고 다시 거두어질 수 있지만 총은 한번 발사되면 멈출 수 없다. 시라노의 사랑의 주제 못지않게 전쟁의 주제 또한 중요하다는 생각이 점점 강하게 들었다.

실제로 시라노는 1640년 아라스 포위전에 참전하고 심각한 부상을 입고 돌아와 문인으로서의 삶을 살았다. 그는 공상과학소설의 선구적인 작품인 「달나라 여행」, 「해나라 여행」이 수록되어 있는 책 『다른 세상』(1657; 에코리브르, 2004)을 남기기도 했다. 원작에서 시라노가 이야기하는 달나라 탐험의 6가지 방법은 이 소설들에서 따온 것이다. 극 초반에도 소개되고 있듯이 시라노는 "서정시와 풍자시를 자유자재로 넘나드는 천재시인"이자 "불의를 참지 못하는 검객", "달과 별을 사랑하는 천문학자이고 음악가"였다. 그런데 공연 내내 시라노의 손에는 칼과 총이 들려있다. 시라노는 과연 무엇을 위해 싸운 것일까? 그의 분노는 무엇으로부터 기인된 것일까?

시라노가 참전한 아라스 포위전은 유럽 최후의 종교전쟁이자 최초의 국제전쟁으로 불리는 30년 전쟁(1618~1648)의 절정이었다. 원래 독일 국내의 종교적·정치적 대립에서 촉발된 이 전쟁은 프랑스, 스웨덴, 덴마크 등이 개입하면서 전 유럽의 전쟁으로 확대되었다. 프랑스는 당시 절대적인 권력의 상징이었던 리슐리외 추기경에 의해 참전하게 되었다. 아라스 전쟁으로 프랑스는 승리하고 유럽의 새로운 질서의 패권을 얻게 된다. 반면에 독일은 전국토가 황폐화되었다. 브레히트의 〈억척어멈〉의 배경이 되는 전쟁이 바로 이 30년 전쟁이다.

〈시라노〉 원작에서 드 기슈 백작은 아르망 드 리슐리외 추기경의 조카와 결혼한 인물로 나온다. 드 기슈 백작 또한 시라노를 위협하거나 자신을 과시할 때 툭하면 '삼촌 리슐리외'를 들먹거린다. 결국 원작에서 드 기슈 백작의 존재는 현실 속의 실세 중의 실세인 리슐리외 추기경을 대신한 인물로, 드 기슈 백작과 결투를 벌이는 시라노의 장면은 그 자체로 권력에 대한 도발과 저항의 의미를 지닌다.

리슐리외 추기경은 〈삼총사〉에서도 악당 추기경으로 나오며, 실제로 정적과 개신교도들을 탄압한 공포정치를 펼친 인물로 알려져 있다. 극중 전쟁 장면에서 군사들이 굶주림에 허덕이는 장면 또한 리슐리외가 탄압한 개신교도 포위전에서 일어났던 일을 참고하고 있다. 시라노가 칼과 총으로 끝까지 싸우고자 했던 상대는 리슐리외 추기경으로 상징되는 당대의 최고 권력층이다. 시라노는 암살의 위협 속에서 우발적인 사고에 의해 의문의 죽음을 맞게 된다. 결국 시라노가 마지막까지 지키고자 했던 것은 권력과 전쟁에 반대했던 사랑과 자유이다.

시라노의 전쟁의 주제는 피아노와 바이올린 연주자가 적극적으로 참여하는 공연 방식으로 전쟁 장면의 직접적이고 생경함을 피해서 보다 은유적이고 중첩된 이미지로 살릴 수 있었다. 초반의 밧줄을 활용한 경쾌한 속도감의 움직임과 활극의 이미지는 극 후반에 강조되는 달의 이미지, 시라노가 가고자 했던 이상향의 세계인 '달로 올라간 사나이'의 이미지와 연결시키고자 했다. 시라노는 죽지만 록산느는 시라노가 이루고자 했던 달나라로의 탐험을 떠난다. 록산느가 떠나는 새로운 탐험의 길에서 록산느가 보게 되는 것은 무엇일까.

누가 사랑을 두려워하는가?

〈록산느를 위한 발라드〉 2

　　국립극단 청소년극 〈록산느를 위한 발라드〉(이하 〈록산느〉)의 작업은 국립극단 어린이청소년극연구소 김미선 PD의 제안에 의해서 시작되었다. 국립극단 청소년극 작업은 〈레슬링 시즌〉에 이어 두 번째이다. 〈레슬링 시즌〉의 서충식 연출가와 스태프들과 두 번째 작업이기도 하다. 두 번째 작업인 만큼 서로의 작업 스타일에 대해서 이미 익숙한 상태였고, 훨씬 빠르게 작품에 집중할 수 있었다. 이 공연의 '낭만 활극'의 부제는 〈레슬링 시즌〉에서 레슬링 연극을 시도했던 서충식 연출가가 이번엔 밧줄과 봉을 타는 '활극'의 무대를 만들겠다는 아이디어에서 출발했다. 그런 한편, 원작 〈시라노〉의 낭만성을 부각시키기 위해 김미선 PD에 의해 '낭만 활극'이라는 신조어가 만들어져 오디션은 물론 연습에 들어가기 전부터 작품홍보에 적극 활용되었다.

국립극단 청소년극 레퍼토리

드라마투르그인 저자의 작품 참여시점은, 고전 〈시라노〉 각색 공연의 기본 방향이 결정되고, 김태형 작가가 각색자로 섭외되어 1차 대본이 나오고, 오디션과 캐스팅이 확정된 시점이다. 2015년 3월 16일(월) 배우들과 국립극단 및 어린이청소년극연구소 예술교육팀 전원이 참석하는 전체 상견례 자리에서 처음 프로덕션 관계자들을 만나게 되었다. 이 날 2차 수정대본이 배포되었고, 초고가 수정되는 과정에서 예술교육팀 회의에 따라 원작의 제목이 〈록산느〉로 변경되었다.

첫 상견례 자리에서 국립극단 청소년극이 그동안 왕따, 자살, 청소년 범죄 등 주로 문제적인 상황에 맞춰져 있었던 데 비해 이번 공연에서는 밝고 활기찬 '즐거운 연극'[1]을 기대하고 있다는 작품의 중심 방향이 공유되었다. 저자 또한 청소년 범죄와 청년 백수 등 청소년과 젊은 세대에 대한 부정적인 이미지만이 반복되는 데에서 벗어나 긍정적인 비전을 찾고자 하는 작품의 중심 방향에 적극 동의하고 있었다. 무엇보다도 세상과의 만남과 태도에서 가장 기본이 되는 '사랑'의 중심 주제가 매력적으로 다가와 작품에 흔쾌히 참여를 결정했다.

고전 〈시라노〉는 이미 작품성과 대중성이 검증된 이야기이다. 실제로 최근 영화 〈시라노 연애조작단〉 등 대중문화 영역의 연애물, 이른바 로맨틱 코미디물로도 꾸준히 인기를 얻고 있다. 그러나 〈시라노〉는 원

---

1 김윤철, 「국립극단 예술감독 인사말」, 〈록산느를 위한 발라드〉 프로그램북, 2면.

래 희곡이고, 〈삼총사〉와 〈돈키호테〉 등과 같이 낭만주의 시기의 영웅담 혹은 저항과 도전의 주제를 가지고 있다는 점에서 현재 시점에서도 시사적인 접근이 가능하다고 느꼈다. 최영애 어린이청소년극연구소 연구소장 또한 이 작품의 중심 콘셉트를 "도전적인 록산느의 사랑 이야기", "자본주의 시대와 디지털 시대를 살아가는 현대 청소년들에게 던지는 사랑에 대한 질문"[2]이라고 제시하고 있다.

각색 방향과 관객 반응

그러나 청소년극 레퍼토리로서 〈시라노〉의 각색 작업은 만만치 않았다. 국립극단 어린이청소년극연구소는 2011년 첫 작품 〈소년이 그랬다〉 이후 〈레슬링 시즌〉, 〈빨간 버스〉, 〈노란 달〉, 〈타조 소년들〉 등 매년 새로운 청소년극 레퍼토리를 통해 청소년극 제작의 노하우를 축적해오고 있었다. 번역극과 각색, 창작극, 해외 연출가 초청공연 등 다양한 시도를 통해 비록 5년의 짧은 역사에도 불구하고 청소년극에 대한 뚜렷한 존재감을 드러냈다. 〈록산느〉는 국립극단 청소년극이 처음 시도하는 고전의 현대화이자 각색 작업이라는 점에서 새로운 도전의 의미가 컸다. 그리고 그에 따르는 어려움 또한 컸다.

---

2 최영애, 「국립극단 어린이청소년극연구소장 인사말」, 프로그램북, 3면.

무엇보다 힘들었던 점은, 역시 대본 작업이다. 〈시라노〉 원작은 원래 공연시간만 3시간에 달하는 방대한 분량의 작품이다.[3] 1897년 파리에서 초연된 작품으로 시대적 거리도 멀다. 이 점을 염두에 두고 공연 1년 전부터 각색이 의뢰되었다. 예술교육팀과 작가는 여러 차례 대본회의를 진행하였다. 김태형 작가가 각색과정에서 중심방향으로 삼았던 것은 다음 세 가지이다. 이하의 내용은 예술교육팀 회의록과 이후 연습과정 중의 논의를 정리한 것이다.

① 분량과 언어 : 〈시라노〉는 유명한 고전이지만, 청소년들에게는 낯선 작품이다. 청소년 관객들에게 부담스러울 수 있는 방대한 분량의 이야기를 대폭 압축하고, 고전적 시어 또한 지금 현재 10대 청소년 눈높이에 맞춰 다시 쓸 필요가 있다.

② 공연양식과 인물 : 〈록산느〉의 배우는 총 4명으로, 시라노를 제외한 다른 인물들은 일인다역으로 다양한 역할을 맡는다.[4] 이 작품은 시라노, 크리스티앙, 드 기슈, 록산느의 4명의 인물을 중심으로, "사랑이라는 감정은 개인을 얼마나 성장시키는가?"의 주제를 부각시키고자 했다. 이 공연에서 사랑의 주제는 청소년극의 보편적 주제인 성장담의 성격을 갖는다.

---

3   〈시라노〉는 김철리 연출에 의해 2010년 명동예술극장에서 공연된 바 있다. 당시 시라노는 안석환이 맡았고, 러닝타임은 2시간 40분이었다. 김철리 연출은 1992년, 2005년에도 〈시라노〉를 연출하였다. 강일중, 「명동예술극장 무대 위의 〈시라노 드 베르쥐락〉」, 『연합뉴스』, 2010.10.29.
4   〈록산느〉의 일인다역의 기본 콘셉트는, 벨기에 작가 Jo Roets의 각색본 〈시라노〉에서 참고하였다.

③ 주제와 인물 : 이 작품은 기본적으로 멜로드라마의 공식을 따르고 있지만, 4명의 인물 각자가 가지는 사랑에 대한 태도를 통해 사랑뿐만 아니라 인생에 대한 태도를 생각해보는 질문을 던지고자 했다.

실제로 공연은 1시간 반으로 대폭 압축되었고, 원작에서 시라노를 주인공으로 삼는 것에서 벗어나 모든 인물들의 '청춘을 위한 발라드'로 새롭게 태어났다. 특히 김태형 각색에서 새롭게 재해석된 인물은 드 기슈이다. 원작에서 전형적인 악당이자 기능적인 인물이었던 드 기슈는 모든 인물들을 뒤따라다니며 괴롭히는 인물이었던 덕에 역설적으로 이들의 엇갈린 사랑 이야기의 모든 과정을 지켜보는 자일 수 있었다. 마지막까지 록산느 곁에 남게 되는 사람도 드 기슈이다. 김태형 작가는 마지막까지 록산느 곁에 남는 드 기슈가 작품 내적으로 가지는 관찰자적 시선에 강한 흥미와 동일시를 느끼고 있었다.

그리하여 프롤로그와 에필로그, 그리고 전체 4개의 장 중에서 2장만 빼고 모든 장면이 드 기슈로부터 시작될 정도로, 드 기슈의 비중이 커졌다. 드 기슈의 관찰자적 시선이 살게 되니 원작에서 시라노에게만 맞춰져 있는 절대적인 중심이 분산되면서 시라노, 크리스티앙, 드 기슈의 록산느에 대한 서로 다른 사랑의 태도가 동등하게 살아날 수 있었다. 원작에서 드 기슈는 유부남이고 시라노와 크리스티앙 보다 나이가 많은 사람으로 나오지만, 김태형 각색본에서는 이들의 동등한 관계를 위해 동년배의 친구또래로 조정되었다.

결과적으로 관객들은 절대적인 선인 대 악인의 이분법적 대결구도에서 벗어나 네 인물 각각의 사랑의 방식과 선택의 과정에 집중하게 되었고, 각자 자신의 이야기를 대입하면서 공연을 보게 되었다. 공연과 함께 진행된 청소년 참가단 15인의 반응을 들어보면 다음과 같다.

- 드 기슈가 멋졌다. 전쟁터에서 록산느의 곁을 지켜줬다. 록산느가 자기를 싫어해도 계속 좋아한다.
- 록산느의 이상형은 시라노이지만, 시라노가 아닌 크리스티앙을 사랑하는 것은 무엇일까? 어떤 것이 진짜 사랑인지 모르겠다. 둘 다 사랑이다. 사랑은 여러 가지다. 꼭 이루어져야만 하는 것이 진짜 사랑은 아니다.
- 크리스티앙이 죽을 때 "나 같은 놈도 지키고 싶은 것이 있어!"의 대사에서 크리스티앙의 마음이 느껴졌다. 인물들이 죽을 때 비로소 그 인물이 보였다.
- 크리스티앙은 사랑을 남기고 죽었고, 시라노는 세상과 싸우다 죽었다. 두 사람 모두 사랑하는 사람 앞에서 죽었다. 드 기슈는 나중에 인생의 어떤 장면에서 어떻게 죽게 될지 궁금했다.
- 록산느는 편지 쓴 사람이 크리스티앙이 아닌 걸 알고도 크리스티앙을 사랑하게 될까? 앞으로 어떻게 살아야 되나 생각하게 되었다. 저 인물들 중에서 어떤 캐릭터를 닮고 살아가야 할까 생각하게 됐다.
- 록산느가 전쟁터까지 크리스티앙을 찾아가는 장면은 무모하지만 예뻐 보였다. 밝고 적극적인 록산느의 모습, 저렇게 사는 모습도 예뻐 보였다.
- 마지막 에필로그 장면에서 록산느가 행복해보여서 좋았다. 모두 다 죽고 눈물이 났지만, 결말이 밝은 느낌이어서 좋았다.[5]

---

5 청소년 참가단 15인 프로그램은 예술교육팀 연구원 김미정·김성제가 담당했다. 위의 반응들은 2015년 5월 9일 첫 공연 직후 연습실에서 연출가, 배우, 드라마투르그, 조연출이 함께 참여한 자리에서 나온 이야기들을 정리한 것이다. 이 자리에서 기존의 청소년극에 대한 선입견 또한 이야기되었다. 청소년극은 학교 수업처럼 교훈적이고 딱딱하고 지

특히 남학생 청소년 관객들의 반응이 흥미로웠는데, 이전 공연인 〈타조 소년들〉이 여학생들의 반응이 높았던 데에 비해 이 공연은 남학생들의 정서적 반응이 폭발적이어서 공연팀과 예술교육팀 모두 놀라워했다. 청소년 참가단 15인을 담당하고 있었던 예술교육팀 김성제 연구원은 이 공연이 '청소년극 버전의 〈영웅본색〉'처럼 남자의 로망을 건드리는 공연이었다는 부연설명을 덧붙였다. 의도치 않았지만 매우 흥미로운 결과였다. 실제로 첫날 공연 이후 관객 반응에서 유난히 청소년 관객의 집중도가 높았고, 남학생 관객들의 리액션이 적극적인 점은 지속적으로 모니터링되었다. 덕분에 공연 전부터 주말은 매진, 공연이 시작되고 평일도 빠르게 좌석이 매진되었다. 마지막 주말 토요일 낮 12시 특별공연이 추가되고, 공연은 무사히 마무리되었다.

연출 방향과 남은 과제들

결국 이 모든 결과는 탄탄한 원작의 힘, 고전의 힘이라고 할 수 있다. 동시에 원작의 힘에 눌리지 않고 공연을 만들어가야 하는 일은 온전히

루할 것 같다는 편견이 있었는데, 이 공연은 주제를 강요하는 것이 아니라 정서적으로 공감할 수 있어서 좋았다는 의견이었다. 청소년극은 마치 영어연극을 보는 것처럼 연극을 보면서 무언가 배워야할 것 같은 느낌이 드는데, 이 공연은 청소년극에서 다루지 않았던 사랑 이야기를 다루고 있다는 점이 특히 좋았다는 점이 지적되었다. 이상 청소년 참가단의 반응에서 청소년극에 대한 높은 관심을 볼 수 있었고, 무엇보다도 〈록산느〉의 인물 각자에게 적극적으로 공감하는 모습이 인상적이었다.

공연팀의 부담과 책임으로 남겨졌다. 예술교육팀 회의에서 거듭 이야기되었던 〈시라노〉의 사랑의 태도를 논하는 철학적·문학적 주제들을 실제 공연으로 표현해야 하는 것 또한 공연팀의 책임이었다. 예술교육팀과의 회의에서 작가 수정고가 2고까지 나왔고, 연습이 진행되면서 수정고는 7고까지 나왔다. 전체 8주의 연습과정 중에서 매주 수정고가 나오고, 공연 일주일 전에야 공연대본이 확정되었다.

여기에 공연 콘셉트인 '낭만 활극'을 만들어야 한다는 부담감도 만만치 않았다. '낭만 활극'이라는 공연 콘셉트는 분명 공연팀에 활력을 불어넣어 주었지만, 공연 내내 '낭만 활극'을 구현해야 한다는 부담감에서 벗어나기 힘들었다. 배우들은 대본보다 먼저 펜싱 칼과 밧줄을 손에 잡아야 했다. 연습은 실제 극장인 소극장 판에서 이루어졌고. 아무것도 없는 황량한 무대바닥에서 칼과 밧줄로 씨름하는 배우들의 모습은 흡사 체육관을 방불케 했다. 드라마투르그의 입장에서는 공연 콘셉트로 들어오는 밧줄의 장면과 의미가 어떤 것이어야 하는지 계속 관찰하며, 배우들에게 동기부여가 될 수 있는 논리를 찾는 것이 연습 초반의 가장 중요한 과제였다.

그런 한편 공연대본의 확정이 지연되면서 배우들의 불안은 높아만 가고 있었다. 마지막까지 시행착오를 거듭하면서 수정고마다 미세하게 달라지는 대본을 숙지해야 하는 배우들의 불안은 계속 커져만 갔다. 연습 마지막까지 긴장을 풀 수 없는 과정이었고, 인내심을 가지고 서로 이야기하고, 또 이야기하는 과정이어야 했다. 극도의 긴장 상태에서 말한마디 꺼내기 조심스러운 상황도 있었다. 연습이 진행되면서 새로운 아이디어들은 계속 떠올랐지만, 새로운 아이디어는 곧 연습과정 중의 '변화'를 뜻하는 것이었기에 공연대본이 확정되지 않은 상태에서 계속 불안에 시달렸던 배우들에게는 심리적 부담감을 가중시킬 수 있었고, 새로운 아이디어에 대한 이야기를 꺼내는 것 자체가 용기가 필요한 일이었다. 드라마투르그의 입장에서도 결코 만만한 상황은 아니었다.

무대에서 직접 움직이며 의미를 만들어가는 서충식 연출가와의 작업이 처음이었던 배우들도 있었고, 확정된 공연대본으로부터 시작해서 캐릭터를 잡아가고 연출 방향에 충실히 따르는 일반적인 작업과정과는 다른 방식이 낯설었던 배우도 있었다. 그럼에도 묵묵히 기다리며 배우들이 자신의 역할을 찾아가도록 돕는 서충식 연출가의 부드러운 리더십이 공연 마지막까지 배우들을 지탱하는 힘이 되었다. 서충식 연출가는 처음부터 원작 〈시라노〉에 대한 깊은 애정을 보이고 있었다. 그러한 애정은 공연팀 전체를 통합하는 데에 중요하게 작용했다.

"〈시라노〉는 진정한 사랑에 대한 질문을 던지고, 서로의 진짜 모습을 보게 하는 이야기"[6] — 서충식 연출가가 공연팀에게 맨 처음 던졌던 화두이다. 록산느가 사랑한 것은 크리스티앙일까, 시라노일까? 진정 내가 사랑한 실체가 무엇이었는지 끊임없는 미끄러짐의 연속상태를 보여주는 시라노의 사랑 이야기는 라캉의 욕망이론에서 나오듯이 매우 현대적인 주제이다.[7] 그리고 연습과정 중에 서충식 연출가가 생각하는

---

6 김미선 PD가 프로덕션 메일을 통해 전달한 서충식 연출 인터뷰, 2015.3.11. 이 공지 메일은 연습 개시 이전에 전달된 것으로, 이 작품에 대한 서충식 연출의 최초의 아이디어가 담겨있다.

7 이는 예술교육팀과의 회의에서도 공통적으로 확인된 관점이다. "이 네 명의 인물은 모두 도취적 열정의 소유자라는 공통점을 지니고 있다. 어쩌면 그것은 젊음의 속성이다. 그런 의미에서라면 '성숙한 사랑'이야말로 거짓 관념이다. (…중략…) 조금씩 모자라고 처음부터 실패를 안고 시작한 이들의 사랑은 삶이라는 전장에서(어쩌면 전장이라는 삶의 현장 속에서) 부상을 입거나 사상되었다." 최기숙, 「작품 이해 돕기─LOVE · IDEA / 사랑에 대한 상상 · 환상 · 이데아」, 프로그램북, 17면.

사랑의 주제가 단순히 낭만적인 사랑 이야기에 그치는 것이 아니라 인생에 대한 태도에서 진짜 모습과 대면하고자 하는 용기의 주제에 가깝다는 사실도 확인하게 되었다.

이에 따라 드라마투르그의 작업도 좀 더 적극적인 방향에서 이루어질 수 있다고 판단하게 되었다. 구체적으로 시라노의 사랑 이야기뿐만 아니라 전쟁과 죽음이라는 시라노의 또 다른 주제에 대해서도 관심을 가지고 원작과 공연대본을 분석하며 새로운 아이디어를 찾게 되었다. 〈록산느〉 공연은 청소년극이되, 참여하는 예술가들이 청소년극을 의식하고 공연을 만들기보다 처음부터 자신의 주제로 생각하며 작업할 수 있는 도전적인 주제였다.

연습과정 중 작품의 중심 방향을 정리하면 다음과 같다.

① 사랑의 주제와 '낭만' : 이 극의 주제는 사랑이다. 이는 '낭만 활극'의 '낭만'에 속하는 부분이다. 연출적으로 '낭만'의 주제를 부각시키기 위해 활용한 것은 음악이다. '록산느를 위한 발라드' 혹은 '청소년을 위한 발라드'의 '발라드'의 음악적 상징을 적극 드러내기 위해 클래식 음악 전공자인 조용경 음악감독이 섭외되었다. 그리고 무대에서 배우들과 함께 연기에 참여할 수 있는 피아노와 바이올린 연주자가 섭외되었다. 피아노와 바이올린 라이브 연주는 서충식 연출가가 맨 처음부터 승부수를 던졌던 지점이자, 체육관 연극을 방불케 하는 연극에 맨 처음 극의 중심을 잡아주며 전체를 이끌어주는 중심축이 되었다. "연기 좀 되는" 피아노 연주자 최희영의 배우 못지않은 애드립과 "연주 좀 되는" 미남 바이올린 연주자 권오현의 강렬한 바이올린 독주의 장면전환은 실제 공연에서도 관객들의 호응이 높았다.

② 전쟁의 주제와 '활극' : 시라노는 검객이다. 검객의 '활극'을 표현하기 위해 처음부터 의도된 것은 밧줄을 활용해 움직임과 극의 리듬에 빠른 속도감을 도입하는 것이었다. 전쟁터 참호 속의 장면을 밧줄에 매달려서 표현하는 등 일상적이지 않은 새로운 표현을 시도해보는 것도 연습과정 중의 중요한 과제였다. 움직임지도 남긍호와 연구소 부소장 유흥영 선생님의 지속적인 모니터링과 참여가 큰 도움이 되었다. 그러는 와중에 배우들의 손에 칼과 총이 계속 들려있는 것이 보였다. 그러던 어느 날 3장 전쟁의 마지막 장면에서 시라노가 참전한 전쟁이 승리했는지 패배했는지의 질문이 던져졌다. 이 질문을 통해 시라노가 참전한 전쟁의 실체에 대해서 새롭게 관심을 가지게 되었다.

실존인물이었던 시라노가 참여한 1640년 아라스 포위전은 유럽 최후의 종교전쟁이자 최초의 국제전쟁이라고 불리는 30년 전쟁(1618~1648)의 막바지 절정이었다. 〈시라노〉 원작에서도 드 기슈와 관련된 인물로 함께 언급되는 리슐리외 추기경이 프랑스 참전을 결정한 장본인이었다. 시라노가 참전한 전쟁은 종교가 전쟁을 부추기는 한편 국제적 이권다툼의 이면에서 유럽의 신질서가 생겨난 민낯의 세계사를 배경으로 하고 있다. 이 시기는 종교마저도 전쟁에 몰두했던 시대이고, 검객이 칼을 버리고 총을 들고 전쟁에 들어선 시대이다. 그렇기에 시라노의 사랑 또한 저항의 의미로 적극적으로 읽을 필요가 생겼고, 시라노의 시는 반전의 메시지로 더 확장해서 해석할 필요가 생겼다. 시라노는 베트남전 참전에 반대했던 반전 가수들, 예컨대 밥 딜런 같은 인물로 재해석되었다. 시라노의 시와 사랑은 시대에 대한 저항의 표현으로 재해석되었다.

시라노의 사랑 주제는 현재 시점의 우리에게도 중요하게 다가왔다. 이른바 사랑과 결혼과 출산을 포기하는 '삼포세대'의 시대에도 끝까지 사랑을 포기할 수 없는 이유가 더 절실하게 다가왔다. 어느 광장에 딸 잃은 아비가 딸에 대한 사랑이 없었다면 쏟아지는 물대포 속에서 그가 과연 그대로 버티고 서있을 수 있었을까. 광장이 관객을 불러 모으는 것은 그의 사랑 때문이다. 시라노의 사랑이, 경쟁하고 빼앗고 짓밟는 사랑이 아니라 아름다운 사랑이어야 하는 이유도 더 분명해졌다. 시라노가 대신 편지를 써주고 마지막 편지까지도 크리스티앙을 대신했던 것은 사랑의 아름다움을 지키고자 했던 것이 아닐까. 크리스티앙이 형벌 같은 사랑의 현실을 인정하고 시라노에게 사랑을 찾으라고 말했던 것도 비록 어리석은 청춘들이지만, 아름답다. 아름다움이 우리를 울리고 생각하게 하고 성장하게 한다.

이렇듯 시라노의 사랑은 록산느에 대한 사랑뿐만 아니라 세상에 대한 뜨거움을 간직하고 있었던 시라노의 삶의 태도로 재해석되면서, 작가에 의해 "권력은 민중을 두려워한다." 등의 대사가 추가되었다. 15년 후 시라노가 록산느에게 전하는 세상뉴스의 내용도 "월요일엔 정부가 전쟁을 선포했다. 화요일엔 사람들이 광장에 모이기 시작했다." 등으로 재조정되었다. 시라노의 달나라에 대한 동경을 강조하기 위한 장면들도 추가되면서, 극중 엔딩의 록산느의 달나라에 대한 탐험의 주제도 새롭게 들어왔다.

그런데 문제는 이러한 생각들이 충분히 구현될만한 시간이 절대적으로 부족했다는 점이다. 원작 〈시라노〉에 대한 재해석은 공연대본이 확정되었던 공연 일주일 전에 집중적으로 이루어졌다. 이에 따라 전체 구성과 대사를 건드리지 않는 선에서 배우들의 표현방식, 예컨대 시라노 역을 맡은 안창환 배우가 시라노의 성격을 '앵그리 영 맨'으로 표현하는 식으로 절충적으로 이루어질 수밖에 없었다.[8]

③ 죽음과 록산느의 주제 : 그리고 마지막으로 원작〈시라노〉에서〈록산느〉로 제목을 바꾸면서 새롭게 조명하고 싶었던 록산느의 주제는 충분히 생각해볼 여지없이 그대로 공연이 강행되었다. 결국 시라노의 죽음 이후 에필로그 장면이 충분히 만들어지지 못했다. 시라노의 저항정신을 강조하기 위해 시라노의 죽음 또한 세상에 대한 마지막 저항의 칼싸움으로 표현하고, 시라노의 죽음 이후 록산느의 새로운 출발을 위해 에필로그 장면이 마련되었지만 시라노의 엔딩과 록산느의 엔딩이 충돌하면서 극을 제대로 마무리 짓지 못한 점은 끝까지 아쉬움으로 남는다. 록산느의 엔딩은 대폭 생략한 채 반쪽만 올라갈 수밖에 없었고, 만약에 재공연을 한다면 반드시 해결해야 하는 지점으로 남게 되었다.

공연의 전체 진행과정에서 무엇보다 아쉬웠던 지점은 드라마투르그의 투입 시점이 너무 늦었다는 점이다. 여기에는 우선, 기존 공연제작 과정에서 상처를 많이 받았던 작가에 대한 배려의 의지가 크게 작용하고 있었다. 그렇다고 해도 2차 대본이 나온 후에야 이루어졌던 작가와 드라마투르그의 만남의 시점은 너무 늦었다. 드라마투르그로서 작업시간이 부족했고, 작품을 공유하는 관점과 해석에 대한 배우들과의 작업시간 또한 늦어질 수밖에 없었다.

---

8   실존인물인 시라노가 생존했던 시기는 17세기(1619~1655)이다. 역사적인 배경으로 봤을 때 시라노는 홍길동이 활빈당을 만들고 이상국 율도국을 세웠던 시기의 실존 인물이다. 그리고〈시라노〉의 초연 시기인 1897년은 고종이 대한제국을 선포한 해로, 낭만적 활극의 시대였던 프랑스와 우리의 역사가 묘하게 겹쳐지는 재미있는 시기였다. 여기서 힌트를 얻어〈시라노〉의 현대화와 관련하여 '시라노-홍길동'의 관점에서 장면의 활력을 만들어갔다. ① 유토피아인 율도국의 의미와 관련해서 원작에 있는 달의 이미지를 시각적으로 강화하는 한편, ② 시라노의 캐릭터 또한 단지 낭만적 사랑 이야기만이 아니라 홍길동의 저항의 의미를 살릴 수 있도록 안창환 배우와 많은 대화를 나누었다.

작가에 대한 보호의 의지가 크게 느껴지는 만큼 연습 초반에는 작가에 대한 접근 또한 소극적일 수밖에 없었다. 그야말로 "누가 드라마투르그를 두려워하는가?"의 답답한 상황이 연습 중반까지 계속되었다. 작품에 대한 본격적인 토론과 막판 스퍼트가 이루어질 수 있었던 것은 공연을 일주일 남겨둔 시점이었다. 공연 전전날 최종 리허설, 공연 전날 프레스콜, 공연 첫날, 공연 둘째 날 공연이 모두 다른 버전으로 올라가는 아슬아슬한 상황이 이어졌다.

국립극단 어린이청소년극연구소의 작품 제작은, 연구소와의 협업, 청소년 참가단의 참여 등 연구와 실천이 함께 매개된, 민간 극단에서는 불가능한 작업방식이 가능했다. 청소년극에 대한 실험과 방향에 대한 뚜렷한 목적의식으로 '공공성'의 성격 또한 강하다. 사실 이는, 드라마투르그로서는 이상적인 작업과정이라고 할 수 있다. 그렇기에 더더욱 드라마투르그의 역할 제한은 제일 아쉬웠던 점이다. 드라마투르그에 대한 이해는 아직도 먼 것인가 힘이 빠지기도 했다. 그러나 어찌하겠는가. 드라마투르그의 작업은 매번 작업과정 중에, 혹은 공연의 성과로 증명할 수밖에 없다. 시라노의 주제처럼 "고백할 용기, 고통을 견디는 용기, 기다릴 줄 아는 용기"[9]가 무엇보다 절실하게 필요한 공연이었다.

---

9 이는 프로그램북에 수록된 '드라마투르그의 글' 원고의 제목이기도 하다.

빨간 시라노를 줄까, 파란 크리스티앙을 줄까?

〈록산느를 위한 발라드〉 3

　국립극단 청소년극 〈록산느〉는 에드몽 로스탕의 원작 〈시라노〉를 각색한 공연이다. 국립극단 어린이청소년극연구소는 2011년 첫 작품 〈소년이 그랬다〉 이후 번역극 〈레슬링 시즌〉, 창작극 〈빨간 버스〉, 해외 연출가 초청공연 〈노란 달〉·〈타조 소년들〉 등 매년 새로운 청소년극 레퍼토리 제작을 위해 노력해왔다. 〈록산느〉는 국립극단 청소년극이 새롭게 시도하는 고전의 현대적 각색 작업으로 새로운 도전의 의미가 컸다.

〈시라노 드 베르주라크〉와 〈록산느를 위한 발라드〉, 고전과 현대극

　고전 각색의 경우, 작업 방향은 두 가지로 진행된다. 먼저 고전 원작에 대한 충분한 이해가 필수이다. 일찍이 『시학』에서 아리스토텔레스 또한 말했다. 작품 속의 인물의 성격은 원래 이야기의 원형과 유사해야 한다. 그리스 비극은 익숙하게 알려져 있는 신화를 소재로 하고 있는 경우가 많다. 신화 속의 인물을 작가적 관점에서 새롭게 해석하더라도 그 인물의 원형은 유지하고 있어야 한다는 것이다. 심청이는 심청이어야지 아무리 새롭게 해석했다 할지라도 춘향이가 될 수는 없다.

　고전 각색에는 현재적 관점에서 새로운 해석 또한 필수이다. 브레히트는 고전 각색 작업의 성격을 '공연의 재맥락화(re-contextualizing the theatre)'라는 원칙에서 고전을 오늘날의 관점에서 적극적으로 재해석해야 한다고 말했다. 고전의 현대화는 '재활용'이 아니라 '신제품'이어야 한다. 고전 작업은 원작에 대한 충분한 이해를 바탕으로 새로운 해석을 통해 고전과 현대의 '대화'를 이끌어내야 한다. 그럴 때 관객 또한 즐거울 수 있다. 고전과 현대적 관점 사이의 객관적 거리를 통해 관객은 훨씬 여유롭게 작품을 즐길 수 있게 된다.

　공연팀의 입장에서도, 고전 작업은 즐겁다. 공연제작과정은 무수히 많은 변수와 선택이 이루어지는 불안정한 과정이다. 그런데 고전의 경우, 선배들이 걸어갔던 길의 지도를 보여준다. 내가 가야할 길의 지도가 있다는 점은 고마운 일이다. 그렇다고 모든 길을 지도에 그려져 있는대로 가는 것은 아니지만 가야하는 길의 방향을 알고 가는 것은 공연 제작과정에 안정성을 부여해준다. 사전제작 단계에서 예술교육팀과 작가와의 대본회의 과정에서 무수히 많은 이야기가 나올 수 있었던 것도 고전의 원작 텍스트가 있기에 그 위에서 다양한 대화와 변형이 가능했던 것이다. 사전제작 단계에서 이렇게 활발하게 많은 논의가 이루어질 수 있는 것은 연습 시작과 함께 바로 본론으로 들어갈 수 있게 해준다는 점에서도 경제적이다.

작가의 시간과 드라마투르그의 시간

이에 따라 각색자 김태형 작가는, 3시간 가까이 되는 방대한 분량의 원작 텍스트를 단 4명의 인물만으로 압축적으로 제시할 수 있게 되었다. 공연시간 또한 1시간 반으로 대폭 줄일 수 있었다. 시라노, 크리스티앙, 드 기슈, 록산느의 4명의 인물 각각의 사랑에 대한 태도와 관계에 집중하는 각색 과정은 원작에서 전형적인 악당이자 기능적인 인물이었던 드 기슈에 대한 새로운 발견을 이끌어냈고, 현대적인 인물로 살려낼 수 있었다. 결과적으로 관객들은 원작의 전형적인 선인 대 악인의 이분법적 대결구도에서 벗어나 4명의 인물 각자의 사랑의 방식과 선택의 과정에 집중해서 관객들 자신의 이야기로 〈시라노〉를 가져갈 수 있었다. 이는 이번 공연의 가장 큰 미덕이다.

다만 드라마투르그 작업과정에서 한 가지 아쉬움은, 드라마투르그의 참여 시점이다. 저자가 드라마투르그로 참여한 시점은 공식적인 연습 시작과 함께이다. 김태형 작가의 2차 수정대본이 나온 상태였고, 캐스팅과 스태프가 확정된 상태였다. 연습 시작과 함께 예술교육팀과 작가의 대본회의와 관련한 자료들을 전달받았다. 작품의 기본 각색 방향에 대해 결정된 사항들도 전달받았다.

개인적으로 고전 작품에 투입되는 경우, 기본 텍스트는 물론 작품과 관련된 연관 작품들, 역사 자료, 미술 자료, 영상 자료 등 잡식성의 독서와 자료 수집을 통해 작품에 대한 다양한 시각을 확보하고자 노력한다. 번역본이 여러 가지일 경우, 여러 번역대본을 동시에 비교하고 번역자들 각자의 관점을 파악하기도 한다. 특히 번역극의 경우, 국내 공연사적 측면에서 이 작품이 당대 한국 관객들에게 어떤 의미가 있었고 지금 현재는 어떤 의미가 있을지에 대해 우선적으로 파악하고자 노력한다. 그것이 한국문학 전공자로서 저자의 관점이 공연팀에게도 유용하리라는 판단 때문이다.

〈시라노〉 또한 원작 텍스트를 검토하면서, 실존 인물이었던 시라노와 시라노를 모델로 해서 쓰여졌다는 뒤마의 소설 『삼총사』, 시라노에 대한 별명처럼 언급되는 〈돈키호테〉, 원작의 5막 6장에서 몰리에르가 〈스카팽〉에서 시라노의 대사를 훔쳐갔다고 과장되게 분개하는 대목에서도 나오듯이 프랑스 고전희극에 대한 관심도 새롭게 생겼다. 그 외에도 유명한 프랑스 배우인 제라르 드 빠르디유의 영화 〈시라노〉, 최근 대중적으로 인기 있었던 한국영화 〈시라노 연애조작단〉 등 시라노의 대중적이고 흥미로운 캐릭터의 힘을 새롭게 인지하게 되었다.

그러나 저자가 드라마투르그로 작품에 투입된 시점은 공식적인 연습 시작과 함께였고, 개인적으로 사전준비작업을 진행할 시간적인 여유가 전혀 없었다. 간신히 원작인 〈시라노〉를 읽은 상태에서 작가의 수정대본의 방향을 파악하기에 바빴고, 대본회의에서 결정된 사항들을 숙지한 상태에서 배우들과 함께 진행된 대본수정작업에 참여하게 되었다. 원작에 대한 충분한 이해 이전에 현대적으로 각색된 대본의 방향을 점검하는 것이 우선순위가 되었고, 기존의 작업과정과는 정반대의 순서로 일을 진행해야했다. 드라마투르그의 입장에서는 연습 내내 역주행의 공포를 느껴야 하는 아찔한 순간들이었다. 공연팀의 연습과정에 적극적으로 참여하는 '프로덕션 드라마투르그', 곧 '공연 드라마투르그'로 섭외되었지만 고전 각색극의 특성상 연습 내내 원작으로부터 자유로울 수는 없었다. 오로지 〈시라노〉의 원작의 힘만을 믿고 갈 수밖에 없는 상황이었다.

흔히 드라마투르그의 참여는 '해결사'의 역할이 기대되지만 그렇다고 해서 드라마투르그가 손쉬운 해결사도 아니고 장면을 멋지게 끝내주는 '프로덕션의 데우스 엑스 마키나', 곧 기계신도 아니다. 드라마투르그에게도 드라마투르그로 작업할 수 있는 시간이 확보되어야 한다. 민간 극단의 경우에도, 드라마투르그는 작업의 특성상 빠르면 1년 전부터, 보통 6개월 전부터 섭외된다. 그 기간 동안 실제 공연에 직접적으로 연관된 것은 아니지만 광범위하고 자발적인 자료 조사가 진행된다. 광범위한 자료 조사와 텍스트 분석에 대한 아이디어가 축적될 시간이 필요하고, 그럴 때 자료에 억눌리지 않은 채 쉬운 말과 표현으로 공연팀과 함께 대화에 참여할 수 있다. 역할을 분석하는 배우들의 질문과 궁금함을 함께 찾아가는 과정에서 자연스럽게 정보를 제공할 수 있는 기회를 만들게 된다. 제작과정상 '작가 보호' 차원에서 대본회의에 드라마투르그가 참여하지 않는다하더라도, 최소한 오디션을 준비하는 배우들과 동일한 정도로 작품을 준비할 시간은 필요하다.

또한 국립극단 작업은 국공립 기관의 특성상 각종 문서와 서류작업이 많다. 회의록, 연습일지 등 매일매일 쌓이는 문서의 내용을 숙지하고 전체 프로덕션의 의사소통의 흐름이 어떻게 진행되고 있는지, 그런 문서 작업들에서 오가는 피드백과 이야기의 흐름을 연습현장에 '말'로 유통시키는 일 또한 드라마투르그의 중요한 일이다. 내부 시연회와 피드백을 위한 공식적인 일정도 많다. 많은 말들이 오고가지만 누군가는 그 말들을 매개하고 종합하는 역할도 필요하다. 특히 〈시라노〉는 고전의 무게가 만만치 않은 텍스트였기에 대본회의 상태에서 나오는 광범위한 영역의 문학적·철학적 논의들을 연습현장에 전달하기 위한 짧고 쉬운 말과 비유를 찾는 일도 중요했다. 드라마투르그의 현장작업은 이러한 '매개'의 '번역' 작업이 주이다.

낭만 활극? 병맛 코드로 다시 읽는 공연 후기

이번 공연의 중요한 콘셉트는 '낭만 활극'이었다. 고전에 대한 새로운 접근을 위해 처음부터 연출 콘셉트는 밧줄과 봉을 타는 역동적인 무대가 의도되었다. 그리고 배우들의 움직임 중심의 연기가 요구되었다. 배우 캐스팅도 적극적인 움직임이 가능한 배우들이 섭외되었다. 연습은 전체 8주에 걸쳐서 진행되었다. 연습은 첫날부터 마지막까지 낮 2시부터 밤 10시까지 풀타임으로 진행되었다. 배우들은 낮 시간에는 칼싸움과 밧줄과 봉을 이용하는 장면 만들기의 신체 연습을 진행하였고, 저녁 시간에는 대본수정과 분석의 테이블 작업을 진행하였다. 대본이 쉽게 확정되지 않아서 작가가 고생하고 있었고, 밧줄과 봉을 활용하는 공연의 양식적 특성을 살리기 위한 미세한 대본수정도 계속되었다. 움직임과 다양한 장면표현을 위해 칼싸움의 도구도 연습 초반에는 깃털이나 다른 도구들로 실험을 계속하다 결국 칼로 결정되었다.

　칼싸움과 밧줄과 봉이 배우들에게 익숙해지면서 배우들의 아이디어들도 살아나기 시작했다. 공연의 양식적 특성과 표현의 실마리는 배우들에게서 풀리기 시작했다. 대본상 김태형 작가가 새롭게 발견하고 만들어낸 인물이 드 기슈라면, 실제 공연에서 독특한 캐릭터로 살아난 것은 크리스티앙이었다. 원작에서 크리스티앙은 잘생긴 시골 촌놈이다. 시라노처럼 문학적 수사법에는 능숙하진 않지만 달타냥처럼 의리 있고 용감한 남자다. 그런데 이 작품에서 크리스티앙은 지금 현재 청소년 언어를 구사하는 가장 친근한 인물이 되었다. "나랑 썸 탈래?" "사랑해요. 완전, 사랑해요." "압솔루틀리!" 등등의 대사에서 관객들은 처음부터 공연의 코믹 코드를 적극적으로 공유하기 시작했다. 이 대사들은 물론 대본에 적혀있는 것이긴 했지만 청소년 감각에 익숙한 안병찬 배우에 의해 매우 자연스럽게 녹아들었다.

　크리스티앙 안병찬 배우는 〈레슬링 시즌〉의 청소년극에도 참여했던 경험이 있다. 안병찬 배우는 그저 잘생긴 배우일 뿐만 아니라 '바보 연기도 가능한 미남 배우'로 연습과정에서도 활력소의 역할을 톡톡히 했다. 서충식 연출가와도 호흡이 잘 맞아 아이디어맨의 역할을 했으며, '연출 보(補)'라는 별명을 얻기도 했다. 덕분에 크리스티앙은 그저 순정만화나 로맨틱 코미디물의 잘생긴 남자 주인공 역할에만 머문 것이 아니라 청소년 관객과 적극적으로 소통하는 인물이 되었다. 안병찬 배우의 크리스티앙 해석은 관객들의 다양한 해석을 이끌어낼 만큼 폭넓은 공감을 얻었다.

그러나 크리스티앙의 코믹 연기는 관객들에게 너무 가볍게 받아들여지는 것은 아닐까 연습 내내 걱정되었던 부분이다. 안병찬 배우에게 '바보 연기'를 줄여줄 것을 계속 요구할 정도로 조심스러웠던 부분이기도 했다. 그런데 오히려 이 부분이 청소년 관객들이 가장 크게 동일시를 이루며 공감대를 형성하는 계기가 되었다. 크리스티앙의 코믹 코드는 극 초반 관객들의 웃음을 이끌어낼 뿐 아니라 관객들과 공감대를 통해 관객들 스스로 작품의 주제에 접근하는 놀라운 통찰력을 보여주고 있음을 거듭 확인시켜주었다. 그리고 이는 관객 반응의 모니터링을 통해서 지속적으로 확인되었다. 공연이 끝날 때까지도 관객들의 이러한 반응은 작품을 만드는 입장에서도 딱히 뚜렷한 이유를 찾을 수 없을 정도였다. 역시나 이 모든 것은 고전의 힘, 결국 원작의 힘이 아니었을까 막연히 추측하고 있을 뿐이었다.

그런데 공연이 끝나고 1달이 지난 지금 시점에서 다시 생각해보니, 안병찬 크리스티앙의 코믹 연기는 결국 청소년 대중에게 익숙한 일종의 '병맛' 코드를 건드렸던 것이라는 생각이 뒤늦게 든다. '병맛', 곧

'병신 같은 맛'은 지금 현재 인터넷과 대중문화에서 유행하고 있는 대표적인 문화 코드이다. '병맛'은, 인터넷상에서 통용되던 '짤방' 문화가 웹툰으로 진화해가면서 웹툰 〈이말년 씨리즈〉 등 병맛만화로 장르화되어 대중적인 인기를 끌면서 사회적인 현상으로도 관심을 불러일으키고 있다. 지금 현재 젊은 세대의 '루저문화의 반영' 혹은 기존의 웰메이드 문화에 대한 반발로 '부실함의 쾌감'을 즐기는 적극적인 문화수용 태도의 반영이라는 해석 등이 그것이다.[1]

안병찬 크리스티앙은 결국 지금 이러한 대중문화 코드 기반에 깔려 있는 '부실함의 미학', '일상화된 패배감에 대한 자조 의식'이 건드리는 웃음의 코드와 〈시라노〉 원작이 갖는 청년 문화 특유의 저항적 주제가 묘하게 맞아떨어진 것은 아니었을까? 그리고 그동안 청소년극 레퍼토리에서 은연중 정착되고 있었던 '잘 짜여진 청소년극스러움'에 대한 반어법적 비판의 웃음 또한 작용하지 않았을까? 이 공연에 대해서 유난히 "기존의 청소년극답지 않았다"는 반응이 많았던 것은 또 어떻게 읽어야 할까? 청소년극 〈록산느〉는 지금 현재 대중문화 코드를 읽는 새로운 시각과 청소년극에 대한 새로운 접근방식을 고민하게 한다. 국립극단 청소년극은 청소년 관객의 발굴의 의의뿐만 아니라 실제 청소년 관객의 집단적 반응을 학교 밖에서 실시간 확인할 수 있다는 점에서도 흥미로운 사례를 보여준다.

---

1 이상 병맛 문화에 대해서는 만화비평전문 웹진 『크리틱M』의 특집 '병맛 만화' 참고. 서찬휘, 「기승전병의 SM적 카타르시스」, 2015.6.10; 김낙호, 「병맛 만화, 부실함의 쾌감」, 2015.6.10 게시물.

초출일람

「정복근 작가론—거세된 아버지의 자식들」, 『한국희곡』, 2014 여름.
「김광림 작가론—시대와 개인의 '슬픈 인연'」, 연극 〈슬픈 인연〉 프로그램북, 국립극단, 명동예술
　　극장, 2015.3.20~4.5.
「배삼식 작가론—생체 기억의 생존자들, 비국민 혹은 호모 사케르」, 『한국극예술연구』, 2015.12.
「이상우 연출론—야생 연극인의 현장 예술론」, 『연극평론』, 2016 겨울.
「윤시중 연출론—윤시중, 그의 가능성에 주목!」, 연극 〈새〉 프로그램북, 국립극단, 소극장 판,
　　2013.10.22~11.3.

「2000년대 연극, 정치성의 회복과 공공성의 화두」, 『현대문학』, 2015.1.
「광복 70주년, 광복의 '추억'과 한국연극」, 『객석』, 2015.8.
「서울연극제와 '대학로 연극'의 위기」, 『연극평론』, 2015 가을.
「제작극장의 제작능력과 인문 고전」, 『연극포럼』, 2015.12.

「〈오레스테스 삼부작〉 피의 여왕과 정의의 여신」, 『연극평론』, 2013 가을.
「〈혜경궁 홍씨〉 쉽고 깊어진 이윤택, 역사와의 대화」, 『객석』, 2014.1.
「〈알리바이 연대기〉 아버지(들)의 역사, 아들(들)의 증언」, 웹진 『연극인』, 2013.9.26.
「〈왜 나는 조그만 일에만 분개하는가〉 광화문 광장에서 김수영의 시를 외치다」, 『객석』, 2015.1.
「〈배수의 고도〉 직설화법으로 마주한 마술적 리얼리즘」, 『객석』, 2014.7.
「〈데모크라시〉 서사의 회복을 보여주는 새로운 글쓰기」, 서울문화재단 예술창작지원사업 현장평
　　가, 2013.6.8.
「〈미국아버지〉 세상에 넘치는 분노들!」, 『한국연극』, 2014.12.
「〈소뿔자르고주인오기전에도망가선생〉 엘리엇의 황무지와 최치언의 잔인한 4월」, 『객석』, 2015.5.
「〈마리나 츠베타예바의 초상〉 상복을 입은 마리나」, 서울문화재단 예술창작지원사업 현장평가,
　　2015.9.2.
「〈백석우화〉 흰 돌과 검은 돌, 백석우화와 윤택우화」, 『객석』, 2015.11.
「〈백조의 호수〉 백조와 흑조, 저주받은 공주와 작가」, 『객석』, 2016.1.

「〈황금용〉 금룡반점, 세계화의 뒷골목」, 『연극평론』, 2013 여름.
「〈헤르메스〉 '벗는 연극' 혹은 벌거벗은 자본주의」, 『객석』, 2014.3.
「〈베키 쇼〉 밑바닥 정서와 버무려진 미국식 자본주의」, 『객석』, 2014.5.

「〈히에론, 완전한 세상〉 실업률 제로의 완전한 세상, 노동천국의 불안」, 서울문화재단 예술창작지
원사업 현장평가, 2014.11.25.
「〈게공선〉 노동자의 자본주의」, 『객석』, 2015.9.

「〈라오지앙후 최막심〉 나는 자유다」, 『객석』, 2013.5.
「〈유리동물원〉 촛불과 달빛의 냉정한 비극의 세계」, 『객석』, 2014.9; 연극 〈유리동물원〉(재) 프
로그램북, 명동예술극장, 2015.2.26〜3.10 수정하여 재수록.
「〈고도를 기다리며〉 "심심한데 목이나 매달까?" 구원의 밤과 부활」, 서울문화재단 예술창작지원
사업 현장평가, 2015.5.26.
「〈페리클레스〉 캐주얼과 모던함」, 『객석』, 2015.7.
「〈1984〉 가장 낯선 방식으로 말하는 '인간'」, 『객석』, 2014.11.
「〈공포〉 체호프와 나와 공포」, 서울문화재단 예술창작지원사업 현장평가, 2014.10.13.
「〈장화홍련〉 한태숙의 창극 실험이 남긴 것들」, 국립극장 월간 『미르』, 2014.5(공연홍보의 목적
상, 그리고 편집진의 요구에 의해 축소되어 발표된 글의 원본임).
「〈돌아온 박첨지〉 꼭두각시극, 현대극의 가능성」, 서울문화재단 예술창작지원사업 현장평가,
2014.11.25.

「〈가모메〉 1930년대, 체호프, 갈매기」, 『객석』, 2013.10.
「〈이인실〉 순정과 비린내」, 웹진 『연극인』, 2013.11.21.
「〈2014년 여름〉 일상의 중독자들」, 『연극평론』, 2014 여름.
「〈먼데서 오는 여자〉 맵고 서늘하다」, 서울문화재단 예술창작지원사업 현장평가, 2015.10.3.
「〈여자는 울지 않는다〉 매운 이야기꾼이 등장했다!」, 『객석』, 2015.3.
「〈인코그니토〉 영국 극작가의 새로운 글쓰기의 자극, 인간과 기억」, 서울문화재단 예술창작지원
사업 현장평가, 2015.12.10.
「〈유령놀이〉 학전 어린이청소년극의 저력」, 서울문화재단 예술창작지원사업 현장평가, 2014.11.24.

「〈즐거운 복희〉 "그이를 꺼내주세요!"」, 연극 〈즐거운 복희〉 프로그램북, 극단 백수광부, 남산예
술센터, 2014.8.26〜9.21.
「〈날아다니는 돌〉 이강백의 수수께끼, 돌멩이 하나」, 연극 〈날아다니는 돌〉 프로그램북, 극단 백
수광부, 백성희장민호극장, 2014.11.7〜11.16.
「〈죽음의 집 2〉 한여름 밤의 악몽」, 연극 〈죽음의 집 2〉 프로그램북, 극단 백수광부, 선돌극장,
2013.8.8〜8.22.

「〈채권자들〉 사랑은 끝났다, 계산은 남았다」, 연극 〈채권자들〉 프로그램북, 극단 컬티즌, 아르코
예술극장 소극장, 2013.5.10〜5.26.
「〈바냐아저씨〉 권총과 몰편과 눈물」, 연극 〈바냐 아저씨〉 프로그램북, 명동예술극장, 2013.10.26〜

11.24.

「〈귀향〉 친밀했던 세계와의 결별, 나의 세계로의 귀향」, 연극 〈귀향〉 프로그램북, 연출가협회, 아르코예술극장 소극장, 2015.3.26~3.28.

「〈록산느를 위한 발라드〉「고백할 용기, 고통을 견디는 용기, 기다릴 줄 아는 용기」 외, 연극 〈록산느를 위한 발라드〉 프로그램북, 국립극단 어린이청소년극연구소, 2015.5.9~5.24; 『공연과이론』, 2015 여름; 국립극단 「록산느를 위한 발라드」 리허설북, 2015.7.

찾아보기

인명

작품명